푸틴과
G8의
종언

이 도서의 국립중앙도서관 출판예정도서목록(CIP)은 서지정보유통지원시스템홈페이지(http://seoji.nl.go.kr)와
국가자료종합목록시스템(http://www.nl.go.kr/kolisnet)에서 이용하실 수 있습니다.
CIP제어번호 : CIP2019022038

푸틴과 G8의 종언

プーチンとG8の終焉

사토 지카마사 지음

이용빈 옮김

PUTIN TO G8 NO SHUEN
by Chikamasa Sato

Copyright © 2016 by Chikamasa Sato
First published 2016 by Iwanami Shoten, Publishers, Tokyo
This Korean edition published 2019
by HanulMPlus Inc., Paju-si
by arrangement with Iwanami Shoten, Publishers, Tokyo

차례

일러두기

1. 외래어 표기는 국립국어원의 규정을 따랐다. 다만 일반적으로 쓰이는 관용어는 그대로 사용했다.
2. 이 책에서 언급되고 있는 우크라이나 관련 내용은 2019년 3월 우크라이나 대통령선거가 실시되기 이전의 상황이다.
3. 옮긴이가 작성한 각주에는 '옮긴이 주' 표시를 달았다.

한국어판 서문

이번에 필자의 『푸틴과 G8의 종언』 한국어판이 번역·출간되어 일본의 이웃나라인 한국에서 여러 독자 분들이 읽을 수 있게 된 것을 매우 기쁘게 생각합니다.

한국은 냉전 시대에 공산주의 국가들과 준엄한 상황하에 대치했었고, 현재도 미국의 '핵우산'에 의존하고 있는 등, 일본과는 지정학 측면에서 공통점을 갖고 있습니다. 그러한 한편으로 한일 양국은 과거 일본군 위안부 및 징용 노동자 관련 소송 등의 문제로 대립하고 있기도 하여, 대체로 우호적인 관계라고 말할 수 없는 상태이기도 합니다. 러시아와 일본도 이른바 '북방 영토' 문제를 안고 있으며, 다분히 원만하지 않은 상황입니다.

즉, 동북 아시아에서는 70년 남짓 전에 종결되었던 제2차 세계대전과 관련된 '전후 처리'가 완결되지 않았고, 평화를 유지하는 다국 간 기제도 아직 존재하지 않고 있습니다. 한반도의 분단, 북한의 핵·미사일 개발 및 일본인 납치 문제 등은 그것을 상징하고 있는 것이라고 할 수 있습니다.

옛 소련의 붕괴와 러시아의 G8 진입, 그리고 크리미아 반도의 편입을 이유로 하여 G8으로부터의 러시아 '추방'은 이 지역의 안보 환경을 크게 변화시킨 사건이었습니다. 이 책은 '푸틴의 러시아'가 냉전 이후 미국 주도하의 국제 협조주의에 도전하고, 그러한 국제 협조주의 체제가 붕괴를 향해 나아가는 과정을 묘사한 것이라고도 할 수 있습니다.

무엇보다 중국과 나란히 동북 아시아의 안보에 결정적인 영향력을 갖고 있는 러시아가 향후 어떠한 행태를 보일 것인지 예측하기 위해서는, 러시아 푸틴 정권의 행태와 그 동기를 객관적으로 분석하는 것이 필요합니다. 이러한 측면에서 이 책이 한국의 여러 독자 분들에게 조금이라도 일조할 수 있기를 바랍니다.

2019년 5월

사토 지카마사佐藤親賢

머리말

러시아에 의해 우크라이나 남부의 크리미아 반도가 일방적으로 편입된 이후 6개월 정도가 지난 2014년 9월 9일, 러시아에서 최대 규모의 발행 부수를 자랑하는 대중 신문 ≪모스콥스키 콤소몰레츠*Moskovskij Komsomolets*≫(온라인판)에 "푸틴은 신인가?"라는 제목의 기사가 실렸다. 깊은 밤, 모스크바의 중심부 '키타이 고로드*Kitay-gorod*'의 일각에서 드미트리 엔테오*Dmitry Enteo*라는 남자가 러시아 대통령 블라디미르 푸틴은 "인간의 모습을 한 신"이라고 말하는 강연 모습을 취재했던 것이다. 수염이 많이 난 엔테오는 마이크를 잡고는 푸틴을 "살아 있는 신체에 불멸의 혼이 머물고 있으며 창조주로부터 부여된 위대한 과제를 달성하기에 적합한 남자"라고 부르며, 처음에는 자신의 사명에 대해 주의를 기울이지 못했던 푸틴이 어느 때인가 신이 들어가 "그의 운명을 결정했다"고 주장했다. "푸틴을 칭송하는 정교正敎의 운동은 국교國敎가 될 것인가?"라고 그 장소에서 제기된 질문에 대해, 엔테오는 "모든 일이 일어날 수 있다"고 답했다고 한다. 엔테오는 '신의 뜻'이라고 불리는, 러시아 정교를 지지하는 운동의 리더로 본명은 드미트리 초리오노프*Dmitry Tsorionov*이며, 낙태에 반대하는 시위와 기독교를 풍자하는 표현 활동에 대한 격렬한 항의 행동으로 알려지게 된 인물이다. 그로부터 1년이 지난 2015년 9월, 엔테오는 1개월 전인 8월 모스크바의 붉은 광장 부근에서 열린 옛 소련 시대의 '추상 예술 전시회'에 동료와 함께 난입하여, 해당 전시가 종교를 모독하는 것에 해당한다며 주최자 측 직원을 폭행한 혐의로 체포되어 10일간 구류되었다.

러시아가 소련 시대에 상실한 영토인 크리미아를 2014년 3월에 되찾은 직후에 푸틴의 지지율은 80%를 넘었다. 크리미아 편입을 '힘에 의한 현상 변경이며 국제법 위반'이라고 비난했던 구미와 일본의 재제로 인해 러시아는 국제적으로 고립되었고, 국내 여론은 급속히 우경화하여 반미·애국 감정이 고조되었다. '반反푸틴 시위'의 역풍 속에서 2012년 5월 대통령에 복권했을 때, 푸틴이 향후 2018년 대통령선거에서 다시 한 차례 대통령에 당선되기는 어려울 것이라는 견해도 있었지만, 크리미아 편입으로 시작된 우크라이나 위기로 러시아 사회의 분위기는 일변했다. '신'이라고까지 불리는 푸틴의 후계자 문제는 화제가 되지도 못했다.

『푸틴의 사고: '강한 러시아'를 향한 선택プーチンの思考: '強いロシア'への選択』(2012)에서 필자가 다루었던 푸틴이 복귀할 때까지의 러시아와, '크리미아 편입 이후'의 러시아에서는 정치적·사회적 상황이 변했고, 또한 러시아를 둘러싼 국제 정세도 크게 바뀌었다. 부대를 투입하여 다른 주권국가의 영토 일부를 편입시킨 러시아에 대해서, 미국과 유럽연합EU은 뾰족한 수가 없었다. 세계를 주도하고 있던 주요 국가로 구성되는 G8Group of Eight(주요 8개국 정상회담)의 틀로부터 배제된 러시아는 부상하는 중국과의 동맹 관계 강화를 도모하며 구미 중심의 국제 질서에 도전하

고 있다. 우크라이나 위기 시 "핵무기를 사용할 준비가 되어 있다"고 인정했던 푸틴을 '제국주의자'라고 비난하고, 나치 독일의 지도자 아돌프 히틀러*Adolf Hitler*에 비유하는 의견마저 있다.

그러나 그 발언과 행동을 살펴보면, 푸틴이 지향하는 것은 '조국 러시아의 방위'이며 영토 확장 및 패권주의는 아니라고 하는 기본적인 인식을 지금도 바꿀 필요는 없다고 생각된다. 푸틴 노선의 기본은 냉전 종식 이후 '미국 중심의 세계 질서에 대한 불복종'이다. 인터넷을 혐오하는 것으로 알려져 있는 푸틴은 미국 주도의 '세계화'에 반대하는 조류를 체현하고 있다고 할 수 있다. 우크라이나 위기를 계기로 러시아가 급변했던 것은 아니며, 격변하는 환경이 푸틴을 크리미아 편입이라는 커다란 도박에 내몰았고, 그 여파가 우크라이나 동부의 분쟁이라는 형태로 나타났다고 보아야 할 것이다. 우크라이나 문제에 대한 개입은 갈수록 심각해지고 있는 국제 정세 속에서 러시아의 생존을 도모하는 푸틴의 궁여지책으로서의 색채가 짙다. 이 책에서는 이러한 흐름을 밝혀나가고자 한다.

푸틴에게는 '러시아는 소련 붕괴로 뿔뿔이 흩어진 분단국가'라는 인식이 있으며, 그 통합의 회복이 자신에게 부여된 역사적 사명이라고 생각하는 내막이 있다. 크리미아 편입도 그 일환이라고 할 수 있다. 러시아 주변에는 소련 붕괴 이후 러시아로의 편입을 요구하며 반半독립 상태인 러시아계 주민 중심의 지역이 몇 군데 있기에, 이러한 귀속 문제를 둘러싸고 러시아가 향후에도 실력 행사에 나설 가능성을 배제할 수 없다. 그 경우 우크라이나 위기와 시리아 내전 등으로 크게 동요하고 있는 세계 정세는 더욱 혼미해질 우려가 있다.

'크리미아 편입 이후'의 러시아는 어디를 향해 가고 있는가 하는 질문에 일정한 해답을 얻기 위해서는 우선 크리미아 편입과 그 이후 우크라이나 동부의 친親러시아파와 우크라이나 정부군 간에 '내전'이 왜 일어났는가, 그리고 이러한 사건에 푸틴의 러시아는 어떻게 관여했는가를 검증할 필요가 있다. 그것이 '세계에서 가장 영향력 있는 인물'이라고도 일컬어지는 푸틴과, '대국'으로서 부활한 러시아가 국제 사회에서 향후 어떻게 움직일 것인가를 예측하는 첫걸음이다.

　필자는 2003년 말부터 2007년 초까지, 그리고 2008년 9월부터 2012년 말까지 두 차례에 걸쳐 통신사通信社 특파원으로 모스크바에서 근무했으며, 2004년에는 우크라이나의 민주화 운동 '오렌지 혁명'을 현지에서 약 1개월간 취재했다. 그 이후에도 우크라이나라는 국가가 러시아와 기타 옛 소련에서 차지하는 중요성을 항상 느끼며 그 동향에 관심을 가져왔다. 이 책을 집필하면서, 러시아가 크리미아를 실효 지배하고, 동부에서 분리 독립파가 계속해서 활동하고 있는 우크라이나의 향배가 러시아의 장래에 결정적인 영향을 미칠 것이라는 점은 틀림없다고 거듭 확신하고 있다. 그리고 미국이 주도하는 세계 질서에 대항하고자 하는 러시아의 동향이 앞으로도 국제 사회를 계속 요동치게 만들 것이라는 점은 의심할 여지가 없다. 좁은 해협을 사이에 두고 떨어져 있다고 해도 러시아의 이웃나라이며 또한 영토 문제를 안고 있는 일본이 향후 러시아와 관계에 어떻게 대처해나아갈 것인가는 확실히 중요한 외교상의 과제이다.

　또한 이 책에 적혀 있는 내용은 필자 개인의 견해이며, 필자가 소속되어 있는 단체 및 조직의 입장과는 직접적인 관계가 없고, 기술 내용에 대해서는 필자가 책임을 져야 하는 것임을 명기해두고자 한다. 또한 러시아에 의한 크리미아 실효 지배를 어떻게 표기할 것인가 하는 용어 자체가 정치적 입장을 일정하게 반영하고 있기에, 이 책에서는 원칙적으로 '편입'이라는 용어를 사용하도록 하며 발언자의 용어를 인용할 경우에는 최대한 해당 발언자가 선택한 용어를 직역했음을 밝혀두고자 한다.

서장

'전후 70년'의 국제 사회

1. 질서의 구조적 변화

"G7과는 관계가 없다"

2015년 6월 10일 밀라노 엑스포 개최 중에 이탈리아를 방문하여 마테오 렌치*Matteo Renzi* 총리와 회담한 러시아의 푸틴 대통령은, 2014년 3월의 크리미아 편입 선언 직후, G7*Group of Seven*(서방 선진 7개국 정상회담)에 의해 G8 회합에 참가하는 것이 정지된 것에 대해 기자회견에서 질문을 받고, "G7과는 그 어떤 관계도 없다"고 잘라 말했다.

푸틴은 "러시아는 G8에 적극적으로 참가했다. G7과는 다른 관점을 제시하고 그것에 의미가 있다고 생각했지만, 그들은 그것을 불필요하다고 생각했다. 그것은 조직이 아니라 이해利害에 기초하여 만들어진 그룹에 불과하다"고 갈파했다. 또한 "더욱 넓은 틀의 G20*Group of 20*(주요 20개국)이 있다. 우리는 브릭스*BRICs*와 '상하이협력기구*SCO*'에 참가하고 있으며 유엔*UN* 및 안전보장이사회(안보리)에도 적극적으로 관여하고 있다. 물론 G7 국가들과의 관계는 발전시켜나아갈 계획이다"라고 계속 말했다. "G7의 건투를 빈다"라고 덧붙인 푸틴의 말은 G8을 향한 결별 선언이었다. 그 직전에 독일에서 열린, 러시아를 제외한 G7 정상회의에서 되돌아온 렌치 총리가 "러시아는 테러 등에 대항하기 위한 국제적 공헌에 유럽, 미국과 함께해 왔으며 앞으로도 그러할 것"이라고 중재를 시도했지만, 결국 사후 약방문이었다. 이로서 'G8의 시대'는 명실공히 종결되었다.

1975년 석유 위기 이후의 세계 경제에 대해 함께 논의하는 장으로서 파리 교외의 랑부이에*Rambouillet*˙에서 최초로 열린 프랑스, 미국, 영국, 서독(당시), 일본, 이탈리아 정상의 모임인 '선진국 정상회의'는 그 이후 캐나다와 EU가 더해져 선진국 '엘리트 클럽'이 되었다. 토의 내용도 경제 문제에서 점차 정치·안보 분야로 확대되어, 세계의 주요 이슈가 함께 토의·합의되었기 때문에, G7은 상임이사국 간의 대립과 거부권 행사로 신속한 의사결정이 불가능한 경우가 적지 않은 유엔 안보리를 대신하는 '비공식적인 유엔 안보리'라고도 불렀다.

1994년부터는 러시아가 정치 토의에 참가하여 사실상 G8이 되었고, 2000년의 규슈九州·오키나와沖繩 정상회담에서 G8 데뷔를 이룬 푸틴도 2006년 7월 고향인 러시아의 상트페테르부르크에서 정상회담을 주최하는 등 G8 참가를 '대국의 증거'로 파악했다. 하지만 실제로는 미국과 관계가 양호한 국가들로 구성되는 G8 중에서 러시아는 고립되는 장면이 많았다. 만장일치를 원칙으로 하는 합의 문서의 작성에서도 양보를 강제받았고, 러시아는 점차 G8에 불만을 품게 되었다.

푸틴은 대통령에 복귀한 직후인 2012년 5월 미국 캠프 데이비드Camp David에서 열린 G8 정상회담에 매우 바쁘다는 이유로 불참한다. 이듬해 2013년 영국 북아일랜드의 로어언에서 열린 정상회담에서 푸틴이 6년 만에 G8 정상회담에 복귀했던 바로 그 순간, 구미와 러시아 간의 균열이 표면화되었다. 바샤르 아사드Bashar al-Asad 정권과 반反체제파의 내전이 심각해졌던 시리아 정세를 둘러싸고 반체제파를 지지하고 아사드 퇴진을 주

●──── 구체적으로 1975년 11월 15일부터 17일까지 랑부이예성Château de Rambouillet에서 개최되었다. _옮긴이 주

장하는 구미 각국 정상과, '주권국가의 체제 전환을 외부로부터 강제하는 것은 국제법 위반이다'라고 하며 아사드 정권을 옹호하는 푸틴 간의 대립이 해소되지 않고, 명확한 자세를 제시하지 못한 정상회담은 G8이 아니라 "G7+1이었다"(캐나다 스티븐 하퍼*Stephen Harper* 총리의 발언)라고 평가되었다. G8 붕괴의 징조는 이미 이 무렵부터 있었다.

중국·인도의 부상, 러시아의 부활

G8 붕괴 원인 중 한 가지는 소련 붕괴로 대국의 지위에서 떨어졌던 러시아의 경제, 군사, 외교 면에서의 부활이다. 민주주의와 인권 존중 등의 점에서 구미와 가치관을 공유하고 있다고는 말하기 어려운 러시아를 G7에 넣어 G8으로 삼았던 것은, 정치적 민주화와 시장경제를 받아들이고 국내의 보수파와 격렬하게 투쟁했던 러시아의 보리스 옐친*Boris Yeltsin* 정권을 지지하고 개혁이 퇴행되지 않도록 하기 위해서였다. 환언하자면 구미에 대해 거역하지 않는 러시아라면 G8에 받아들여도 상관없다는 것이다. 하지만 고도 경제 성장을 실현하여 소련 시대의 대對서방 채무를 모두 변제하고 군비軍備 증강에 주력하기 시작한 '푸틴의 러시아'는 미국의 '단독 행동주의'에 강하게 이의를 제창했으며, 이라크 전쟁과 리비아의 무아마르 카다피*Muammar Gaddafi* 정권 붕괴 등으로 미국을 준엄하게 비난하게 되었다. 또한 2008년 조지아와의 군사 분쟁처럼, 재건된 러시아는 주변국에게 다시 현실의 군사적 위협이 되기 시작했다. 2014년의 크리미아 편입 강행은 '더 이상 구미가 하라는 대로 되지 않는다'는 러시아의 의사 표시이기도 했다.

또 한 가지 요인은 중국과 인도 등 G8에 가입해 있지 않은 '신흥국'의 급속한 경제 발전이다. 중국은 2010년 국내총생산*GDP*에서 일본을 제치고 미국 다음가는 세계 제2위의 경제대국이 되었다. 인도도 1991년부터 2008년까지 연평균 6.8%의 고성장을 실현했다. 미국발發 '리먼 쇼크'로 발생한 2008년 세계 금융위기에 대한 대응을 함께 논의하는 데는 선진국 주체의 G8으로는 충분하지 않고 경제 성장으로 발언력이 증가한 중국과 인도, 브라질 등 신흥국이 가입한 20개 국가·지역의 정상이 '금융 정상회담'의 이름으로 최초로 미국 워싱턴에서 긴급 회의를 개최했는데, 이것이 G20으로 정례화되었다. 경제 분야에서 신흥국의 참여 없이 더 이상 성과 있는 대화를 전개하는 것이 불가능해졌다. G20의 정례화에 따라 G8의 영향력이 상대적으로 약화되는 것은 당연했다. G8에서 거북스러움을 느꼈던 러시아가 BRICs 등의 틀에서 협력을 심화시킨 (중국, 인도, 브라질, 남아프리카공화국이 있는) G20으로 발걸음을 옮긴 것은 자연스러운 일이라고 말할 수 있다. 크리미아 편입을 이유로 배제당한 G8에 러시아가 미련을 느끼지 않은 것은, 이러한 국제 환경의 변화가 있었기 때문이다.

G8과 결별 선언을 한 지 1개월이 지난 2015년 7월 8일부터 3일 동안 러시아와 중국 및 옛 소련의 중앙아시아 4개국으로 구성되는 SCO*와 BRICs의 정상회담을 러시아 중부의 우파*Ufa*에서 주최한 푸틴은, 이 두 그룹의 "권위와 국제 정치·경제에서의 영향력 향상"을 지향한다고 강조했

• ———— 2017년 6월, 인도와 파키스탄이 SCO 회원국으로 신규 가입하게 되어, 현재 SCO 회원국은 러시아를 포함해 모두 8개국이 되었다. 이에 따라 SCO 회원국 전체의 인구 규모는 약 30억 명을 넘게 되었다. _옮긴이 주

```
                                        ── BRICs ──
        ┌─────────────────────────────────────────┐
        │  인도              13억 1105만 명          │
        │  브라질             2억 784만 명           │
        │  남아프리카공화국    5449만 명             │
        │  ┌──────────────────────────────────┐   │
        │  │ 중국             13억 7604만 명      │   │
        │  │ 러시아            1억 4345만 명       │   │
        │  └──────────────────────────────────┘   │
        │  우즈베키스탄        2989만 명            │
        │  카자흐스탄          1762만 명            │
        │  타지키스탄           848만 명            │
        │  키르키스스탄         594만 명            │
        └ · · · · · · · · · · · · · · · · · · · · ·┘
                ·· SCO ··
                  합계 31억 5480만 명
                  세계 인구 73억 4900만 명
```

자료: 유엔 통계(2015년 추정).

다.• 7월 9일의 BRICs 정상 선언은 당시 진행 중이었던 그리스 채무 위
기를 염두에 두고, 미국이 국제통화기금IMF의 개혁을 지체하도록 만들어
'신뢰와 효율성을 훼손시키고 있다'라고 거론하면서 현행現行 G7 주도의
'게임 규칙'을 바꾸어야 한다는 주장을 선명히 했다.••

브라질, 러시아, 인도, 중국 4개국의 영어 앞문자를 따 'BRICs'라고 불
리며 2011년에 남아프리카공화국이 가담하여 BRICs를 구성하는 '신흥 5

• ──────── 2020년 SCO 정상회담은 BRICS 정상회담과 합동으로 러시아의 첼랴빈스크Chelyabinsk
에서 개최될 예정이다["Саммиты ШОС и БРИКС в 2020 году пройдут в Челябинске: Соответ
ствующий указ подписал Владимир Путин," *ТАСС* (2019.3.16)]. _옮긴이 주
•• ──── SCO와 BRICs 외에 러시아와 중국 양국은 2017년 5월과 2019년 4월 베이징에서 개최
된 '국제 협력을 위한 일대일로一帶一路 포럼Belt and Road Forum for International Cooperation, 중국명 一帶一
路國際合作高峰論壇'에 함께 참가하며 강력한 국제 연대를 과시하고 있다. _옮긴이 주

개국'은 2009년부터 매년 정상회담을 개최하고 있다. BRICs와 SCO의 구성과 인구를 〈그림 1〉에 제시했는데, 그 합계는 세계 인구의 약 43%를 차지한다. 푸틴의 발언을 통해 인구 규모에서 세계의 약 10%에 불과한 G7보다 이쪽이 더 많은 사람들의 목소리를 대표하고 있다는 자부심이 느껴졌다. 전후 70년간 계속되어온 국제 사회의 틀은 우크라이나 위기를 전후로 크게 변화했다.

중동 혼란, '이슬람 국가'의 위협

현재 세계에서 가장 극적인 지정학상의 변화가 일어나고 있는 곳은 중동 지역이다. '아랍의 봄'이라고 불리는 민주화 요구의 움직임은 중동 각국에서 계속되어온 권위주의적 체제를 붕괴시켰지만, 그 이후 탄생한 정권은 모두 취약했고 많은 국가에서 민주화는 정착되지 않았으며 정치 혼란과 내전, 강권적 정권의 부활 등으로 귀결되었다.

그중에서도 시리아와 이라크에서 확대된 이슬람교 수니파의 '과격파 조직' IS는 국제 사회에 중대한 위협이 되었다. 아사드 정권과 반체제파와의 내전에 빠진 시리아에서 탄생한 국제 테러 조직 알카에다Al-Qaeda 계통의 '이라크-시리아의 이슬람 국가The Islamic State of Iraq and Syria'가 IS로 이름을 바꿔 시리아 북부 락까Raqqa를 '수도'로 하는 국가의 수립을 일방적으로 선언하고, 이라크 전쟁 이후 혼란과 테러가 지속 중인 이라크와 시리아 지역에서 세력을 확대했다. 납치된 구미와 일본의 저널리스트 등을 참혹하게 살해하는 동영상을 인터넷에 공개하는 등 잔인한 모습이 두드러진다. 과거 이라크의 사담 후세인Saddam Hussein 정권과 군, 정보기관의 출신자가 실무를 담당하고, 구미에 대한 적대감을 드러내며 이슬람교에 기초한 '이상향' 건설을 위해 참전을 호소하는 IS에는 구미 국가들에서 안주할 곳을 발견하지 못하던 청년들이 속속 유입되었다.

시리아에서는 다수의 국민이 내전으로부터 도망쳐 유출되었고, 대량의 난민과 이민자가 지중해와 터키를 경유하여 유럽으로 흘러들어 왔다. 2015년 9월에는 연일 수천 명에서 수만 명의 난민들이 헝가리 등을 경유하여 난민 수용에 관용적인 독일로 향했다. 유엔의 추계에 의하면, 같은 해 유럽으로 유입된 난민과 이민자는 100만 명을 넘었고, 각국은 '난민 위기'의 대응에 내몰렸다. 중동에서 발생한 '권력의 공백'에 문명 그 자체를 부정하는 듯한 광신적 테러 조직이 대두하고, 그것을 혐오하는 일반 시민들이 안전과 풍요로움을 추구하며 선진국으로 대규모로 이동하는 모습은 세계 질서의 유동화를 상징적으로 보여주고 있다. 미국 등에 의한 IS에 대한 공중폭격은 커다란 성과를 거두지 못하고 있다. 국가가 아닌 테러 조직의 만행에 국가의 집합체인 유엔은 무력하다고 할 수 있는 상태이다.

러시아가 2015년 9월 30일 'IS의 거점을 표적으로 삼아' 시리아 영내에 공중폭격을 개시함으로써 사태는 더욱 복잡해졌다. 러시아가 옛 소련의 영향권 바깥에서 대규모의 군사 공격을 했던 것은 소련 붕괴 이후 처음 있는 일이었다. IS를 괴멸하려면 시리아의 정통 정부인 아사드 정권의 존속과 국제 사회의 연대가 불가결하다고 주장하는 푸틴은 시리아의 반체제파를 지원하고 아사드 정권의 퇴진을 요구해온 구미 국가들의 우려 표명을 개의치 않고 공중폭격에 나섰으며, 러시아는 미국의 의향에 관계

없이 자국의 국익에 필요하다고 생각되는 것을 행한다는 명확한 의사를 행동으로 보여주었다. 러시아는 소련 붕괴 이후에 사실상 중단되었던 중동에 대한 적극적인 관여를 재개했던 것이다.

미러 대립의 장기화 추세

우크라이나 위기를 둘러싸고 미국과 러시아는 서로를 최대의 적이라고 공언할 만큼 격렬한 대립 관계에 들어갔다. 2015년 7월, 미군에서 군인의 최고 직위에 해당하는 합참의장에 지명된 조셉 단포드*Joseph Danford* 해병대 사령관은 인사 승인을 위한 미국 의회 상원의 공청회에서 러시아가 미국 안보에 "최대 위협"이라고 공언했다. 애시 카터*Ash Carter* 미국 국방장관도 같은 해 8월, 러시아는 "대단히 중대한 위협"이라고 논하며, 러시아에 대항하기 위해 미군의 전개 능력을 조정하고 있다고 강조했다.

러시아 측도 니콜라이 파트루셰프*Nikolai Patrushev* 연방보안국*FSB* 국장이 같은 해 6월 22일 자 러시아 유력지 ≪코메르산트*Kommersant*≫와의 인터뷰에서 "미국은 러시아가 우크라이나를 침략했다거나, 우크라이나 주권의 옹호 등을 말하고 있지만, 실은 우크라이나에 관심이 없다. 우크라이나의 불안정화는 러시아의 약체화를 노리고 미국이 시도하고 있는 것이다. 미국은 국가로서의 러시아가 존재하지 않으면 좋겠다고 바라고 있는 것이다"라고 주장했다. 파트루셰프는 푸틴과 마찬가지로 소련 국가보안위원회*KGB* 출신으로 푸틴의 신뢰가 깊고, 동일한 안보관을 공유하고 있다.

'냉전의 재래再來'라고도 일컬어지는 미국과 러시아의 대립이 장기화

할 것이라고 보는 전문가가 적지 않다. 러시아의 싱크탱크 '외교국방정책 회의Council for Foreign and Defense Policy' 회장이자, ≪세계 정치 속의 러시아 Russia in Global Politics≫ 편집장인 표도르 루키야노프Fyodor Lukyanov도 그중 1 명이다.

2015년 8월 국제회의에 출석하기 위해 일본을 방문했던 루키야노프 는 필자에게 가까운 장래에 미러 관계가 개선될 가능성은 없다고 단언하 고, "미국에게 러시아는 미국이 올바르다고 생각하는 세계 질서에 도전하 는 국가이다. 한편 러시아에게 미국은 주요한 적대국이며 '러시아를 멸망 시키려 하고 있다'고 비추어지고 있다. 미국의 대통령이 바뀌더라도 아마 관계는 개선되지 않을 것이다. 대립을 좋아하지 않는 성격의 버락 오바마 Barack Obama 아래에서마저 지금과 같은 상태이기 때문에, 다른 사람이 미 국 대통령이 된다면 더욱 심각한 대응을 하게 될 것이다"라고 말했다. 루 키야노프는 또한 러시아는 구미로부터 군사 개입을 비난받고 있는 우크 라이나 동부에서 물러나고 싶지만, 그 이후에 현지 러시아계 주민이 박해 당한다면 러시아와 푸틴 개인의 권위가 크게 타격을 받기 때문에 "물러날 수도 물러나지 않을 수도 없는 상태이다"라고 논하며, 대립의 원인인 우 크라이나 분쟁의 장기화가 필연적이라는 점으로부터 미러 관계의 개선도 쉽지 않을 것이라고 지적했다.

2. 우크라이나 위기의 의미

유엔 안보리의 한계

우크라이나 위기로 거듭 명백해진 것은 현재의 국제 안보 질서에서 분명히 중심적인 역할을 수행하고 있는 유엔 안보리의 한계였다. 제2차 세계대전의 전승 5개국이 거부권을 지닌 상임이사국으로서 중심적 역할을 담당하고 있는 안보리는, 상임이사국 자신이 침략 행위를 자행할 경우 그것을 멈추게 하는 것이 불가능하다.

2014년 3월, 러시아군으로 보이는 무장부대가 실효 지배를 굳힌 크리미아에서 친러시아파의 자치체가 러시아 편입의 시비를 묻기 위해 행한 주민투표를 인정하지 않는다고 하는 내용의 안보리 결의안은, 러시아의 거부권 행사로 부결되었고, 그 이후 러시아에 의한 크리미아 편입을 저지하지 못했다. 또한 같은 해 7월 우크라이나 동부의 친러시아파 무장 세력의 지배 지역에서 일어난 말레이시아 항공기 격추 사건의 실행범 처형을 위한 국제 법정 설치를 요구하는 결의안에 대해서도, 러시아는 거부권을 행사했다. 유엔 안보리는 우크라이나 위기 해결에 거의 무력했다. 유엔 안보리가 교착 상태에 빠져 있는 동안에 정부군과 친러시아파 무장 세력의 분쟁에 의한 사망자는 급증하여, 2015년 12월까지 9000명을 넘었다. 이 분쟁의 확대를 멈추기 위한 정전 합의를 실현시켰던 것은 독일, 프랑스, 러시아, 우크라이나의 4개국 정상회담이었으며, 여기에는 유엔도 미국도 참가하지 않았다. 향후 소련 붕괴의 심한 타격을 일어나 재건된 러시아가 군사적으로 미국과 대립하고, 유엔 안보리가 기능 마비의 상황에 빠지는 장면은 더욱 증가하게 될 것으로 예상된다.

남중국해에서의 암초 매립 등 해양 진출을 활발하게 하며 동남아시아 국가들과 대립을 심화시키고 있는 중국도 거부권을 지닌 유엔 안보리 상임이사국이다. 이 문제가 더욱 첨예화하여 유엔 안보리에 상정되는 경우에도 중국의 거부권으로 유엔 안보리가 기능하지 못하게 될 것은 거의 틀림없다. 우크라이나 위기는 70년 전에 만들어진 유엔 안보리가 21세기의 격변하는 국제 정세에 대응하지 못하고 있다는 것을 암시하고 있다.

통합에 대한 반동

우크라이나 위기의 배경에 있는 조류는 민족주의의 세계적인 고조이다. 크리미아 편입 이후에 러시아 국내에서 애국적 분위기는 전례 없이 높았다. 거꾸로 크리미아를 편입당하고 동부에서 친러시아파와의 대립을 계속해오고 있는 우크라이나에서는, 동부의 분쟁을 '러시아로부터의 독립 전쟁'이라고 부르며 우크라이나어와 자국의 역사 및 문화를 깊게 배우고자 하는 운동이 강하게 일어나고 있다.

역사 인식과 센카쿠 열도尖閣列島*의 영유권 문제로 일본과 대립하는 중국에서는 시진핑習近平 국가주석이 중화민족中華民族의 위대한 부흥이라는 '중국의 꿈' 실현을 내세우며 정권 기반의 안정화를 도모하고 있다. 각 EU 가맹국에서는 반反이민, 반反EU를 내세우는 극우 세력이 급속하게 확

• ——— 중국에서는 댜오위다오釣魚島, 대만에서는 댜오위타이釣魚臺라고 호칭하며 각기 영유권을 주장하여 분쟁이 발생하고 있다. _옮긴이 주

대되고 있다.

시진핑과 유럽 극우 정당의 지도자 등이 '맹주'처럼 우러러 보는 이가 크리미아 편입으로 구미로부터 비난 세례를 받고 있는 푸틴이라는 사실은, G7의 인식과는 정반대로 국익을 추구하는 강한 지도자에 대한 지지와 공감이 각국으로 확대되고 있다는 증좌證左이다. 전쟁의 참화를 초래한 제2차 세계대전으로부터 70년이 지나면서 세계는 비참한 전쟁에 대한 반성이 희미해졌다. 주변국과 우호적으로 공존하고 지역 통합을 진전시켜 평화를 유지하고자 하는 시도에는 모순과 파탄이 두드러지기 시작했다. 지역 통합에 의한 항구적인 평화 추구의 모범으로서 2012년의 노벨 평화상을 수상한 EU의 내부에서도 이러한 흐름이 노정되었다. 2015년 그리스 채무 위기와 유럽 난민 위기와 관련한 날카로운 대립은 '통합의 이상'이 퇴색했다는 것을 말해주고 있다.

세계화와 격차의 확대

민족주의의 고조는 냉전 종식 이후 급속하게 진전된 '세계화globalization'의 반동이라고도 말할 수 있다. 국경을 초월해 사람과 물건을 이동하게 하고 정보 전달을 비약적으로 확대시킨 세계화는 무역 자유화와 정보 공유, 민주주의와 인권 존중 등의 가치관을 확산시키는 한편, '구미 가치관의 강요', '문화적 침략', '부유한 국가의 가난한 국가 착취' 등의 비판도 초래했다. 세계화의 주요 도구인 인터넷을 통해 정보 공유가 진전된 결과, 이웃나라와 '풍요로움의 격차'가 명백해졌고, 전후 70년간 벌어진 커다란 경제 격차에 대해 사람들의 불만이 전례 없이 높아졌다.

우크라이나 위기도 외교적으로는 미국에 의한 일극一極 지배, 즉 '기준의 강요'에 이의를 제기하는 러시아로부터의 저항이었는데, 경제적으로는 크리미아와 우크라이나 동부의 러시아계 주민이 고도 성장을 이루고 풍요로워진 러시아에 귀속되기를 요구하며, 정치적 혼란과 경제의 저미低迷가 계속되고 있는 우크라이나로부터 이탈을 시도한 '격차 문제'로 볼 수도 있다. 우크라이나 위기는 푸틴의 영토적 야심으로 일어난 사건이 아니라, 전후 질서가 동요하는 가운데 분출된 모순의 한 가지라고 할 수 있다.

그렇다고 해도 2014년에 러시아 대통령이 푸틴이라는 인물이 아니었다면 우크라이나 위기는 전혀 다르게 전개되었을 것이다.

3. 푸틴이라고 하는 요인

'나쁜 기독교도'

미국에 의한 러시아의 인권 침해 비판과 러시아의 대항 조치로 인해 미러 관계가 험악해지기 시작했던 2012년 12월, 푸틴은 대통령에 복귀한 이후 최초로 행해진 연말 항례의 대규모 기자회견에서 러시아 측의 반미적 발언이 미러 관계 및 러시아 경제에 악영향을 미치지 않겠는가 하는 질문을 받고, 다음과 같이 대답했다.

나는 나쁜 기독교도다. '오른쪽 뺨을 때리면, 왼쪽 뺨을 내밀어라'•라고 하는 마음의 경지에는 아직 이르지 못하고 있다. 손바닥으로 뺨을 맞는다면 대항한다. 그렇지 않으면 우리는 언제까지나 계속 얻어맞게 될 것이다.

이 발언은 러시아 정교의 열성적인 신봉자인 푸틴이 '당할 경우 되갚아준다'를 신조로 하는 '싸우는 기독교도'임을 보여주고 있다. 모스크바 등에서 테러를 반복하는 체첸 독립파 무장 세력에 대한 단호한 반격, 크리미아 편입을 이유로 내세운 구미의 대러 제재에 대한 보복 등, 자주 보이는 푸틴의 강경한 언동은 이러한 신조에 따른 것이라고 할 수 있다.

이 같은 사고방식에서 통하는 사상가는 1917년 사회주의 혁명을 비판하여 볼셰비키 정권에 의해 국외로 추방당한(최후에는 스위스에서 객사함) 러시아의 철학자 이반 일리인Ivan Ilyin이다. 푸틴과 그의 측근들은 연설에서 일리인의 저작을 수시로 인용하는 것으로 알려져 있다.

1883년에 제정 러시아의 귀족 가정에서 태어난 일리인은 모스크바 대학에서 교편을 잡은 종교철학자였는데, 제정을 타도하고 종교를 부정하는 혁명 세력과의 타협을 거부하여 체포되었고, 그 이후 망명지인 독일 등에서 러시아 혁명에 대한 비판을 계속했다. 베를린에서 『힘에 의한 악에 대한 저항Resistance to Evil By Force』(1925)을 집필한 일리인은 '러시아의 문호' 레프 톨스토이Lev Tolstoy의 '무저항주의'를 센티멘털하고 유해한 사상이라고 비판했다. 그리고 "기독교는 검劍이 아니라 사랑을 말하고 있지만,

---

• ——— 『신약』에 나와 있는 원문은 다음과 같다. "누가 네 오른쪽 뺨을 치거든, 왼쪽 뺨마저 돌려 대어라."_옮긴이 주

검을 비난한 적은 한 번도 없다. 검을 쥐는 자는 자신도 검에 의해 희생되지만, 타인을 그와 같은 자기희생에 내몰게 하는 것 자체가 사랑이다"라고 하며, 신을 믿는 도덕적 이상을 추구하는 자라고 해도 악에 저항하기 위해 무기를 들고 싸우는 것은 허락된다고 주장했다. 그러한 그의 공격적 사상은 '복수의 종교', '전쟁의 신학' 등으로 비판을 받는 한편, 적군赤軍과 싸우는 백위군白衛軍(반反혁명군)의 정신적 지주가 되었다.

소련 시대에 무시되었던 일리인은 공산주의에 반대하고 러시아의 전통을 중시하는 보수파의 논객으로서 푸틴 정권에서 재평가되었다. 제1, 2기 푸틴 정권에서 크렘린Kremlin(대통령궁)의 간부로 재직했던 '정권의 이데올로그' 블라디슬라프 수르코프Vladislav Surkov 전 부총리가 "각국에는 각기 민주주의 발전의 독자적인 길이 있다", "개인의 자유보다 국가주의가 우선한다"라고 제창한 '주권 민주주의'론에도 영향을 미쳤다고 전해진다. 해외에 있던 일리인의 유골은 백위군의 지도자 중 1명이었던 안톤 데니킨Anton Denikin 장군의 유골과 함께 2005년 모스크바에 있는 돈스코이 수도원Donskoy Monastery의 묘지에 재매장되었다. 당초에는 조잡한 목제 묘표墓標가 세워졌지만, 당시 총리였던 푸틴이 관련 사진을 보고 나서 묘지를 정비하도록 명령하여, 2009년 멋진 묘비가 설치되었다. 정비하는 데 자신의 사재를 보태겠다고 언급한 푸틴은 같은 해 5월에 방문하여 새로운 묘비 앞에 헌화했다.

확대되는 동방정교회의 영향

러시아 정교 신앙이라는 요소도 푸틴의 언동을 이해하는 데 있어서 경시할 수 없다.

소련 시대에 탄압받은 러시아 정교회는 소련 붕괴 이후, 특히 푸틴 정권 탄생 이후에는 대통령의 지지도 있어서 급속하게 부흥을 이루며 영향력을 확대하고 있다. 988년(989년이라는 설도 있음)에 당시 키예프 대공大公 블라디미르•가 기독교를 수용하여 정교는 국교가 되었고, 러시아 정교 신자가 러시아인이라는 인식은 종교가 부정되었던 소련 시대를 거쳐 그 이후의 현재 사회에도 뿌리 깊게 존재하고 있다. 푸틴 정권이 사실상 지배하에 두고 있는 3대 TV는 부활절, 성탄절 등 정교회의 연중 행사를 모스크바에 있는 러시아 종교의 총본산 '구세주 그리스도 대성당Cathedral of Christ the Saviour'으로부터 생중계를 하는 등, 교회와 관계된 프로그램에 많은 시간을 할애하고 있다. 보수적인 가치관, 러시아 애국주의, 구미로부터의 정치적·문화적 '강요'에 대한 반발 등 많은 공통점을 갖고 있는 교회와 정권이 이인삼각 형태로 국민의 통합을 추진하고 있다는 인상을 '푸틴의 러시아'로부터 받는다.

크리미아에 가까운 우크라이나 남부 헤르츤은 블라디미르 대공이 최초로 세례를 받았던 땅으로 알려져 있다. 오를란도 피게스Orlando Figes가 『크리미아 전쟁クリミア戰爭』(2015)••에서 묘사하고 있는 바와 같이, 당시 러시아령領이었던 크리미아 반도에서 영국, 프랑스, 오스만 튀르크 등의 연합군과 러시아가 격렬한 전투를 벌인 1853~1856년 크리미아 전쟁의

• ──── 블라디미르 1세Vladimir the Great, 958~1015를 지칭한다. _옮긴이 주
•• ──── Orlando Figes, *Crimea: the last crudade* (Allen Lane, 2010)의 번역서다. _옮긴이 주

발단은 성지 예루살렘의 관리권을 둘러싸고 벌어진 정교 러시아와 가톨릭 프랑스 간의 투쟁이었고, 러시아와 서구 간에 전개된 일종의 종교 전쟁이었다. 세바스토폴Sevastopol 요새의 함락으로 이 전쟁에 패배하여 막대한 희생을 지불했던 러시아에게, 크리미아 반도는 역사적으로 '조상의 피를 대가로 지불하고 얻은 러시아의 영토'로 간주되고 있다. 2014년 2월에 시작된 우크라이나 위기에서 크리미아 편입에 나섰던 푸틴과, 이를 압도적으로 지지했던 러시아 국민에게는 러시아와 러시아 정교에 중요한 역사와 결부된 크리미아를 소련 붕괴의 혼란 과정에서 외국령으로 잃은 것 외에도, 나아가 북대서양조약기구NATO 측에 지배권을 빼앗긴 것은 용납할 수 없다는 생각이 있었다. 구미가 이를 이해하지 못한 것이 크리미아 편입을 둘러싼 구미와 러시아 간 대립의 근본적인 원인이었다.

운명론자

러시아가 G8에서 추방당한 것과 연관된 크리미아 반도 편입에 대해서 푸틴은, 우크라이나의 야당을 지원하고 친러시아 성향의 빅토르 야누코비치Viktor Yanukovych 정권을 전복시켜, NATO의 지배하에 크리미아를 두고자 하는 구미의 시도에 대항하기 위한 어쩔 수 없는 일이었다는 인식을 보였다. 이로부터 알 수 있는 바는, 구미로부터 '우크라이나에 대한 침략'이라고 비난받은 크리미아 편입도, 러시아를 향해 포위망을 좁혀 오고 있는 NATO의 공세에 대한 일종의 대항책이라는 것이 사실이다. 아마도 우크라이나에 대한 개입이 옳지 않다는 발상은 푸틴에게 없을 것이다.

앞에서 언급한 루키야노프는 크리미아를 전격적으로 지배하에 두었던 솜씨와 그 이후 우크라이나 동부 분쟁에 대한 개입이 길어지고 있는 것 사이의 갭을 지적하면서, "푸틴은 운명론자다"라고 설명한다. "애당초 푸틴은 전략적 결정을 하는 사람이 아니다. 그것은 그가 어리석은 것이 아니라, 지금의 세계에서 장기적 전략을 세우는 것이 불가능하다고 믿고 있기 때문이다. 푸틴은 크리미아 편입과 같이, 단기적으로는 수미일관된 대응을 할 수 있지만, 장기적으로는 '될 대로 되는 수밖에 없다. 그것에 대응할 수밖에 없다'는 입장이다." 이런 루키야노프의 견해는 '상황 대응의 천재'라고 일컬어지는 푸틴의 성향을 다른 측면으로부터 날카롭게 간파하고 있다. 장기 전략에 기초하여 '대국 러시아의 부활'을 추진하고 있는 것으로 간주되기 일쑤인 푸틴이지만, 실제로는 심각함을 더해가고 있는 국제 환경 속에서 러시아의 생존을 위한 대응에 내몰리고 있다고 볼 수도 있다. 어쨌든 구미에 대항하는 푸틴의 자세는 질서가 유동화하고 동요하고 있는 세계 속에서 이채로움을 발산하고 있다.

제 1 장

우크라이나의 정변과
크리미아 편입

1. 야누코비치 정권의 몰락

소치 동계 올림픽의 그늘 속에서

2014년 2월 7일, 세계는 흑해黑海에 면한 러시아 남부의 소치Sochi에서 행해진 러시아 최초의 동계 올림픽 개회식에 주목했다. 러시아가 자랑하는 발레와 오페라가 포함된 역사를 되돌아보는 웅장한 퍼포먼스 이후, 당시 반기문 유엔 사무총장과 나란히 마이크 앞에 선 푸틴 대통령이 힘차게 개회를 선언하고, 소련·러시아에서 거행되는 두 번째 올림픽은 호화롭게 개막했다.

푸틴은 이에 앞서 1월 17일, 영국 BBC 방송과 미국 ABC TV, 러시아 TV '제1채널' 등과 소치에서 회견했다. "올림픽 개최는 러시아를 강하게 만들고자 하는 당신의 정치적 장래와 관계가 있습니까?"라는 질문에 푸틴은 다음과 같이 답했다.

스포츠에서의 성취는 경제·사회 정책 성과의 표현이다. 대규모 경기 대회의 개최는 사람들을 스포츠로 향하게 만들고, 국민의 건강 증진을 통해 인구 감소 대책으로도 연결된다. 나의 개인적 야심을 위한 것이 아니라, 국가와 국민의 직접적 이익이다. …… 소련 붕괴와 캅카스Caucasus에서의 유혈 사태 이후 사회에는 매우 무겁고 비관적인 분위기가 흘렀다. 우리는 그로부터 분기奮起하여 스포츠 분야에서도 대大프로젝트를 해낼 수 있다는 것을 자각할 필요가 있었다. 올림픽 기간 중에는 새로운 러시아와 그 가능성을 볼 수 있기 바란다. 이를 통해 세계의 국가들과 양호한 관계를 구축할 수 있게 될 것으로 믿고 있다.

    스포츠도 정치의 한 가지라고 하는 푸틴다운 발상이 솔직하게 드러나 있다. 실제로 푸틴은 소치 동계 올림픽 개최를 결정한 2007년 중앙아메리카 과테말라에서 열린 국제올림픽위원회*International Olympic Committee: IOC* 총회에 직접 출석하여 영어로 연설을 하고, 개최 결정을 획득했다. 1980년 모스크바 올림픽에 구미 국가들은 보이콧을 선언했다. 소련의 아프가니스탄 침공이 그 이유였다. 기대하지 않았던 형태로 끝나버린 과거의 올림픽 이후 소치에서 개최된 올림픽은 푸틴에게 자신이 추진하고 있는 '러시아의 부활'을 상징하는 이벤트로서의 느낌이 있었을 것이다. 소치 동계 올림픽은 우려했던 테러도 발생하지 않았고, 스포츠 대회로서는 성공리에 끝났다.

―――――――――――――――――――――――――――― 우크라이나 위기의 경위

2013. 11.21. ―――― • 야누코비치 정권이 EU와의 연합 협정 체결 교섭의 동결을 발표
     11.24. ―――― • 키예프의 독립광장에서 야당 지지자 수만 명이 항의 집회
     12.1. ―――― • 독립광장에서 약 10만 명이 집회, 일부가 치안부대와 충돌

2014. 2.18. ―――― • 키예프의 독립광장에서 시위대와 치안부대가 대규모 충돌 발생
     2.20. ―――― • 독립광장에서 최대의 충돌 발생, 3개월간의 사망자가 100명을 넘음
     2.21. ―――― • 야누코비치 대통령과 야당 3당 당수가 위기의 정치적 해결에 합의
     2.22. ―――― • 키예프의 대통령부와 최고회의를 야당 측이 점거, 티모셴코 전 총리 석방
     2.23. ―――― • 올렉산드르 투르치노프Oleksandr Turchynov 최고회의 의장이 대통령 대행에 취임, 야누코비치 정권 붕괴
     2.28. ―――― • 소속 불명의 부대가 크리미아 반도의 2개 공항을 제압, 실효 지배를 굳힘
     3.6. ―――― • 미국이 러시아에 대해 일부 당국자의 도항渡航 금지 등의 제재 발동
     3.16. ―――― • 크리미아의 주민투표에서 러시아에 대한 편입을 승인
     3.18. ―――― • 러시아의 푸틴 대통령 등이 모스크바에서 크리미아 편입 조약에 조인
     3.24. ―――― • G7 긴급 정상회담이 열려 G8 회의로부터 러시아를 배제하기로 결정

4월 초 ——— • 친러시아파 무장 조직이 우크라이나 동부 도네츠크Donetsk, 루간스크Lugansk 2
　　　　　　개 주의 행정 청사를 점거
4.15. ——— • 우크라이나 신정권이 동부의 친러시아파에 대한 군사 작전을 개시
5.11. ——— • 동부 2개 주에서 친러시아파가 독립의 시비를 묻는 주민투표를 실시
5.25. ——— • 우크라이나에서 치러진 조기 대통령선거에서 친親구미파의 페트로 포로셴코
　　　　　　Petro Poroshenko 전 외교장관이 당선
6월 말 ——— • 우크라이나 동부에서 일시 정전이 이루어졌으나, 그 이후 전투 재발
7.17. ——— • 도네츠크 주에서 말레이시아 항공기 격추, 승객 및 승무원 298명이 전원 사망
7.31. ——— • EU가 본격적인 대對러시아 경제 제재를 발동
8월 중순 ——— • 러시아군 부대가 우크라이나 동부에 침입했다는 보도가 연이어짐
9.5. ——— • 민스크Minsk에서 러시아, 우크라이나, 독일, 프랑스 등 4개국 정상이 우크라이
　　　　　　나 동부의 정전에 합의, '민스크 합의' 채택
11.2. ——— • 우크라이나 동부 2개 주에서 친러시아파가 독자적으로 선거를 강행

2015. 1월 중순 ——— • 우크라이나 동부에서 정부군과 친러시아파 무장 조직 간의 전투가 다시 격화
2.12. ——— • 민스크에서 4개국 정상이 다시 회담, 정전과 2014년 9월의 민스크 평화 합의
　　　　　　를 이행하는 것에 대해 의견 일치
9.28. ——— • 뉴욕에서 미러 정상회담, 우크라이나 문제에 대해 의견 차이를 좁히지 못함
10.2. ——— • 4개국 정상이 파리에서 세 번째 회담 개최, 평화 합의 유지를 확인

　그 무렵 이웃나라 우크라이나에서는 중대한 위기가 진행되고 있었
다. 수도 키예프의 중심부에 있는 '독립광장Independence Square(우크라이나어
Maidan Nezalezhnosti)'과 그 주변에 진을 치고 있던 야당 지지자 등의 반反정
권 시위가 계속되었고, 치안부대와 산발적인 충돌을 거듭했다. 키예프의
항의 시위는 2003년 11월에 야누코비치 정권이 EU와의 관계 강화를 지
향하는 '연합 협정' 체결 교섭을 동결시킨 것을 계기로 시작되었다. 친러
시아 성향으로 간주되어온 야누코비치 대통령은 러시아의 푸틴 정권으로
부터 '소련의 부활 구상'이라고도 일컬어지는 '유라시아 경제공동체Eurasian
Economic Community: EAEC'*에 참가할 것을 강하게 요구받았다. 그런데 우크

• ——— EAEC는 2000년부터 2014년까지 존속했으며, 2015년 1월 1일 '유라시아 경제연합

라이나와 EU 간의 연합 협정은 자유무역협정FTA을 기둥으로 하는 경제 관계를 강화하는 것이기에, 궁극적으로 옛 소련 권역의 지역 통합을 도모하며 '유라시아 동맹'으로 이행하는 것을 목적으로 하는 '유라시아 경제공동체'에 참가하는 것과 서로 양립

러시아와 NATO

□ NATO 가맹국
발트 3국
러시아
분쟁 중인 동부의 2개 주
우크라이나
크리미아 반도

될 수 없다. 유럽으로의 통합인가, 아니면 러시아와의 협력 강화인가와 관련하여 야누코비치는 애매한 태도를 계속 취해왔다. 여기에는 약 4500만 명의 인구와 광대한 영토를 지닌 우크라이나를 자기 진영으로 끌어들이고자 하는 EU와 러시아의 줄다리기 싸움 속에서, 야누코비치가 결단을 내리지 못했을 뿐만 아니라 쌍방으로부터 최대한의 이익을 이끌어내고자 하는 의도도 있었다.

　야누코비치는 총리였던 2004년, '오렌지 혁명'이라고 불리는 민주화 운동에 의해 대통령선거에서 당선이 취소되었고, 친구미파의 빅토르 유셴코Viktor Yushchenko 정권하에서 야당 생활을 거쳐, 2010년 2월 대통령선거 결선투표를 거쳐 결국 당선되었다. 취임 연설에서는 친구미파의 유셴코

Eurasia Economic Union: EEU'이 출범했다. _옮긴이 주

전 정권에 의한 NATO 가맹 방침의 철회를 분명히 하는 한편, "러시아, EU, 미국 등과의 대등한 관계를 발전시킴으로써 최대의 결과를 이끌어낸다"라고 선언하고, 최초의 해외 순방지로 브뤼셀의 EU 본부를 선택했다. 유셴코 정권에 대해 천연가스의 급격한 가격 인상을 요구하고, 한겨울에 가스 공급을 중단했던 러시아의 대응으로 인해 러시아에만 의존하는 것의 위험성을 야누코비치에게도 통감하도록 만들었던 것으로 보인다. 야누코비치 정권과 EU는 2011년 말까지의 연합 협정 체결을 지향하며 교섭하는 데에 이르렀다.

그러나 EU 측은 대통령선거에서 야누코비치와 경쟁했던 최대의 정적이자 친구미파인, 야당 '조국당*All-Ukrainian Union Fatherland*'의 여성 당수 율리야 티모셴코*Yulia Tymoshenko* 전 총리가 총리 시절 당시 러시아와 합의한 가스 가격의 대폭 인상 때문에 직권 남용 혐의로 체포되어, 같은 해 10월에 키예프의 지역 재판소에서 금고 7년형의 유죄 판결을 받았던 것을 정치적 탄압이라고 비판하고, 그녀가 석방되지 않는다면 체결은 어렵다고 하며 연내 서명을 뒤로 미루었다. 그 이후에도 교섭은 계속되었지만 야누코비치는 그녀의 석방에 동의하지 않았으며, 2013년 11월 21일 야누코비치 정권은 "러시아와의 경제 관계 발전을 위해" 연합 협정 체결 교섭을 동결시킨다고 발표했다.

키예프의 독립광장에서는 24일 이 결정에 분노한 수만 명의 야당 지지자 등이 "우리는 유럽인이다. 소련인이 아니다"라는 슬로건 등을 내세우며 항의 시위를 행했다. 12월 1일에는 독립광장의 시위가 10만 명에 달하여 일부가 키예프 시의 청사를 점거하고 치안부대와 충돌하여 약 300

명이 부상을 당했다. 2일에도 아침부터 1만 명 이상의 시위대가 도심에서 항의 집회를 계속했고, 우크라이나 정부 청사와 중앙은행 입구를 봉쇄하며 정권의 퇴진을 요구했다. 야누코비치는 야당에 대화를 요구하거나 EU 정상 및 푸틴과 회담을 하면서 모호한 대응으로 시종일관했고, 정권 타도를 외치는 시위는 이듬해 2014년 1월에 이르러서도 수습되지 않았다.

시가전

독립광장에서 유혈 참사가 일어났던 것은 소치 동계 올림픽의 폐막식이 가까웠던 2월 18일이었다. 낮 동안에 독립광장으로부터 유럽광장 *European Square*을 거쳐 정부 청사와 최고회의로 통하는 흐루셰프스키 거리 *Hrushevsky Street*에서 시위대와 치안부대 간의 소규모 충돌이 있었고, 쌍방에서 부상자가 나왔다. 저녁 무렵, 독립광장이 내려다보이는 언덕에 서 있는 호텔 '우크라이나'로 연결되는 인스티투트 거리*Institut Street*의 바리케이드를 치안부대가 치우기 시작하고, 장갑차가 바리케이드를 돌파하여 독립광장으로 향했다.

같은 날 밤, 치안부대 측은 시위대 수천 명이 진을 치고 있던 광장의 중심부에 장갑차 몇 대를 투입시키고, 최루가스와 고압 살수총도 사용했다. 광장 주변에

———————————— 키예프 중심부

목재 및 타이어 등을 쌓아올리고 바리케이드를 쳤던 시위대 측은 돌과 화염병을 던지며 격렬하게 저항했고, 바리케이드에 불이 붙어 일대가 화염과 검은 연기로 가득했다. 이날 밤부터 19일에 걸쳐서 26명이 사망하고 300명 이상이 부상을 당했다. 사망자 가운데 10명은 치안부대 대원이었다. 시위대가 점거했던 노동조합 회관은 불탔다.

유혈 사태가 발생하자 19일 밤, 복싱 세계 챔피언으로도 알려져 있는 야당 '우다르Ukrainian Democratic Alliance for Reform: UDAR'의 비탈리 클리치코 Vitali Klitschko 당수와 '조국당'의 의회 파벌parliamentary faction을 이끌고 있는 아르세니 야체뉴크Arseniy Yatsenyuk 전 외교장관, 광장에서 시위를 조직했던 우파 민족주의 정당 '자유당All-Ukrainian Union Svoboda'의 올레흐 탸흐니보크 Oleh Tyahnybok 당수가 야누코비치와 회담하고 쌍방은 '정전'에 합의했다. 하지만 이튿날 30일 아침, 치안부대와 시위대가 다시 충돌했는데, 시위 참가자와 치안부대 대원이 불특정 여러 명에 의해 저격되어 차례로 거꾸러졌다. 이날 새롭게 수십 명이 사망했고, 수많은 부상자가 나왔다. 광장의 이곳저곳에서 폭발음과 총소리가 울렸고, 뜯겨 나간 보도블록과 화염병이 날아다녔다. 검은 연기가 피어오르면서 불타는 타이어와 목재가 어지럽게 흩날리는 가운데 초라한 카키색 헬멧을 쓴 시위 참가자가 부상자를 들것에 싣고 운반했고, 키예프의 중심부는 시가전의 전쟁터로 변했다. 이후 우크라이나 정부 측의 발표에 의하면 18일부터 20일 사이에 발생한 충돌로 100명 이상이 사망했다. 그중 절반 이상이 20일의 총격으로 사망했다고 전해진다. 부상자도 3일 동안에 약 1500명에 달했다.

누가 총을 쏘았는가?

2월 20일에 독립광장에서 일어난 총격은 사태를 단번에 첨예하게 만들어 야누코비치 정권의 붕괴를 초래했기 때문에, '정권과 그 배후에 있었던 러시아에 의한 학살'이라고 주장하는 야당 측과 '구미의 지원을 받은 야당이 유혈 사태를 유발시키기 위해 행했던 모략'이라고 보는 당시의 정권 측, 그리고 러시아 사이에서 누가 광장에 총격을 가했는지에 대한 논쟁이 그 이후에도 길게 계속되었다. 야당 측은 광장에 투입된 내무부 소속의 특수부대 '베르쿠트Berkut'•가 자행한 일이라고 주장했다. 한편 정권 측은 광장의 남부에 면해 있는 국립음악원 방향에서 누군가가 치안부대 대원을 저격했다고 주장했다.

이 사건이 발생한 지 1주년을 앞두고 있던 2015년 2월, 영국 BBC 방송의 특별 프로그램은 20일 아침에 독립광장의 일각에 내몰려 있던 치안부대 대원 등을 노리고 국립음악원 2층에서 총격했다고 인정한 세르게이라는 남성의 증언을 전했다. 세르게이는 자신을 시위에 수개월 동안 참가했던 전직 군인이라고 설명했고, 이전부터 서로 알고 지냈던 남자로부터 18일에 라이플총을 건네받았고, 20일 아침에 국립음악원으로 이끌려 가여러 멤버와 함께 치안부대 대원을 광장에서 퇴각시키기 위해 "다리 쪽을 노리고 저격했다"고 말했다. 총격을 가했던 세르게이는 야당 측의 남자들에 의해 저지를 당했고, 차량으로 교외에 이끌려가서 귀가 조치되었다고 한다. 하지만 프로그램 인터뷰에서 당시 독립광장의 야당 측 자경단自

• ———— 경찰 특공대이며, 베르쿠트는 독수리를 의미한다. _옮긴이 주

警團을 지휘했던 안드리 파루비Andriy Parubiy 최고회의 의원(새로운 정권에서 국가안보국방회의National Security and Defense Council 서기 및 최고회의 부의장)은 치안부대 대원이 저격당하고 있다는 연락을 받고 "정예 요원들을 국립음악원으로 급파했는데, 저격수는 발견할 수 없었다"라고 하면서 세르게이의 증언과는 모순되는 설명을 했고, 또한 "20일의 총격은 러시아에서 온 스나이퍼들이 행했던 것이다. 그들은 광장에서 유혈 사태를 일으키고자 했던 것이다"라고 강조했다.

총격으로 동료 중에 사망자가 나온 이후, 치안부대 측은 총을 들고 수평 격발을 시작했다. 이로 인해 시위대 측이 투석 등으로 응수하여 쌍방의 전면적 충돌로 발전했고, 희생자는 급격히 증가했다. TV 프로그램은 또한 호텔 '우크라이나'에서도 총격이 발생했고, "저격자는 시위대의 멤버가 사용하는 카키색 헬멧을 쓰고 있었다"는 기자의 목격 증언도 전해졌다. 어느 쪽이 먼저 총격을 가했는지는 명확하지 않지만, 이날의 총격은 구미에서 일반적으로 믿고 있는 바와 같이 치안부대가 평화적인 시위 참가자를 학살했다고 하는 단순한 내용이 아니라, 시위대 측도 광장에서 총격을 했고 쌍방의 격렬한 교전으로 발전했다는 것이 그 실태라고 보아도 좋을 듯하다.

독립광장에서 대규모 유혈 사태가 벌어진 것을 감안하여, 프랑스의 로랑 파비우스Laurent Fabius 외교장관, 독일의 프랑크발터 슈타인마이어 Frank-Walter Steinmeier 외교장관, 폴란드의 라도스와프 시코르스키Radosław Sikorski 외교장관이 20일 오전 키예프를 방문하여 사태 수습을 중재했다. 외교장관 3명은 대통령부에 야당 측 지도자를 초대해 야누코비치와 회담하도록 만들었다. 회담은 21일 오전 7시까지 9시간 동안 계속되었다.

독립광장과 그 주변에서는 다시 시위대가 완전히 지배권을 되찾았고, 야당 지지파의 손으로 타이어와 자갈이 차례로 반입되었으며, 이른 아침부터 바리게이트가 강화되었다. 한 시위대원은 21일 새벽녘에 러시아 타스TASS 통신을 향해 "2004년의 '오렌지 혁명' 이후처럼 속지 않는다. 만약 새로운 지도자 등이 정권에 오를 경우, 우리가 군중을 통제한다. 지도자가 우리를 배반한다면 새로운 마이단Maidan(독립광장의 항의 시위)을 조직할 뿐이다"라고 말했다. 시위 참가자에는 의회에 의석을 갖고 있지 않은 과격한 민주주의 조직 '우익 섹터Right Sector' 등의 멤버와 그들의 지지자가 다수 포함되어 있었고, 독립광장은 야당도 효과적으로 통제하기 어려운 상태가 되고 있었다.

21일 오후 4시, 야누코비치, 클리치코, 야체뉴크, 탸흐니보크 등 4명은 대통령부에서 슈타인마이어, 시코르스키 등이 입회한 가운데 9월까지 헌법을 개정하고 대통령 권한을 약화시키는 것과 거국일치舉國一致 내각의 수립, 그리고 늦어도 연내에 조기 대통령선거를 실시하는 것 등을 기록한 합의 문서에 서명했다.

혁명

이 합의에 서명하기 전에 이변이 발생했다. 오후 3시 무렵, 독립광장으로부터 멀지 않은 대통령부를 경비하고 있던 치안부대 대원 등이 전용 버스에 탑승하여 떠나기 시작했던 것이다.

미국 《뉴욕타임스New York Times》에 의하면, 야누코비치와 회담했던 외교장관 3명 가운데 1명인 시코르스키는 사태를 타개하기 위한 방법은 야누코비치의 조기 사임과 대통령선거를 신속하게 재실시하는 것밖에 없다고 설득했다. 야누코비치는 이를 듣고 분노하여 하얗게 질려 있었지만, 푸틴으로부터 전화를 받고 협의한 이후 조기 대통령선거 실시에 동의했다고 한다. 한편 시위대를 지원하는 친구미파는 거점인 서부의 리비프 *Liviv*에서 내무부의 무기고에서 탈취한 총기를 독립광장으로 반입시켜, 시위대 측도 무장했다. 대통령부와 정부 청사 등 정권 중추의 건물 경비가 해제된 이유에 대해 (같은 신문의 취재 내용에 따르면) 독립광장의 자경단 간부는 20일 광장에서 일어난 총격으로 다수의 사망자가 나온 이후에 치안부대는 명백히 사기가 저하되어, 시위대와의 싸움을 기피했다고 말하고 있다. 같은 날 정오 무렵, 내무부 차관에게서 휴대전화로 연락이 와서, 오후 3시에 최고회의 본회의가 시작될 때까지 '정전'하는 것, 치안부대가 키예프 시내에서 안전하게 철수할 수 있도록 시위대 측이 보장하는 것에 합의했다. 이튿날 21일, 최고회의가 독립광장 유혈 사태에 대한 책임을 물어 비탈리 자하르첸코*Vitaliy Zakharchenko* 내무장관을 해임하기로 결정한 이후, 내무부 소속의 각 부대장은 안전한 철수 보장을 요구하는 전화를 시위대 측에 걸었고, 일부 치안부대는 시위대의 보호를 받으며 키예프에서 떠났다. 이리하여 야누코비치와 야당 3당 당수가 사태의 정상화를 위한 합의 문서에 조인할 무렵까지는 정권의 중추 시설에 치안부대 대원도 경찰관도 거의 없게 되었다. 시코르스키는 같은 신문에 "언제나 그랬던 것처럼 그(야누코비치)는 타이밍을 놓쳤던 것이다"라고 회답했다.

최고회의에서는 약 1시간 전에 이제 막 서명된, 정권 측과 야당 간의 합의에 쓰인, 대통령의 각료 임명권 등을 대폭적으로 최고회의에 이양하는 의회 주도형의 2004년 헌법의 부활이 거의 만장일치로 채택되었다. 21일 밤, 독립광장의 연단에서 강연했던 파루비는 "우리는 야누코비치의 사임을 요구한다. 그는 이미 하리코프*Kharkiv*로 도망쳤다. 마이단은 오늘 키예프를 완전히 장악했다"라고 선언했다.

야누코비치는 21일 오후부터 소재 불명이 되었다. 이튿날 22일 아침, 미디어는 야누코비치가 전날 밤에 키예프를 탈출하여 동부의 대도시 하리코프로 향했다고 보도했다. 최고회의의 정수 450개 의석 중에 207개를 보유하고 있던 야누코비치의 여당 '지역당*Party of Regions*'에서는 의원의 집단 탈당이 시작되어, 이날까지 약 80명의 최고회의 의원이 당을 이탈했고, 하루 전까지만 해도 여당으로서 거대한 권한을 장악하고 있었던 '지역당'은 붕괴했다.

대통령의 해임

22일 '지역당' 출신의 볼로디미르 리박*Volodymyr Rybak* 최고회의 의장이 병환을 이유로 사임하고 야당 '조국당'의 당수인 티모셴코의 측근 투르치노프 전 제1부총리가 의장에 선출되었다.

이 무렵 야누코비치는 동부 하리코프에서 해당 지역 TV와의 인터뷰에 응하여 키예프에서 일어난 것은 "쿠데타"라고 하면서 야당 측을 비난했다. 인터뷰는 잠복지에 TV 방송국 관계자를 초대해서 이루어졌던 것으로 보이는데, 어두컴컴한 방안에서 창백한 표정의 야누코비치는 자신의 해임 등 최고회의가 채택한 결정은 "모두 위법이고, 대통령으로서 서명할 생각이 없다"고 논하며, "그들은 야당이 아니다. 불량배다"라고 불만을 쏟아냈다. 또한 대량의 희생자가 나온 독립광장에서의 총격에 대해서 자신은 명령하지 않았다며 관여를 부정했다. 야누코비치는 그 전날 키예프에서 공항으로 향하는 도중 자신의 자동차가 총격을 받았다는 것 등도 말하면서 자신은 아직 "정당하게 선출된 대통령이다"라고 강조했지만, 그것은 허세를 부리는 것에 불과했다.

그 이후 투르치노프는 최고회의에서 야누코비치가 "대통령의 의무를 수행하지 못했다"라고 인정하며 사실상 해임시키고, 대통령선거를 5월 25일에 조기 실시하는 정령政令을 냈다. 이 정령은 찬성 328, 반대 0으로 승인되어, 야누코비치는 깨끗하게 해임되었다. 투르치노프에 의하면, 이 날 오후에 전화가 연결되어 야누코비치는 설득을 받아들이고 일단 사임에 동의했다. 하지만 그 이후에 사의를 철회하고 TV를 통해 야당을 비난했기 때문에, 해임에 나섰다고 한다. 최고회의에서는 유혈 사태의 책임을 추궁당했던 자하르첸코 내무장관을 대신하여 아르센 아바코프Arsen Avakov 최고회의 의원이 새로운 내무장관에 임명되었다. 또한 동부 하리코프의 형무소 의료시설에 수용되어 있던 티모셴코의 석방도 결정되었다.

22일 저녁, 휠체어에 탄 채로 의료시설을 나온 티모셴코는 오후 10시경 키예프의 독립광장에 도착하여, "지금 하지 않으면 안 되는 일은 상황이 후퇴되지 않도록 하는 것이다. 야누코비치를 마이단으로 연행해야 한다"라고 인민재판을 하도록 호소했다. '오렌지 혁명'의 지도자 중 1명인 야누코비치의 최대 정적이었던 티모셴코의 석방은 새로운 혁명이 일어났다는 것을 상징하는 사건이었다. 휠체어에 앉아 연약한 목소리로 호소하는 티모셴코에게 10년 전 '혁명' 당시 과격한 연설로 정권 타도를 호소하며 '우크라이나의 잔다르크'라는 별명을 얻었던 당당했던 모습은 찾아볼 수 없었다.

야누코비치는 자신의 지역 지반인 동부 도네츠크의 공항에서 전세 비행기를 타고 러시아로 출국하려 했지만, 서류 준비가 미흡하다는 이유로 이륙이 허가되지 않았고, 자동차로 공항을 나왔다. 그 이후 러시아계 주민이 많은 크리미아 반도를 경유해서 러시아로 입국하여, 사실상 러시아 정부의 보호를 받으며 망명 생활을 보내게 된다. 주인이 사라진 키예프 교외의 대통령 공관에서는 40억 엔(한화 약 409억 원)이 넘는 샹들리에와 황금 접시, 개인용 골프 코스와 테니스 코트 등이 발견되었고, 그의 도를 넘는 사치에 시민들은 분노와 조소를 금치 못했다.

23일, 최고회의는 투르치노프를 대통령 대행으로 선출하고 구舊정권의 각료를 차례로 해임했다. 투르치노프는 같은 날 밤에 TV를 통해서 연설하며, 질서를 회복하고 평온을 되찾겠다고 선언했다. 외교에서는 '유럽으로의 통합 정책'으로 되돌아간다고 강조하고, 친구미파 노선으로의 전환을 분명히 했다.

같은 날에 크리미아로부터 매우 가까운 소치에서는 동계 올림픽의 폐막식이 행해졌다. IOC의 토마스 바흐Thomas Bach 위원장은 "러시아는 약속했던 것을 모두 제공해주었다"라고 최대급의 찬사를 보냈다. 금메달 수와 메달의 총수에서도 러시아가 제1위라는 쾌거가 더해졌지만, 푸틴은 굳은 표정이었다. 그가 자신의 위신을 걸었던 소치 동계 올림픽은 성공했지만 세계가 새로운 러시아를 눈으로 보고 각국과의 양호한 관계를 구축할 수 있는 '절호의 기회'에 찬물을 끼얹게 되었던 것이다. 그 이후 곧 푸틴은 아마도 그의 정치 인생 중에서 가장 어려운 한 가지 결단을 내리게 된다.

2. 크리미아의 '재통합'

러시아계 주민의 반발

흑해에 면해 있는 우크라이나 남부의 크리미아 반도는 경치가 매우 아름다운 휴양지로서 제정 러시아 시대부터 알려졌다. 에카테리나 2세 *Catherine the Great* 시대에 제1차 러시아·터키 전쟁을 거쳐 러시아령이 되었다. 안톤 체호프 *Anton Chekhov*의 단편 소설 「개를 데리고 있는 여인 *The Lady with the Dog*」의 무대이기도 하며, 제2차 세계대전 종결 전에는 미국의 프랭클린 루스벨트 *Franklin Roosevelt* 대통령, 영국의 윈스턴 처칠 *Winston Churchill* 총리, 소련의 이오시프 스탈린 *Iosif Stalin* 서기장이 전후 처리에 대해 교섭했던 '얄타 회담'의 장소이기도 했다. 소련 시대 말기인 1991년 8월, 소련공산당 보수파에 의한 쿠데타 미수 사건으로 미하일 고르바초프 *Mikhail Gorbachev* 대통령이 감금되었던 별장도 크리미아의 포로스 *Foros*에 있다.

크리미아는 당초 러시아공화국에 귀속되었지만, 1954년에 당시 니키타 흐루쇼프 *Nikita Khrushchev* 소련공산당 제1서기의 독단으로 우크라이나공화국에 귀속되었다. 이런 결정은 우크라이나가 러시아에 보호를 요구했다고 하는 1654년의 '페레야슬라프 협정 *Treaty of Pereyaslav*'의 체결 300주년을 축하하는 흐루쇼프 특유의 변덕에 의한 것으로 알려졌는데, 실제로는 스탈린의 사망 이후 톱top의 자리에 결국 올라갔지만 권력 기반이 취약했던 흐루쇼프가 소련의 제2공화국인 우크라이나로부터의 지지 확보를 노렸던 것으로 일컬어지고 있다. 소련 시대에는 각 공화국의 국경이 사실상 존재하지 않기 때문에, 커다란 문제는 없었지만 1991년의 소련 붕괴에 따라 우크라이나는 독립했고, 러시아 입장에서 크리미아는 외국의 영토가 되었다. 독립 이후의 우크라이나에서 크리미아 반도는 러시아 흑해함대가 주둔을 계속하고 있는 서부의 세바스토폴은 특별시, 그 외의 지역은 '크리미아 자치공화국'이라는 법적 지위를 부여받았는데, 시민의 약 60%를 차지하는 러시아인은 우크라이나 전체에서 소수파였기 때문에, 키예프의 우크라이나 중앙정부로부터 독립을 추구하거나 러시아에의 귀속을 요구하는 움직임이 끊이지 않았다.

2014년 2월 키예프에서 일어난 '혁명적' 정변을 감안하여 크리미아에서도 동요가 확산되었다. 정변을 인정하지 않는 친러시아파가 크리미아 반도의 각지에서 항의 시위를 시작했고, 2월 25일에는 수백 명의 시위대가 중심 도시 심페로폴Simferopol에 위치한 크리미아 자치공화국 최고회의 청사에 몰려들어 가서 러시아 국기를 게양했다. 26일에는 의회 청사 앞에서 수천 명의 친러시아파 시위대가 "크리미아는 러시아다"라고 외쳤는데, 이에 반발하는 이슬람계 크리미아 타타르족Tatar 등과 싸움이 벌어져 적어도 1명이 사망하고 약 30명이 부상을 당했다.

2월 27일에는 친러시아파의 소규모 정당 '러시아 통일'당Russian Unity Party의 세르게이 악시오노프Sergey Aksyonov 당수가 같은 최고회의에서 자치공화국 총리에 임명되었다. 독립계 뉴스 사이트 'NEWSru.ua'에 의하면, 이날 의회동 건물이 신원 불명의 무장 집단에 의해 점거되었는데, 의원 64명이 출석하여 본회의가 열렸다. 의원들은 자동소총을 소지한 무장 집단에 의해 휴대전화를 빼앗겼고, 키예프의 정변에 반대하지 않았던 내각의 해임을 찬성 54, 자치공화국의 법적 지위 변경의 시비를 묻는 주민투표를 우크라이나 대통령선거의 조기 실시와 함께 5월 25일에 행하는 것을 찬성 61, 악시오노프의 총리 임명을 찬성 53으로 각각 가결했다. 당시 헌법에 의하면, 자치공화국의 총리 임명에는 우크라이나 대통령의 동의가 필요했지만, "대통령의 동의는 있었는가?"라는 질문에 의회 사무국의 올가 슬리니코바*Olga Slinikova* 보도부장은 "동의가 있었다"라고만 답했다고 한다.

악시오노프는 그때까지 거의 무명이었다. 그는 1972년 옛 소련의 몰다비아공화국에서 출생했고, 크리미아로 이주하여 심페로폴의 군사 건설 전문학교에서 학습했다. 인터넷 뉴스 전문 사이트 '우크라인스카야 프라우다*Ukrayinska Pravda*'에 의하면, 악시오노프는 부동산업과 쇼핑센터 경영 등 다양한 비즈니스에 손을 대는가 하면, 크리미아의 범죄 조직과 관련을 맺고 있는 염치없고 뻔뻔한 면모도 갖고 있어서 '고블린*Goblin*(작은 악마)'이라는 별명이 붙여졌다. 범죄 조직 간의 세력 경쟁에 의한 살인에도 관여했다는 의혹이 있다. 2009년에 크리미아 주재 러시아인의 단결을 지향하는 조직을 세우고 조직과 선전, 자금 조달 등을 담당했다. 2010년에 정당 '러시아 통일'당을 설립하고 11월부터 크리미아 자치공화국 의회의 의원이 되었다. 우크라이나의 다른 뉴스 사이트는 악시오노프를 '크리미아의 불량배이자, 아마도 러시아 정보기관의 요원'일 것이라고 적고 있다.

크리미아 반도에 있는 또 하나의 자치체 세바스토폴 시에서도 2월 23일, 키예프의 정변에 항의하는 시민 약 2만 명이 시 중심부의 나히모프 광장Nakhimov Square에 모여, 당시의 시정市政 일인자인 볼로디미르 야츠바 Volodymyr Yatsuba 지사를 대신하여 러시아인 사업가 알렉세이 찰리Aleksei Chaly를 '시장'으로 선출했다. 이것도 합법적이라고 말할 수 없는 절차였지만, 야츠바는 24일에 사임하고 정치 무대로부터 사라졌다. 이로써 크리미아의 2개 자치체에서의 일인자는 친러시아파가 차지하게 되었다.

무장 집단의 실효 지배

28일에는 심페로폴의 공항이 트럭 3대에 탑승한 군복 차림의 무장 집단 50여 명에 의해 점거되었다. 또한 우크라이나의 독립 이후에도 양국 간 협정에 의해 러시아의 흑해함대가 주둔을 계속하고 있는 크리미아 반도 서부 세바스토폴에 가까운 벨벡Belbek 군용 공항도 같은 날 무장 집단의 지배하에 들어감으로써, 크리미아 반도는 사실상 외부 세계와 공로空路상의 접근이 끊어졌다. 해당 지방의 보도에 의하면, 2개의 공항을 제압한 무장 집단은 식별 마크를 붙이고 있지는 않지만 러시아어를 구사했고, 러시아 국기와 러시아 번호를 부착한 군용 트럭도 보였다고 한다. 야누코비치 정권을 무너뜨린 야당에 의해 성립된 우크라이나의 신新정권은 '러시아군 부대임에 틀림없다'라고 주장하며, 유엔 안보리의 소집을 요청했다. 안보리의 비공식 긴급 회합에서는 우크라이나의 유리 세르게예프 Yuriy Sergeyev 유엔 대사가 크리미아에서 활동하고 있는 자들은 러시아군일

가능성이 있다고 설명했고, 미국의 사만다 파워*Samantha Power* 유엔 대사는 "사실이라면 러시아 측에 군대의 철수를 요구한다"라고 논했다. 이것에 대해서 러시아의 비탈리 추르킨*Vitaly Churkin* 유엔 대사는 세바스토폴에 주둔하는 흑해함대의 안전 확보를 위한 러시아군의 움직임은 우크라이나 측과의 합의에 기초한 것이라고 설명했고, 이에 따라 의논은 서로 맞물리지 않았다.

그러한 가운데에서도 크리미아에 전개되는 '정체불명의 부대'는 증강되었는데, 우크라이나 신정권의 이호르 테뉴크*Ihor Tenyukh* 국방장관 대행은 3월 1일의 각의閣議에서 크리미아에 러시아군 부대원 약 6000명이 불법적으로 전개되고 있다고 논했다.

같은 날, 모스크바에서는 푸틴이 움직였다. "우크라이나령에 주둔하고 있는 러시아 군인들에게 생명의 협박이 육박하고 있다"면서, 헌법의 규정에 따라 러시아군의 해외 파견에 대해 상원의 동의를 요구했던 것이다. 상원은 그날 중에 긴급 회의를 소집하여 파견에 동의했고, 푸틴은 크리미아로의 러시아군 파견에 대한 필요한 법 절차를 마쳤다. 이것에 더해 푸틴은 미국의 오바마 대통령과 전화로 회담하고, 러시아는 "자국의 권익과 러시아어를 말하는 주민을 지킬 권리를 보유하고 있다"라고 논하며, 우크라이나에 대한 군사 개입 가능성을 사전 통고했다. 오바마는 "우크라이나의 주권을 침해하게 된다"라고 강한 우려를 표명했고, 회담은 약 1시간 반 동안 진행되었지만 대립은 해결되지 않았다. 푸틴은 반기문 유엔 사무총장과 프랑수아 올랑드*François Hollande* 프랑스 대통령에게도 전화를 걸어 마찬가지 취지의 내용을 전했다. 우크라이나 신정권에서 총리가 된 야체뉴크는 푸틴의 대응을 "선전 포고다"라고 논하며, 러시아의 군사 개입을 저지하기 위해 구미 측에 지원을 요구했다.

유엔 안보리는 1일과 2일에 연속 긴급 회의를 열었는데, 세르게예프는 "크리미아에는 이미 러시아군이 전개되어 계속 증강되고 있는 중이다"라며 러시아를 비난했다. 실제로 식별 마크를 달고 있지는 않았지만 카키색 군복에 고글, 자동소총 등으로 완전 무장해 정규군처럼 보이는 군대가 행정 청사와 의회 건물에 더하여 주요 공항과 크리미아 반도 내의 우크라이나군 시설 등을 차례로 포위하면서 실효 지배를 착착 굳혔다. 그들은 러시아어로 말했고, 러시아군 병사로밖에 보이지 않았다.

미국의 존 케리John Kerry 국무장관은 2일 NBC TV를 통해 러시아에 경제 재제를 부과할 용의가 있으며, 러시아를 G8에서 배제할 수도 있다고 강력하게 경고했다. 같은 날 러시아 외의 G8 멤버, 즉 미국, 영국, 프랑스, 독일, 이탈리아, 캐나다, 일본 등 선진 7개국G7과 EU는 러시아가 우크라이나의 주권과 영토의 일체성을 "명확하게 침해했다"라고 비난하며, 동계 올림픽을 마친 소치에서 6월에 개최될 예정이었던 G8 정상회담의 준비 회의에 대한 참가를 당분간 보류한다고 표명했다.

이에 대해 푸틴은 독일의 앙겔라 메르켈Angela Merkel 총리와 회담하고 현지에서 과격한 민족주의 세력이 러시아계 주민의 권리를 위협하고 있다고 설명하며, "러시아가 취하고 있는 행동은 완전히 적절하다"라고 주장했다. 옛 동독에서 교육을 받아 러시아어를 유창하게 구사하는 메르켈은, 소련 KGB 요원으로서 동독의 드레스덴Dresden에서 활동한 바 있고 독일어를 구사하는 푸틴과 통역 없이 대화를 나눌 수 있는 상대이다. EU의 정상 중에서도 푸틴과 가장 가까운 관계에 있는 메르켈이지만, 이날은 크리미아에 러시아군을 투입시킨 것은 국제법 위반이라고 비난했다. 미국·영국의 미디어에 의하면, 메르켈은 그 이후 오바마와 가진 전화 회담에서 푸틴과의 전화 회담을 거론하며 "그는 딴 세상에 살고 있는 듯했다. 아직 현실과의 접점이 있는지 여부는 알 수 없다"라고 말했다고 한다. 그럼에도 독일은 이 시점에서 슈타인마이어 외교장관이 "G8은 구미가 러시아와 직접 접촉할 수 있는 유일한 틀이다"라고 논하며, 러시아를 추방한 것에 의문을 드러내는 등 대화를 통한 문제 해결의 길을 단념하지는 않았다.

3일, 유엔 안보리는 우크라이나 정세에 관한 세 번째 긴급 회합을 개최했는데, 우크라이나 대사 세르게예프는 러시아가 2월 4일 이미 1만 6000명의 러시아군을 크리미아 반도로 투입했다고 비난했다. 이것에 대해서 러시아 대사 추르킨은 러시아가 현재도 정통의 대통령으로 간주하고 있는 야누코비치가 "서방 측 국가들의 영향하에 테러와 폭력 행위가 행해져, 국민의 생활과 안전이 위협받고 있다"라고 하며 치안을 회복하기 위해 러시아군의 투입을 요청했다고 하는 본인의 서신을 읽으면서, 러시아의 군 투입 움직임을 정당화했다. 미국의 파워 유엔 대사는 "지금 일어나고 있는 일은 위험한 군사 개입이자, 침공이다"라며 러시아를 비판했다.

"그것은 자경단이다"

크리미아 반도에서 일어나고 있는 사태에 대해 푸틴이 처음으로 공적인 장소에서 견해를 밝혔던 것은 3월 4일의 일이다. 모스크바 교외에 있는 대통령 공저에 내외의 일부 기자를 초대하여 회견을 한 푸틴은 독립광장의 충돌에서 발단된 우크라이나의 친구미파 야당에 의한 정권 장악을 "무력에 의한 헌법 위반의 정권 탈취라고 하는 것 외에 달리 평가할 수 없다"라고 비판하며 야누코비치가 지금도 정통성 있는 우크라이나 대통령이라고 강조했다.

한편으로 푸틴은 우크라이나의 심각한 부정부패와 경제적 혼미에 대해 언급하며, "마이단 사람들의 기분은 이해할 수 있다. 사람들은 근본적인 변혁을 요구했다"라고 하며 야당에 의한 권력 탈취의 배후에 구미의 그림자가 있다고 지적하면서도, "정권이 공고하고 자신감을 갖고 있다면 이번과 같은 권력 탈취는 분명히 불가능했을 것이다"라고 말했다.

우크라이나에 대한 군사 개입과 관련하여 푸틴은 "아직 그럴 필요는 없지만, 가능성은 있다. 다만 그것은 최후의 수단이다"라고 설명하고, 상원의 동의를 얻은 러시아군의 파견은 아직 결정되지 않았다고 강조했다. 크리미아에 대해서는 "거기에서는 1발의 총탄도 발사되지 않았고 사망자도 나오지 않았다. 긴장 상태는 끝났으며 러시아군을 투입할 필요도 없었다"라고 단언했다.

"구미는 대러 제재와 G8으로부터의 러시아 배제를 경고하고 있습니다만"이라는 말을 듣고 나서 푸틴은, "그들은 헌법 위반의 정권 탈취를 지지했다. G8 정상회담의 준비는 추진되겠지만, 오고 싶지 않다면 오지 않아도 좋다"라고 뿌리치듯이 말했다. 러시아의 옐친 전 대통령이 1994년 나폴리*Napoli* 정상회담에서 정치 토의에 참가하여 시작된 'G8의 시대'가 사실상 끝나버리는 순간이었다.

회견 중간에 한 기자가 "크리미아에서 우크라이나군의 시설을 포위하고 있는 사람들은 러시아군의 모습 그대로인데, 그들은 러시아 병사입니까?"라고 질문했다. "옛 소련 국가들에서 군인은 비슷한 모습이다. 가게에 가면 그 어떤 제복이라도 구입할 수 있다"라고 태연하게 대답한 푸틴에게, 기자가 "그것은 러시아 병사였습니까, 아니면 그렇지 않습니까?"라고 다그치자, 푸틴은 "그것은 …… 지방의 자경단이다"라고 답했다.

그 어떤 질문에도 정확하게 대답하는 일이 많은 푸틴에게 이는 진귀한 일로, 이때 그는 명백하게 말을 더듬었다. 이러한 망설임의 의미는 나중에 밝혀지게 된다. 그다음 달의 TV 국민담화에서 푸틴은 '지방의 자경단'을 지원하기 위해 러시아군 부대가 크리미아에 있었다는 것을 인정한다. 3월 4일의 '자경단' 관련 발언은 명백히 사실과는 다른 것이었다.

2월 28일 러시아의 남부에서 정변 발생 이후 처음으로 기자회견을 했던 야누코비치는 "지금도 대통령이라고 하는 증거를 보여주면 좋겠다"는 질문을 받고, "대통령은 탄핵되든지 사망하지 않는 한 대통령이다. 보시다시피 나는 살아 있다"라고 대답하거나, "우크라이나의 질서 회복을 위해 러시아는 행동해야 한다. 푸틴은 왜 침묵하고 있는가?"라고 말하기도 했다. 푸틴은 회견에서 "2일 전에 야누코비치와 만났다"라고 말했고, "그에게 동정심을 느끼는가?"라는 질문에 대해서는 "국가원수에게는 권한과 함께 국가를 위탁한 국민의 기대에 부응해야 하는 의무가 있다. 그는 법이 부여한 권한을 행사하여 유권자의 부탁에 부응했는가? 해답은 명백하다"라고 담담하게 말했다. 푸틴의 이러한 말 가운데, 수도에서 벌어진 시위를 장기간 방치해버린 무력하고 속수무책의 행태에 더하여, 타국의 힘에 의존하고자 했던 우크라이나 전 대통령에 대한 동정심은 조금도 느껴

지지 않았다.

3. 푸틴, 편입을 결단하다

주민투표를 강행하다

회견에서 푸틴은 "크리미아를 병합할 계획은 없다"고 분명히 말했다. 하지만 크리미아는 우크라이나로부터 독립에 대한 시비를 묻는 주민투표 실시를 향해 돌진했다. 악시오노프는 5월 25일의 조기 대통령선거에 맞추어 주민투표를 실시하려는 의향을 보였지만, 3월 6일에 크리미아 의회는 주민투표의 실시를 그보다 많이 앞당긴 3월 16일에 개최하도록 결정했고, 우크라이나의 신정권과 구미 국가들로부터 비난을 받는 것에는 아랑곳하지 않으며 독립 움직임을 가속시켰다.

6일 오바마는 우크라이나에 대한 주권 침해를 이유로 러시아와 우크라이나의 야누코비치 전 정권에 관여했던 일부 당국자들에 대해 미국으로의 도항 금지와 재미 자산의 동결 등 제재를 발동하는 대통령 명령에 서명했다. 오바마는 푸틴에게 전화로 제재 발동을 서명한 직후에 전하고, 크리미아에서 전개되고 있는 러시아군(으로 여겨지는) 부대의 철수와 우크라이나 신정권과의 대화, 국제 감시단의 수용 등을 요구했다. 회담은 약 1시간 동안이나 진행되었는데, 푸틴은 정통성이 없는 신정권이 크리미아에서 부당한 권한을 행사하고 있다고 주장하며, 현지로부터의 지원 요청은 무시할 수 없다고 설명했기에 논의는 평행선을 달렸다. 푸틴은 같은 6일, 크리미아 의회의 주민투표 조기 실시에 대한 결정을 받아들여 러시아 안전보장회의를 긴급 소집하고 향후의 대응 방안을 협의했다. 크리미아의 러시아 편입을 향한 움직임은 명백히 크렘린 주도로 추진되었다.

이때 실제로 무엇이 행해졌는지에 대해서는 푸틴 자신이 크리미아 편입으로부터 약 1년이 되는 2015년 3월 15일 러시아 국영 TV에서 방영된 다큐멘터리 〈크리미아, 조국으로의 길〉의 취재에 응하여 밝히고 있다.

푸틴의 설명에 의하면, 야누코비치는 2014년 2월 21일 밤에 하리코프로 출발하면서 전화로 푸틴에게 그 사실을 전해왔다. 푸틴은 수도에서 떠나지 않는 편이 좋다고 권고했지만, 일단 "생각해보겠다"라고 말한 야누코비치는 다음 전화에서 "역시 가는 것으로 했다"라고 전했다. 22일에 하리코프에서 전화를 걸어온 야누코비치는 "최근의 상황에 대해 이야기를 나누기 위해 만나고 싶다"고 말했다. 야당을 지지하는 시위대가 야누코비치를 구속하는 것뿐만 아니라 '물리적으로 제거하려고 한다'고 이해한 푸틴은 러시아 남부의 로스토프나도누Rostov-on-Don*에서 회담을 갖자고 제안했지만, 그 이후 야누코비치의 경호대로부터 "여러 문제가 있어서 (로스토프나도누로) 날아가지 않겠다"라는 전화가 걸려 왔다. 이미 야누코비치를 살해할 계획이 추진되고 있는 것으로 느낀 푸틴은 국방장관과 정보기관의 수장을 모아 야누코비치 구출 작전을 명령하고, 도네츠크에서 크리미아로 향하고 있던 야누코비치의 자동차를 레이더로 감시했으며, 특수부대 대원이 탑승한 헬리콥터 편대가 수색에 나서 결국 구출했다. 야누코비치는 당초에 러시아행을 단념하고 수일 동안 우크라이나령 내에 머물렀는데, 키예프의 신정권과 협상 가능성이 없다는 것을 깨닫고, 러시아로 출국하기를 바래왔다고 한다.

23일 아침 7시 무렵 야누코비치 구출 작전이 끝났을 때, 푸틴은 마침 그 자리에 있던 측근 4명 등에게 "우크라이나의 상황은 우리가 크리미아를 러시아로 되찾기 위한 일을 시작하지 않으면 안 되는 지경이 되었다. 그 지역과 거기에 거주하고 있는 사람들을 민족주의자들의 롤러*roller*(압축기) 아래에 방치하면서 못 본 체할 수는 없다"고 알렸다. 푸틴은 주민투표의 결과를 살펴보고 편입을 결정했다고 거듭 표명했지만, 표면적인 설명과 달리 우크라이나 정변 직후부터 크리미아 편입을 염두에 두고 절차를 추진했던 것으로 해석된다.

이때 푸틴은 계속해서 "다만 실행하는 것은 크리미아 주민의 압도적 다수가 그것을 바라고 있는 경우로 제한한다"라고 논하고 있다. 그 이후 실시한 비공개 여론조사에서 러시아와 통합을 바라고 있는 사람이 75%라는 결과가 나타난 것을 보고, "실제로 (크리미아 편입을) 실행하고자 한다면 훨씬 많은 사람이 그것을 바라게 될 것이라는 점을 확실히 알게 되었다"라고 말하며, "최종 목표는 크리미아의 탈취라든지 '통합' 등과 같은 것이 아니라, (크리미아의) 주민에게 장래 그들이 어떻게 살고 싶은지에 대해 자신의 의견을 표명할 가능성을 제공하는 것에 있었다"라고 다소 평계를 대는 설명을 했다.

또한 푸틴은 독립광장의 시위대가 키예프의 정권 중추 시설을 점거한 데에 대해서 "그들을 공개적으로 지지한 것은 유럽이었지만, 인형을 조종한 것은 미국이었다"라고 지적하고, "핵무기를 전투 준비 태세에 돌입시킬 용의가 있었는가?"라는 질문에 대해 "그럴 용의가 있었다"라고 논하며, 구미의 향후 태도에 따라서 핵무기 사용도 가능하다고 생각했음을 밝혔다.• 또한 크리미아에 주둔하는 우크라이나군을 무장 해제하기 위해 러시아군의 최정예 엘리트인 참모본부 정보총국*Glavnoye Razvedyvatel'noye Upravleniye: GRU*••의 요원과 해병대를 투입했다고도 밝혀, "크리미아에 러시아군은 없다"고 말했던 당초의 설명은 사실이 아니었다는 것을 확실히 인정했다.

크리미아 자치공화국과 세바스토폴 시의 주민투표는 우크라이나 신정권과 구미 국가 등의 반대를 무시한 채 3월 16일에 강행되었다. 주민투표의 질문 항목은 "러시아연방에 들어갈 것인가, 우크라이나에 머물 것인가?"였는데, 96.77%가 러시아로의 편입에 찬성표를 던졌다고 발표되었다. 원주민에 해당하는 크리미아 타타르족은 투표를 보이콧했다.

편입 조약의 조인

2014년 3월 18일, 크리미아 자치공화국의 악시오노프 총리와 세바스토폴 시의 찰리 시장은 모스크바로 날아갔다. 두 사람의 모습은 푸틴이 모스크바 시간으로 오후 3시부터 러시아의 상·하원 양원 의원과 각료 등

• ———— 2018년 12월 거행된 연례 기자회견에서 푸틴은 핵전쟁 발발 가능성에 대해 과소평가 해서는 안 된다고 경고하기도 했다["Putin warns of 'growing threat' of nuclear war that will end civilization," *Haaretz* (2018.12.20)]. _옮긴이 주
•• ———— 영어로는 'Main Intelligence Directorate'로 표기된다. _옮긴이 주

을 모아 행한 연설에서 크렘린 '게오르기 홀St.George Hall'의 가장 앞줄에 자리 잡은 드미트리 메드베데프Dmitry Medvedev 총리 등 정권 간부의 옆에서 볼 수 있었다.

팡파르fanfare와 함께 입장한 푸틴은 언제나 그러한 것처럼 가벼운 발걸음으로 연단에 올라, 우선 "크리미아와 세바스토폴의 대표도 여기 우리 러시아 시민 중에 있다"고 소개하자, 청중은 일어서서 박수를 쳤고, 결국 손장단•으로 변했다. 손장단은 멈추지 않고 울려 퍼졌고, 연설을 막 시작한 푸틴은 타이밍을 맞추기 위해 컵 안의 물을 입에 갖다 대지 않으면 안 되었다.

"오늘 우리는 우리 모두에게 대단히 중요한, 역사적 의의를 지닌 과제와 관련하여 모였다. 크리미아에서 행해진 주민투표에는 82%의 유권자가 참가하여 96% 이상이 러시아와의 재통합에 찬성 의사를 표시했다"라고 말을 꺼낸 푸틴은, "크리미아는 이제까지도 항상 그리고 향후에도 분리될 수 없는 러시아의 일부이다"라고 논했다. 또한 푸틴은 크리미아의 소속을 소련 우크라이나공화국으로 이관했던 1954년 흐루쇼프의 결정은, "우크라이나 간부들의 지지를 기대하며 자신이 1930년대에 우크라이나에서 행했던 탄압을 은폐하고자 소련공산당의 일인자였던 흐루쇼프가 개인적으로 결정한 것"이었다고 설명하고, "당시 헌법을 명백하게 위반하는 것이었는데, 전체주의 체제하에서 크리미아 주민은 단지 이러한 사실을 받아들이도록 강요당했고 그들의 그 어떤 의견도 청취되지 않았다"고

• ——— 손으로 치는 박자를 의미한다. _옮긴이 주

비난했다.

푸틴은 "당시에는 러시아와 우크라이나가 서로 다른 국가가 되는 것 등은 상상도 할 수 없었지만, 그것은 현실이 되었다. 소련은 붕괴했다. 러시아와 우크라이나뿐만 아니라 옛 소련의 많은 사람들이 당시 형성되는 과정에 있었던 독립국가연합CIS이 공통의 국가가 되는 것을 바랬지만, 대大국가는 성립되지 못했다. 그리고 크리미아가 다른 국가의 것이 되었을 때, 러시아는 그것을 '약탈당했다'고 느꼈다"고 지적하고 나서, "수백 만 명의 러시아인이 그 국가(소련)에 잠들고 난 이후 깨어나 눈을 떴을 때에 다른 국가가 되었고 새로운 국가에서는 민족적으로 소수파가 되었다. 러시아인은 세계에서 가장 커다란 '분단 민족'의 하나가 되었던 것이다"라고 말했다.

푸틴이 이러한 인식을 보인 것은 처음이 아니다. 대통령 제2기째인 2005년 4월의 연차 보고 연설에서 "소련 붕괴는 20세기 최대의 지정학적 비극"이라고 지적한 바 있고, 5월에 독일 ZDF 방송국 등과의 회견에서 "소련의 붕괴는 사람들에게 자유를 주고 해방의 기회가 되었는데, 그것을 당신이 '비극'이라고 부르는 것은 놀랍다"라는 질문을 받았을 때, 푸틴은 "독일이 통일되고 소련이 붕괴한 것이 (독일인인) 당신에게 놀랍다는 것은 이상한 말이다. …… 자신을 줄곧 러시아인이라고 생각해왔던 사람들은, 어느 날 눈을 떠보니 러시아의 영역 바깥에 있다는 것에 주목하게 되었고 친족과 경제적 연계 등 모든 것으로부터 이탈되어버렸다. 그러한 사람들이 2500만 명이었던 것이다. 이것이 비극이 아니라고 말할 수 있는가?"라고 반박했던 적이 있다. 푸틴의 역사관에서는 소련의 국력이 약해짐으로써 동독과 서독의 통일이 이루어졌지만, 한편 소련의 15개 공화국에 분산되어 거주했던 러시아인은 소련 붕괴에 의해 분단되고 지금도 그 민족 분단의 비극이 계속되고 있다는 것이다.

3월 18일의 연설로 되돌아가 보도록 하겠다. 푸틴은 야누코비치 정권을 붕괴시킨 야당 측의 시위를 "민주주의자, 네오_neo_나치 및 반反러시아주의자, 반反유대주의자가 주도한 쿠데타!"라고 단정하고, "이른바 신정권이 최초에 했던 것은 언어 정책의 재검토에 관한 법안 제출이었다. 민족적으로 순수한 우크라이나 국가를 만들고자 했다. 히틀러의 앞잡이였던 반데라의 행동 방식을 답습했다"라고 말하며, 러시아어 사용의 권리를 빼앗으려 했다면서 신정권을 비난했다. 여기에서 언급된 스테판 반데라 _Stepan Bandera_는 나치 독일과 협력하여 소련으로부터 우크라이나 독립을 도모했던 민족운동의 지도자로, 러시아에서는 히틀러와 동격으로 간주되고 있다. 푸틴은 러시아어를 말하는 많은 사람들이 "크리미아와 세바스토폴의 인권과 생명을 지켜달라고 러시아에 호소하는 것에 대해 우리는 거절할 수 없었다. 그들을 저버린다면 그것은 배신밖에 되지 않는다"라고 러시아의 대응을 정당화했다(커다란 박수를 받음). 푸틴에 대해 장기간 취재해온 명물名物 기자 안드레이 콜레스니코프_Andrei Kolesnikov_가 이날 연설의 모습을 그 이튿날 ≪코메르산트≫ 지면에 "푸틴의 연설이 박수 때문에 이처럼 빈번하게 중단된 적은 과거에 없었다"라고 전했던 것처럼, 청중은 일종의 흥분 상태에 있었다.

"크리미아 사람들은 러시아와 함께하는 것을 선택했다. 최신 여론조사에서는 95%의 러시아인이 러시아는 크리미아 주민의 이익을 지켜야 한다고 답했다"라고 논한 푸틴이, 약 45분간 진행된 연설 끝에 "주민투표의 결과에 기초하여 크리미아공화국과 세바스토폴 시를 러시아연방에 편입시키기 위해, 헌법을 개정하고 크리미아와 세바스토폴의 편입 조약을 비준하도록 연방의회에 제안한다. 모든 분들이 지지해주실 것이라고 확신하고 있다"라고 매듭을 짓자, "우아!" 하는 함성과 함께 그 장소에 있던 사람들 모두가 일제히 기립했다. 연설 내용은 사전에 공개되지 않았고 푸틴이 이곳에서 갑작스럽게 크리미아 편입을 선언했던 것은 청중 대다수에게 놀라운 일이었음에 틀림없다. '털보' 찰리는 장기간의 비원이 성취된 순간의 감개무량함이 북받쳐 올랐을 것이다. 교회에서 신 앞에 섰을 때처럼 몸 앞으로 두 손을 모으고 한동안 머리를 숙였다.

일단 자리를 떠난 푸틴은 잠시 후에 악시오노프, 찰리와 함께 돌아가 '크리미아공화국'과 세바스토폴 시를 러시아연방에 편입하기 위한 조약에 조인했다. 서명한 이후 푸틴과 악수했을 때, 검은색 라운드 넥 형태의 스웨터를 입은 자유분방한 차림의 찰리는 만면에 미소를 지으며 '승리의 포즈'를 취했다. 한편 푸틴은 다소 미소를 지었지만 엄숙한 표정을 유지했다. 이리하여 크리미아는 깨끗하게 러시아에 편입되었다.

이날 저녁에 크렘린 옆의 '붉은 광장'에서 크리미아 편입을 경축하는 '10만 인 집회'가 열렸다. 가설한 무대에 나타난 푸틴은 "크리미아와 세바스토폴은 어려운 긴 항해를 마치고 자신의 항港, 고향의 안변岸邊에 돌아왔다"라고 선언하고, "영웅적인 조상의 기억을 배신하지 않았던 크리미아와 세바스토폴 사람들의 불굴의 용기에 감사하고 싶다. 향후의 과제는 많지만 극복할 수 있다고 믿는다. 왜냐하면 우리는 함께하고 있기 때문이다. 러시아에 영광 있으라. 우라*Ura*(만세)!"라고 외쳐서 갈채를 받았다. 2년 전, 총리에서 대통령으로의 복귀를 결정한 선거 이후의 승리 집회에서 눈물을 보였던 때와는 완전히 다르게 싸우는 푸틴의 모습이 거기에 있었다.

4. 냉전의 재래

푸틴의 '풀턴 연설'

푸틴은 크리미아 편입을 선언했던 연설 중에서 편입에 이해를 구하는 한편, 전례가 없을 정도로 격렬한 구미 비판을 전개했다. '독립신문'이라는 의미의 러시아 고급 일간지 ≪네자비시마야 가제타*Nezavisimaya Gazeta*≫는 이튿날 1면 톱에 "푸틴의 풀턴*Fulton* 연설"이라는 제목의 기사를 싣고 영국 총리를 역임한 처칠이 제2차 세계대전 후인 1946년 3월에 방문지인 미국 미주리*Missouri* 주의 풀턴에서 "유럽 대륙을 가로지르며 '철의 장막'이 내려지고 있다"고 소련을 비난하여 동서 냉전 시대의 시작을 알렸던 것으로 여겨지는 연설에 비유되었다. 연설의 거의 절반을 차지하는 푸틴의 구미 비판에는, 푸틴 또는 러시아의 관점에서 바라본 냉전 종식 이후의 세계관이 단적으로 표출되었고, 구미와 일본 등에서는 "강권적이고 비민주적이며 위험하다"라고 여겨지는 푸틴의 외교 전략을 이해하는 데 중요한 시사점을 포함하고 있다.

푸틴은 키예프에서의 정변을 포함해 우크라이나를 둘러싼 상황은, 미국과 소련 두 초강대국이 패권을 놓고 경쟁하면서 서로 견제했던 냉전 시스템이 사라진 이후에 불안정해진 세계 정세를 반영한다고 지적하고, "미국을 필두로 한 '서방 국가들'은 국제법이 아니라 힘의 논리에 따르는 것을 선호하며 국제기관은 약체화되었다. 그들은 스스로를 선택된 자들로서 특별하다고 생각하며 세계의 운명을 결정하는 권리는 자신들에게만 있다고 굳게 믿고 있다. '아군이 아닌 자는 적'이라고 하는 원칙에 기초해 '뜻을 같이하는 연합有志連合'을 조직하여 이곳저곳의 주권국가를 자의적으로 공격하고, 침략에 대한 합법성과 관련해 그럴듯한 명분을 제공하기 위해서 필요한 국제기관의 결의를 이끌어내며, 어떤 이유로 그것이 불가능한 경우에는 유엔 안보리는 물론 유엔 그 자체도 무시한다"라고 논하며, NATO에 의한 1999년의 유고슬라비아 공중폭격, 미군의 아프가니스탄과 이라크 침공, 가다피 대령이 살해되고 정권이 붕괴했던 2011년 리비아에 대한 NATO의 공중폭격을 강한 어조로 비난했다.

또한 푸틴은 2004년 우크라이나의 '오렌지 혁명'에서 시작되어 그 이후 키르기스스탄의 정변과 우즈베키스탄에서의 반정부 폭동으로 연결되었던 옛 소련 권역에서의 일련의 '색깔 혁명'을 '획책된 음모'였다고 하며 구미의 관여를 시사했고, "이것은 우크라이나와 러시아, 그리고 유라시아의 통합에 반대하는 활동이었다. 우리는 구미와의 대화, 협력과 신뢰의 강화를 바라지만, 타협은 하지 않았다. 구미는 우리를 수차례나 기만했다. NATO는 동방으로 확대되었으며, 미사일 방어MD 시설은 우리의 국경 부근으로 육박했다"라고 논하며, 냉전 종식 이후에 구미는 러시아와 성실하게 마주 대하려 하지 않고 소련 붕괴로 약체화된 러시아에 봉쇄 정책을 계속해왔다고 주장했다.

러시아는 더 이상 후퇴할 수 없는 곳으로까지 내몰리게 되었다. 용수철을 극한까지 누르면 언젠가 그 힘에 의해 반동이 일어난다는 것을 잊지 말아야 할 것이다. 러시아는 자립적인 국가이자, 국제 사회의 적극적인 참여자이며, 러시아에는 타국과 마찬가지로 존중되어야 할 국익이 존재한다.

이렇게 말하는 푸틴에게서는 소련 붕괴 이후 러시아가 쓴맛 단맛을 모두 다 맛보았던 깊은 굴욕감과, 그로부터 국력을 회복한 지금에는 '더 이상 침묵하지 않겠다'는 굳은 결심을 읽어낼 수 있다.

연설 전체를 관통하고 있는 푸틴의 사고방식은 크리미아 편입이 러시아에게 피할 수 없는 선택으로 이를 이해해주기 바란다고 하는 '변명'이라고도 할 수 있는데, 그 근저에 흐르고 있는 것은 '결국 국제 사회에서는 지금도 힘의 논리가 버젓이 통하고 있다'라는 현실 인식이라고 말할 수 있다. 또한 "크리미아에 러시아군은 없다", "크리미아를 편입할 계획은 없다"라고 했던 당시의 설명이 거짓이었다는 것을 나중에 푸틴이 스스로 밝히고 있는 점을 함께 고려해보면, 구미 측으로부터 '아무 생각 없이 기만당해온' 러시아는 더 이상 진실을 항상 말할 필요가 없고, '올바른 목적을 위해서는 거짓도 허락된다. 그것은 실로 구미가 자행해왔던 것이 아닌가?'라는 발상 위에 서 있는 것처럼 보이기도 한다.

G8으로부터의 배제

푸틴의 '전광석화'와 같은 크리미아 편입 움직임에 구미는 그 어떤 손도 쓰지 못했다. 독일의 메르켈 총리가 3월 13일 독일 연방의회의 연설에서 "자세를 바꾸지 않는다면 러시아는 정치적·경제적으로 심대한 타격을 받게 될 것"이라고 강하게 경고했지만, 러시아의 태도는 변하지 않았다. 유엔 안보리는 15일, 크리미아에서 이튿날인 16일로 예정된 주민투표가 무효라고 하는 미국이 제출한 결의안을 채택하고 이에 13개국이 찬성했지만, 러시아가 거부권을 행사하여 부결되었다. 중국은 기권했다. 유엔 안보리는 우크라이나 위기로 기능 마비의 상황이 다시 노정되었다.

영국의 데이비드 카메론David Cameron 총리는 19일 영국 의회에서 "러시아가 (우크라이나에 대해서) 가일층 조치를 취한다면 G8으로부터의 영구 추방을 의논해야 한다"고 말했다. 미국·유럽·일본·캐나다 등 G7은 24일에 네덜란드의 헤이그Hague에서 긴급 정상회담을 열고 소치에서 6월로 예정되었던 G8 정상회담을 보이콧하고, 그 대신 브뤼셀에서 G7 정상회담을 개최하기로 결정했다.

푸틴이 크리미아 편입을 선언하기 전날인 3월 17일, 오바마는 백악관에서 성명을 내고, 16일 크리미아 주민투표의 결과를 받아들이지 않는다고 표명하는 것과 함께, 푸틴 정권의 요인要人과 우크라이나의 야누코비치 전 정권의 간부 등 합계 11명에 대해 미국 내 자산 동결 등의 추가 제재를 발동한다고 발표했다. 이로써 미국의 대러 제재는 냉전 종식 이후 가장 심각해졌다.• 이 중에는 푸틴에 가깝다고 여겨지는 발렌티나 마트비엔코Valentina Matviyenko 러시아 상원 의장, 군산복합체를 담당하고 정권 내

• ——— 우크라이나 위기 관련 미국의 대러 재제에 대해서는 다음을 참고하기 바란다. U.S. Department of Treasury, "Ukraine and Russia Sanctions," https://www.state.gov/e/eb/tfs/spi/ukrainerussia _옮긴이 주

대對구미 강경파로서 알려져 있는 드미트리 로고진Dmitry Rogozin 부총리, 제1, 2기 푸틴 정권에서 흑의적黑衣的 존재였던 수르코프 대통령 보좌관, 세르게이 글라지예프Sergey Glazyev 대통령 고문, 정변으로 대통령 자리에서 추방된 야누코비치, 악시오노프 '크리미아공화국' 총리, 블라디미르 콘스탄티노프Vladimir Konstatinov '크리미아공화국' 의회 의장 등이 포함되었다. EU도 같은 날, 흑해함대 사령관 등 러시아와 우크라이나의 합계 21명에 대해 유럽 내 보유 자산의 동결과 EU 역내로의 도항 금지 등을 부과했다.

그러나 푸틴은 17일에 미국이 추가 제재를 발표한 이후, 크리미아를 '독립한 주권국가'로서 승인하는 대통령 명령에 서명했으며 제재에 유념하는 모습은 전혀 보이지 않았다. 이것은 이튿날 18일의 크리미아 편입 선언을 위한 포석이었다. 18일에는 일본 정부도 러시아에 대해 비자 발급 완화의 협의 중단과 투자에 관한 국제 협정 체결 교섭의 개시 동결 등의 제재 조치를 발표했는데, 이것은 구미의 제재에 비하면 느슨한 것이었다.

3월 20일, 오바마는 "러시아의 지도부를 지원하고 있는" 20명과 1개 은행을 제재 대상으로 추가한다고 발표했다. 그중에는 푸틴과 마찬가지로 KGB 출신이며 '맹우盟友'라고 일컬어지는 세르게이 이바노프Sergei Ivanov 대통령궁 장관, 마찬가지로 KGB 출신으로 알려져 있는 세르게이 나리시킨Sergei Naryshkin 하원의장, 마약유통감독국의 빅토르 이바노프Viktor Ivaov 장관, GRU의 이고르 세르군Igor Sergun 국장 등 이른바 '실로비키Siloviki'라고 불리는 치안기관 출신의 정부 고관 등에 더하여, 알렉세이 그로모프Alexey Gromov 대통령궁 제1부장관, 푸틴의 '친우親友'를 자임하는 세르게이 미로노프Sergey Mironov '공정 러시아'당A Just Russia 당수 등 정·관계의 거물 외에,

푸틴과 가까운 것으로 알려진 러시아의 재계 인사가 포함되었다.

　이 중에서 겐나디 팀첸코Gennady Timchenko는 세계 유수의 석유 거래 기업인 군보르 그룹Gunvor Group을 스웨덴인•과 공동으로 창설한 자산가이다. 아르카디 로텐베르크Arkady Rotenberg, 보리스 로텐베르크Boris Rotenberg 형제는 정부 계통 천연가스 기업인 가즈프롬Gazprom에 파이프 등을 납품하는 사업을 하고 있다. 이 3명과 푸틴의 연결고리는 '유도'이다. 푸틴의 고향 상트페테르부르크(옛 레닌그라드Leningrad)의 북부 네바 강Neva River 주변에 푸틴이 명예회장을 맡고 있는 유도 클럽 '야바라 네바Yavara-Neva'가 있다. 팀첸코는 이 클럽의 공동 창설자 중 1명으로 소련 시대에 레닌그라드의 대학에서 배웠고, 소련 붕괴 이후에 상트페테르부르크 시 시청에서 대외 경제 관계를 담당했던 푸틴과 서로 알게 되었다. 아르카디는 러시아 유도연맹 부회장이다. 2013년의 추정 자산은 팀첸코가 141억 달러로 러시아 부자 순위에서 제9위, 아르카디가 33억 달러로 제31위, 보리스가 14억 달러로 제72위에 해당한다.

　정부 계통의 가즈프롬 자회사와 거래가 있다는 이유로 추가 제재 대상으로 지목된 '러시아 은행Rossiya Bank'의 대주주 유리 코발추크Yuri Kovalchuk는 푸틴과 마찬가지로 레닌그라드 대학의 동창이며, 그가 보유하고 있는 자산은 11억 달러로 추정된다. 영국 신문 ≪파이낸셜타임즈Financial Times≫에 의하면, 시청 청사 정문의 정면에 본사가 있는 러시아 은행은 푸틴 대통령이 제2기째 임기에 진입한 2004년부터 2011년까지 자산 규모가 40

• ─────── 토르비외른 퇴른크비스트Torbjörn Törnqvist를 지칭한다. _옮긴이 주

배 늘어났고, 코발추크는 '푸틴 시대의 신흥 재벌' 가운데 핵심적인 존재로 여겨지고 있다.

추가 재제가 발표된 이후, 러시아 대통령궁도 '러시아 은행' 쌍방 간에 특별한 관계는 없다고 부정했다. 푸틴은 3월 21일, "그 은행에는 주週 초에 반드시 구좌를 개설하고 나의 급여를 입금하도록 하겠다"라고 농담을 하며, 미국 측과의 대결 자세를 선명히 했다. 러시아도 미국에 대한 보복 제재를 발동하여, 3월 17일 자로 미국의 벤 로즈*Ben Rhodes* 대통령 부보좌관, 캐럴라인 앳킨슨*Caroline Atkinson* 대통령 부보좌관, 단 파이퍼*Dan Pfeiffer* 대통령 선임보좌관, 민주당의 해리 리드*Harry Reid* 상원 원내대표, 공화당의 존 베이나*John Boehner* 하원 의장, 대러 강경파인 존 매케인*John McCain* 상원 의원 등 합계 9명의 러시아 입국을 금지한다고 발표했다. 사실상 미러 관계는 과거 냉전 시대처럼 '제재 공방전'에 돌입했다.

5. 동부 2개 주의 '독립선언'

친러시아파의 반란

크리미아 반도에서 러시아군으로 보이는 부대가 실효 지배를 굳힌 3월 상순, 러시아와의 국경에 위치한 우크라이나 동부의 도네츠크, 루간스크에서는 수천 명의 시민 시위대가 "푸틴! 푸틴!", "NATO에 반대한다"라고 외쳤고, 그중 일부는 주의 행정 청사와 TV 방송국을 점거했다. 푸틴이 크리미아 편입을 선언한 후인 4월 6일에는 하리코프의 행정 청사와 루간스크의 보안국*Sluzhba Bezpeky Ukrayiny: SBU* • 청사를 무장 시위대가 점거했고, 7일에는 도네츠크의 시위대가 '도네츠크 인민공화국*Donetsk People's Republic*'의 수립을 선언했다. '인민공화국'은 러시아에 평화유지부대의 파견을 요청하고, 독립의 시비를 묻는 주민투표를 5월 11일에 실시하는 방침을 밝혔다.

대통령 대행 투르치노프는 7일 밤의 국민을 향한 연설에서 "러시아의 목적은 우크라이나를 불안정하게 만들고 신정권을 전복시키며 영토를 분리하여 획득하는 것이다"라고 비난하고, "무기를 수중에 넣은 분리주의의 움직임은 중대한 범죄다"라고 하며 대결 자세를 선명히 했다. 내무부는 8일 미명에 동부 하리코프에서 행정 청사를 점거했던 시위대를 배제하고 청사를 해방시켰지만, 도네츠크 주에서는 슬라뱐스크*Slavyansk*, 크라스노아르메이스크*Krasnoarmeysk*, 드루슈코프카*Druzhkivka* 등에서 점거가 확대되었다. 신정권 측은 15일에 슬라뱐스크 등에서 시위대를 축출하기 위한 대규모의 작전을 개시하여, 쌍방에 사상자가 나왔다. SBU 청사를 빼앗은 루간스크의 시위대도 4월 28일에 '루간스크 인민공화국*Lugansk People's Republic*'의 수립을 선언했다.

우크라이나 동부의 '반란'에서 가장 중요한 역할을 수행한 인물은 '도네츠크 인민공화국'의 국방장관을 자칭한 이고르 스트렐코프*Igor Strelkov* 대령이었다. 처음에는 슬라뱐스크의 행정 청사 점거를 지휘했고, 7월 초에는 도네츠크의 친러시아파에 합류하여 군사 부문을 계속 총괄했다. 슬

• ──── 영어로는 'Security Service of Ukraine'로 표기된다. _옮긴이 주

라뱐스크에서는 감시 활동을 위해 현지에 들어간 유럽안보협력기구*Orga-nization for Security and Co-operation in Europe: OSCE*의 멤버를 일시 구속하는 등, 무장투쟁파로서 이름을 떨쳤다. 위장복과 콧수염이 트레이드마크로, 그는 우크라이나의 친러시아파와 러시아의 보수 강경파 사이에서 영웅시되었다.

스트렐코프•란 '스나이퍼'를 의미하는 위명偽名으로 본명은 이고르 기르킨*Igor Girkin*이다. 1970년 12월 17일에 모스크바에서 소련 내무부 소속 군 장교의 아들로 태어났으며, 1991년 소련 붕괴에 따라 독립한 몰도바*Moldova*로부터의 분리와 러시아로의 편입을 요구하며 몰도바 정부군과 싸웠던 '트란스니스트리아*Transnistria*'••의 친러시아파 부대에 소속되어 있었다. 1992~1993년에는 보스니아 분쟁에서 러시아와 마찬가지로 정교의 신자가 많은 세르비아인 세력에 가담했다. 1995년부터는 러시아 남부 체첸공화국에서 군무에 종사했다. 우크라이나 보안국에 의하면, 스트렐코프는 GRU 소속의 장교이며, '크리미아공화국'의 총리 악시오노프의 보좌관으로서 러시아에 의한 크리미아 편입에 관여했다고 한다. GRU는 KGB의 후신으로 FSB와 나란히 소련 시대 이래의 양대 첩보기관 중 하나다. 우크라이나 신정권은 스트렐코프가 4월 초에 푸틴 정권의 직접 지시를 받아 도네츠크, 루간스크 두 주의 점거 작전을 개시했고, 4월 13일에 일어난 슬라뱐스크에서의 정권 측 부대와의 총격전 등을 지휘했다고 하며, 살인과 국토의 일체성 침해 혐의로 지명 수배를 했다.

• ─────── 러시아어로는 'Стрелков'로 표기된다. _옮긴이 주
•• ─────── 몰도바로부터의 독립을 선언했고, 수도는 티라스폴Tiraspol이며 미승인 국가다. _옮긴이 주

스트렐코프는 우크라이나 동부 분쟁의 개시로부터 약 1년이 지난 2015년 3월 독일의 주간지 ≪슈피겔*Spiegel*≫에 "키예프는 러시아의 도시이며, 우크라이나는 러시아의 일부이다. 1939년의 국경이 러시아에게는 '자연스러운 국경'이며 이것을 회복하는 것이 나의 꿈이다"라고 말했다. 그는 러시아제국의 지지자이며, 그의 웹사이트에는 "신앙, 황제, 조국을 위해서"라고 하는, 제정 시대의 슬로건이 써 있다.

또 한 사람 '도네츠크 인민공화국'의 '총리'로 불리며 정치 부문의 수장을 역임한 알렉산더 보로다이*Alexander Borodai*도 러시아인이다. 1972년 7월 25일에 모스크바에서 태어났으며, 부친은 철학자로 그 자신도 모스크바 대학 철학부를 졸업하고 석사과정에 진학하여 민족 분쟁을 주제로 연구했다. 자칭 '군주제주의자君主制主義者'이며 1994년부터 국영 러시아 통신의 '전쟁 특파원'으로서 활동했고 제1차 체첸 분쟁에 종군했으며, 이때 스트렐코프와 서로 알게 되었다. 그 이후 정치 자문 보좌역이 되었으며, 2014년 3월에 크리미아의 총리 악시오노프의 고문이 되었다.

도네츠크에서 2명의 활동을 뒷받침했던 이가 러시아의 신흥 재벌 중 1명인 콘스탄틴 마로페예프*Konstantin Malofeev*이다. 마로페예프는 스스로 러시아 잡지 ≪엑스페르트*Ekspert*≫에서 두 사람을 자금 지원했다고 인정했던 적이 있다. 러시아 정교의 열성적인 신자로 러시아에서의 군주제 부활을 공개적으로 제창하고, 미국과 EU로부터는 우크라이나 위기를 부추겼다는 이유로 제재가 부과되었다. 2015년 2월 영국 BBC 방송과의 인터뷰에서는 푸틴을 "혁명 이후의 러시아에서 가장 훌륭한 통치자"라고 평가했다. 이처럼 크리미아 편입과 우크라이나 동부의 '분리 독립' 분쟁은, 군주제를 지지하고 러시아제국의 부활을 바라는 3명이 견인한 것이었다.

'루간스크 인민공화국' 정치 부문의 수장에 해당하는 '각료회의 의장(총리)'을 당초 역임한 발레리 볼로토프*Valery Bolotov*는 1970년 출생한 우크라이나인으로 군무 경험이 있으며, 평상시에 위장복 차림으로 기자회견을 했다. 볼로토프가 2014년 8월 14일에 사직한 이후에는 '루간스크 인민공화국'의 이고르 플로트니츠키*Igor Plotnitsky*• 국방장관이 '총리'가 되었다.

"물론 우리의 부대가 있었다"

4월 17일, 모스크바에서 매년 연례적으로 개최되는 TV를 통한 푸틴과 국민의 직접 대화가 이루어졌다. 푸틴은 시작부터 우크라이나의 정변은 야당 측에 의해 자행된 헌법 위반의 정권 탈취라고 비판을 거듭하며, 최초로 지방에서의 러시아어 사용에 관한 법률을 폐지하려고 시도하거나 또는 동부의 주민과 대화하는 대신에 신흥 재벌 및 부호를 동부 주의 지사로 임명함으로써 소수파인 러시아계 주민이 미래에 대해 강한 불안감을 갖게 만들었다며 우크라이나 신정권을 비난했다.

사회자가 "크리미아에 있었던 자들은 러시아군과 매우 비슷한데, 누구였습니까?"라는 질문이 제기되고 있다고 소개했을 때, 푸틴은 "우리의 과제는 전차와 군대 및 무장한 과격파가 아니라, 크리미아의 주민이 자유롭게 의사 표시를 할 수 있는 조건을 정비하는 것, 즉 지금 우크라이나 동부에서 일어나고 있는 것과 같은 상황을 피하는 데에 있었다. 크리미아

• ———— 총리로 재직한 이후 2017년 11월까지 국가수반Head of State을 역임했다. _옮긴이 주

자경단의 배후에는 물론 우리 군의 부대가 있었다"라고 대답했다. 3월 4일의 기자회견에서 크리미아에 있던 정체불명의 부대는 "자경단이다"라고 큰소리쳤던 푸틴의 설명은 1개월 남짓 후에 푸틴 자신에 의해 뒤집어지게 되었다.

'TV 국민 대화' 중에 푸틴은 "크리미아를 러시아연방에 되찾는 것에 대한 최종 결정은 주민투표 결과가 나온 때에 이루어졌다. 사실상 모든 주민이 찬성했던 결과를 보고, 그 이외의 결정은 있을 수 없었다"라고 말했다. 하지만 이 설명도 그로부터 1년 후인 2015년 3월에 러시아 국영 TV가 방영한 다큐멘터리 〈크리미아, 조국으로의 길〉 중에서 푸틴 자신의 발언으로 부정된다는 것은 앞에서 논한 바와 같다.

또한 푸틴은 "NATO가 만약 크리미아에 공격용 무기를 배치할 경우, 러시아는 흑해 연안 지역에서 사실상 쫓겨나게 된다. 우리는 이에 대처하지 않으면 안 된다"라고 강조하여, 크리미아 편입의 동기 중 하나가 NATO에 의한 크리미아 지배를 미연에 방지하는 것에 있었음을 시사했다.

우크라이나 문제로 거의 일색이었던 이 해의 국민 대화였지만, 푸틴에게는 아직 여유가 있었다.

사회를 보는 여성 캐스터가 "알래스카_Alaska_를 러시아에 편입할 계획은 있습니까? 그렇다고 하면 멋지겠습니다만. 연금 생활자인 파이나 이바노브나_Faina Ivanovna_로부터"라고 하는 한 여성의 질문을 읽었을 때, 스튜디오는 소리를 죽인 웃음소리로 휩싸였다. 남성 캐스터가 "지금 알래스카를 아이스크림이라고 부르는 것이 유행하고 있습니다"라고 설명을 보태자, 푸틴은 미소를 지으면서 "알고 있다"고 말했다. 크리미아를 러시아어로는 '크림'*이라고 발음한다. 북극에 가까운 알래스카는 춥기 때문에 '아이스 크림', 즉 아이스크림에 가깝다고 하는 말장난이며, 1867년에 러시아가 미국에 매각했던 알래스카를 크리미아 편입 이후의 다음 차례에 되찾아올 것인지를 묻는 의미인데, 여기에는 약간의 내막이 숨겨져 있다. 푸틴이 크리미아를 편입시킨 이후 러시아인들 사이에 한 가지 정치 일화가 회자되었다. '푸틴의 애인'이라고 종종 소문이 도는 아테네 올림픽 리듬체조 금메달리스트 알리나 카바예바*Alina Kabaeva***가 자신의 여자 친구들에게 다음과 같이 푸념을 늘어놓았다고 하는 이야기다.

나는 보바*Boba*(블라디미르의 애칭)에게 3월 8일 '국제 여성의 날'의 선물로 "(아이스)크림을 주세요"라고 말했을 뿐이다. …… 이번에는 알래스카가 아닐지 걱정된다.

그녀가 크림을 원한다고 말하면, 수완이 좋은 애인(푸틴)이 무슨 생각을 갖고 있는지는 몰라도 우크라이나로부터 크림(크리미아)을 빼앗아줄 것이라는 농담이다. 일견 황당무계해 보이는 질문의 이면에는 이러한 일화가 있다는 것을 모두 알고 있기 때문에, 스튜디오 참가자들의 얼굴에는 곤혹스러운 듯한 쓴웃음이 감돌았는데, 푸틴의 대답은 다음과 같이 기발

• ──── 러시아어로 'Крым'으로 표기된다. _옮긴이 주
•• ──── 1983년 타슈켄트Tashkent에서 출생했으며 2004년 아테네 올림픽 여자 리듬체조 개인 종합에서 금메달을 획득했다. 2007년부터 2014년까지 '통합 러시아United Russia'당의 하원 의원을 역임했으며, 2014년 9월 내셔널미디어National Media Group의 회장에 선임되었다. _옮긴이 주

했다.

파이나 씨, 왜 당신에게는 알래스카가 필요합니까? (회의장에 웃음이 터짐) 알래스카가 19세기에 매각되었을 때의 가치는 지금의 화폐 가치로 고려해보면 높지 않습니다. 하지만 러시아는 북국北國입니다. 알래스카도 춥습니다. 그럼 결론이 났다고 할 수 있지 않을까요?

그때까지 긴장되었던 스튜디오는 웃음과 박수로 가득했다. 아마도 거의 각본대로 예정되어 있던 질의 및 응답이라고 해도 이러한 절묘한 되받아치기가 'TV 국민 대화'의 묘미이자, 푸틴의 인기가 쇠퇴하지 않는 비결이라고 할 수 있을 것이다.

미국은 4월 28일, 러시아에 대해 7명과 17개 기업을 제재 대상으로 추가했다. 그중에는 국영 석유회사 로스네프트*Rosneft*의 사장으로 푸틴의 최측근인 이고르 세친*Igor Sechin* 전 부총리와 드미트리 코자크*Dmitry Kozak* 부총리, 군수기업을 산하에 두고 있는 국영기업 로스테크놀로기*Rostekhnologii*•의 세르게이 체메조프*Sergey Chemezov* 사장, 뱌체슬라프 볼로딘*Vyacheslav Volodin* 대통령궁 제1부장관, 러시아의 크리미아 편입 이후 신설된 크리미아 연방 관구聯邦管區를 총괄하는 올렉 벨라벤체프*Oleg Belaventsev* 대통령 전권대표, 반反구미적 언동으로 알려져 있는 알렉세이 푸시코프*Aleksey Pushkov* 하원 외교위원회 위원장이 포함되었다. 세친은 푸틴이 상트페테르부르

• ──── 현재의 로스텍Rostec을 지칭한다. _옮긴이 주

크 시청에서 제1부시장으로 있던 무렵 서로 교제했으며, 청년 시절에 첩보기관 요원으로서 아프리카 등에서 활동했다고 알려져 있는 '실로비키'의 대표격 중 한 사람이다. 체메조프는 KGB 시대에 당시의 동독 드레스덴에서 푸틴과 같은 아파트에 거주했던 친구다. 4월 29일에는 러시아에 대해 15명을 대상으로 유럽 내 자산 동결과 EU 역내에 도항을 금지하는 추가 재제를 발동했는데, 러시아군의 발레리 게라시모프*Valery Gerasimov* 참모총장과 세르군 GRU 국장, 올렉 사벨리예프*Oleg Savelyev* 크리미아 담당 장관, 벨라벤체프 등이 대상이 되었다.

친러시아파가 주민투표를 강행하다

5월 11일, 우크라이나 동부의 '도네츠크 인민공화국'과 '루간스크 인민공화국'의 지배 지역에서 주민투표가 강행되었다. 주민투표에 대해서는 구미 국가들이 강하게 반대했고, 푸틴도 5월 7일에 "대화의 조건을 만들어내기 위해 주민투표를 연기하도록 요청한다"고 말했는데, 무장한 채로 우크라이나 정부군과 교전을 계속하고 있던 2개의 '인민공화국'은 "투표 실시를 강하게 결심하고 있는 사람들의 의사에 따르겠다"라고 하며 무시했다. 11일의 투표는 2개의 '인민공화국' 지배 지역에서 행해져, '도네츠크 인민공화국'의 '중앙선거관리위원회'는 독립에 대한 찬성이 89.7%, 반대 10.19%의 결과가 나왔다고 발표했다. '루간스크 인민공화국'의 주민투표에서는 독립에 대한 찬성 96.2%, 반대 3.8%의 결과가 나왔다. 이러한 결과를 감안하여 두 '인민공화국'의 간부는 이것을 독립 의사의 표명으로 간주하고 러시아에의 편입을 요구했다.

우크라이나 대통령 대행인 투르치노프는 "러시아에 의해 선동당한 이 익살극에는 그 어떤 법적 근거도 없다"는 성명을 내고, 결과를 인정하지 않는 자세를 재차 보였다.

도네츠크의 교외에서는 조기 대통령선거를 3일 앞두고 있던 5월 22일 대규모 충돌이 발생하여, 정부군 측에 13명, '인민공화국' 측에 20명의 사망자가 나왔고, 이는 4월에 분쟁이 시작된 이래 최대 규모의 희생이었다. 푸틴은 23일 조기 대통령선거의 실시 이후에는 "모든 군사 행동이 중단되기를 바란다"라고 하며 쌍방에 자제를 촉구했다. 또한 대통령선거 이후에 탄생하는 정권과는 협력한다고도 분명히 말하고, 우크라이나와의 관계를 정상화하고 싶다고 강조했다. 푸틴으로서는 새로운 대통령 선출을 계기로 더 이상의 분쟁 확대를 멈추고 구미와의 관계도 정상화하고자 했던 것으로 보인다.

6. 분쟁의 격화

포로셴코가 대통령에 취임하다

5월 25일 우크라이나 대통령선거에 21명이 입후보했는데 포로셴코 전 외교장관과, '혁명'에 의해 옥중에서 해방된 '조국당' 당수 티모셴코의 사실상 일대일 승부가 되었다.

티모셴코는 '오렌지 혁명'의 공로자 중 1명이었는데, 유셴코 정권에서 총리를 맡았을 때에 온건파의 대통령과 대립하여 친구미파 정권이 실정

失政하게 되는 원인을 초래한 것으로 간주되었던 것은 물론, '마이단 혁명'
을 티모셴코보다 과격한 민족주의자가 견인했던 점도 있어서 지지는 확
대되지 않았다. 게다가 3월에는 러시아에 의한 크리미아 편입에 격분하
여 전 '지역당' 간부를 상대로 전화를 통해 "러시아의 쓰레기들을 핵무기
로 때려 죽여버려야 한다"라고 막말을 했던 대화 내용이 폭로되어, 국가
원수로서의 자질이 의문시되었다.

　결과는 포로셴코가 54.70%의 득표율로 12.81%의 티모셴코를 격파하
고 결선투표 없이 당선이 확정되었다. 3위는 '급진당Radical Party'의 올레흐
랴시코Oleh Lyashko 당수로 8.32%, 친러시아파는 '지역당'을 탈당한 세르히
티히프코Serhiy Tihipko* 전 부총리가 득표율 5.23%로 5위가 되었던 것이
최고였다. 하지만 러시아에 편입된 크리미아에서는 투표가 뒤로 미루어
졌고, 친러시아파가 실효 지배하는 동부 도네츠크, 루간스크 두 주의 넓
은 지역에서는 투표가 방해되었다. 투표가 실시되고, 그 이튿날 26일 친
러시아파 부대가 도네츠크 국제 공항 내부로 난입하여 항공기의 이착륙
이 중단되고 정부군이 공항을 공중폭격하는 등, 동부의 전투 상황은 격화
일로를 걸었다.

모호한 태도의 미국

　이러한 가운데 오바마 미국 대통령이 5월 28일에 미국 육군사관학교
의 졸업식에서 행한 포괄적인 외교 연설은 미국의 '혼미'를 반영한 것이

---

* ──── 세르기 티기프코Sergiy Tigipko로 불리기도 한다. _옮긴이 주

었다.

　나중에 '오바마 독트린'이라고 불리는 이 연설에서, 오바마는 "미국은 항상 세계의 지도적 입장에 서지 않으면 안 된다"라고 선언하며, "행동을 통해서 국제법을 지켜내는 의지가 미국을 '특별한 국가'로 만들고 있다"고 강조했다. 또한 우크라이나 위기를 둘러싸고 러시아의 행태는 "소련의 전차가 동유럽에 침입했던 시대를 생각나게 만든다"고 하면서, 러시아의 '개입'을 강하게 비난하고, 불간섭주의不干涉主義는 "21세기 미국의 선택지에는 없다"라고 논하며 남중국해에서의 중국, 그리고 우크라이나를 둘러싼 러시아의 공격적인 행동을 방치한다면 동맹국에 영향을 미치고, 미군이 휘말려들 가능성이 있다고 하며 미국의 관여는 중요하다고 호소했다.

　그러한 한편으로 오바마는 미국이 단독으로 타국에 군사 개입을 행하는 데에는 "미국에 대한 직접적 위협이 존재"해야 한다고 강조하여, 군사력의 행사에 스스로 제동을 걸었다. 이것은 조지 부시George W. Bush 전 대통령 시대에 '테러와의 전쟁'을 명분으로 제기하며 시작되었던 '2개의 전쟁', 즉 아프가니스탄 전쟁과 이라크 전쟁을 종결시키겠다는 것을 공약으로 내세우며 미국 최초의 흑인 대통령에 당선된 오바마 자신의 외교 자세를 일관하겠다는 결의를 보였던 것이지만, 그 이면에는 미국과 직접 관계가 없다면 세계에서 어떤 일이 일어나더라도 개입하지 않는다고 하는 의미도 있었다. 미국 신문 《워싱턴포스트Washington Post》는 "미국의 손을 결박하는 오바마의 철수 외교"라고 평가했다.

　포로셴코의 당선을 감안하여 프랑스의 올랑드 대통령은 프랑스 북서부의 위스트르앙*Ouistreham*에서 6월 6일 행해진 제2차 세계대전의 연합군 노르망디*Normandie* 상륙작전 '디데이' 70주년을 기념하는 행사에 오바마, 푸틴, 포로셴코를 초대했다. 오바마와 푸틴은 비공식적으로 접촉하고 폭력의 억제가 필요하다는 인식에 의견 일치를 보았다. 또한 푸틴과 포로셴코도 식전 장소에서 메르켈 독일 총리의 촉구를 받아 연설을 했는데, 동부에서의 정전을 위한 실무 협의를 포로셴코가 대통령에 정식으로 취임한 직후에 개시하는 것에 의견을 모았다.

단기간에 끝나버린 종전

이튿날 7일, 48세로 우크라이나 대통령에 취임한 포로셴코는 키예프의 최고회의 본회의장에서 연설하며 "유럽에의 통합은 우리 민족이 추구하는 이상의 핵심이다"라고 강조했다. 또한 "크리미아는 과거에도 현재에도 장래에도 우크라이나령이다"라고 하며, "이것 이외의 문제라면 모든 것을 교섭할 용의가 있다. 러시아와의 관계 정상화 없이 우크라이나의 안보는 있을 수 없다"라고 논했다. 또한 "나는 전쟁을 바라고 있지 않다. 대통령으로서의 첫 번째 임무는 정전 계획을 책정하는 것이다"라고 하며 도네츠크, 루간스크 두 주에서 독립을 제창하는 친러시아파를 향해 무기를 내려놓도록 촉구했다.

그러나 독립을 주장하는 '도네츠크 인민공화국'의 간부는 "타국의 대통령이다. 우리와는 관계가 없다"라고 단언했다. 전투는 수습되지 않았고, 14일에는 루간스크의 공항 부근에서 정부군의 병력을 태운 대형 수송기가 친러시아파에 의해 격추되어 49명이 사망했다.

그럼에도 포로셴코는 정전 실시를 향해 움직였다. 20일에 취임 이후 처음으로 방문했던 도네츠크 주에서 같은 날 오후 10시부터 일주일 동안의 일방적 정전을 선언하고, 이 사이에 무기를 내려놓도록 친러시아파 측에 호소했다. 푸틴도 22일 "모든 당사자가 타협점을 찾아내고 우크라이나 남부와 동부의 주민이 구별되기 어려운 국가의 일부라고 느낄 수 있도록, 정전에 기초하여 대화를 시작하는 것이 중요하다"라고 논하며, 포로셴코의 평화 계획을 지지하고, 동부의 친러시아파로부터 일정한 거리를 두었다. 푸틴은 2개의 '인민공화국'이 자신의 요구에 귀를 기울이지 않고 주민투표를 강행하며 러시아에의 편입을 요구했던 것에 대해, 친러시아파에 지나치게 관여하는 것이 초래할 리스크를 느꼈던 것이 틀림없다. 푸틴이 정전을 지지함에 따라, 당초 교섭에 들어가는 것을 거부했던 친러시아파도 6월 23일부터 27일까지의 정전에 응했다. 대화 개시를 감안해 푸틴은 24일 상원으로부터 주어졌던 러시아군의 해외 파병 권한의 취소를 요구하며, 긴장 완화에 기여하는 자세를 보였다. 또한 푸틴은 "일주일간의 정전은 너무 짧다"고 논하며 정전 기간을 연장하도록 쌍방에 촉구했다.

그렇지만 24일, 스트렐코프가 점령하고 있던 도네츠크 주 북부의 슬라뱐스크 교외에서 정부군 헬리콥터가 격추되어 9명이 사망했다. 그 이후에도 친러시아파의 공격은 멈추지 않았고, 정권 내부에서도 포로셴코에 대한 비판이 높아졌다. 포로셴코는 7월 1일, 일단 6월 30일까지로 연장되었던 정전 기한을 그 이상 연장하지 않는다고 표명하고, 동부에서의 토벌 작전 재개를 명령하여, 쌍방은 다시 전면적 교전 상태에 돌입했다.

말레이시아 항공기의 격추

비극은 이러한 와중에 일어났다. 298명이 희생된 말레이시아 항공기 격추 사건이다. 7월 17일, 암스테르담*Amsterdam*에서 출발하여 콸라룸푸르 *Kuala Lumpur*로 향하고 있던 '보잉 777'이 도네츠크 주의 러시아 국경에 가까운 친러시아파 지배 지역에 추락하여, 승객 283명과 승무원 15명이 모두 사망했다. 기체는 산산조각이 나서 약 15km 사방에 흩어졌다. 미국 주요 미디어들의 보도에 따르면, 보잉 777은 지대공地對空 미사일에 의해 격추되었으며 이는 미국 정보 당국이 확인한 것이었다. 승객의 국적은 네덜란드인, 말레이시아인, 호주인 등이었다. 우크라이나 위기는 일단 확보되었던 정전 기회를 상실하게 만들고, 분쟁과 관계없는 제3국의 시민 약 300명의 목숨을 앗아가 버렸다.

오바마는 18일, 말레이시아 항공기를 격추한 지대공 미사일은 친러시아파 지배 지역에서 발사되었다고 지적하고, 더불어 러시아가 무기를 제공하고 있다고 비판했다. 그리고 우크라이나 동부에서의 즉시 정전을 강한 어조로 요구했다. 유엔 안보리는 같은 날, 긴급 협의를 개최하고 국제 조사를 요구하는 성명을 발표했으며, 또한 21일에는 격추를 '최고로 강한 표현으로' 비난하고 현장 보존을 친러시아파 측에 요구하는 결의를 만장일치로 채택했다.

구미 각국은 말레이시아 항공기를 우크라이나 정부군의 군용기로 오인했던 친러시아파가 러시아로부터 제공받은 이동식 지대공 미사일 'SA-11 Buk'로 격추했다고 주장했고, 친러시아파와 러시아에 대한 국제적 비난이 단번에 높아졌다. 이것에 대해서 보로다이는 관여를 부정했고, 러시아

우크라이나 동부(2014년 7월)

러시아
ㅇ 하리코프
우크라이나
루간스크 주
도네츠크 주
도네츠크
러시아
키예프 ◉
아조프 해
흑해
0   50 km
추락 지점
말레이시아 항공기의
친러시아파의
지배 지역

군은 우크라이나 정부 군의 군용기에 의해 격추되었을 가능성도 있다고 지적했다. 기체의 잔해가 흩날렸던 현장은 친러시아파의 무장 세력이 삼엄하게 '경계' 하고 있었고, OSCE 요원과 희생자가 발생한 국가를 대표하는 형태로 사고 조사를 담당하게 된 네덜란드의 당국자도 자유로운 진입이 허가되지 않아, 원인 규명은 진전되지 않았다. 또한 현지를 지배하는 친러시아파가 모든 유체遺體가 아직 수용되어 있지 않은 가운데 중장비를 사용하여 추락 현장을 정리하기 시작한 것에 네덜란드와 호주 등이 강하게 반발했고, 러시아와 친러시아파는 엄청나게 비난을 받았다. 시드니Sydney에서는 시민의 항의 시위가 있었고, 11월에 브리즈번Brisbane에서 열린 G20 정상회담에서는 푸틴의 호주 입국 금지를 요구하는 플래카드와 "러시아의 테러리스트 일인자" 등의 문구와 함께 히틀러와 비슷하게 그린 푸틴의 모습을 들고 있던 사람도 있었다.

우크라이나 보안국의 통신 감청 기록에 의하면, 격추 이후에 친러시아파 무장 조직의 지휘관이 러시아군 정보장교에게 비행기의 추격을 보고했다. 직후에 친러시아파 무장 조직의 소속원들이 "민간기라는 것은 거의 확실하다"라고 밝혔다. 보안국 고관은 지대공 미사일은, 도네츠크 주 스네즈노에Snezhnoye•로부터 '도네츠크 인민공화국'의 부대 '돈바스 인민의용대'의 지도자 중 1명으로 암호명이 '베스(악마)'••인 이고르 베즐러 Igor Bezler 사령관의 명령을 받아, 친러시아파 측에 협력했던 러시아군의 전문가가 발사했다고 말했다. 미국의 케리 국무장관은 7월 20일 "스트렐코프가 우크라이나 군용기를 추격했다고 발표하고 그 이후 민간기라는 것을 알게 되었다는 내용의 메모가 삭제되었다"고 논하며, 친러시아파가 행한 일이라는 견해를 강하게 시사했다.

침묵하고 있던 푸틴은 21일에 결국 국민을 향해 연설을 행했다. 모스크바 교외의 대통령 공저에서 촬영된 비디오 성명이 크렘린의 공식 웹사이트에 게재되었던 시각은 월요일 오전 2시 이전으로, 이는 대단히 이례적인 대응이었다. 피곤하고 심각한 표정으로 TV 카메라를 향해 있던 푸틴은 "동부에서 전투가 재개되지 않았다면 이번 비극도 일어나지 않았다"라고 하며, 교전을 계속하고 있는 쌍방에 강한 불만을 표시했다. 또한 푸틴은 "러시아는 우크라이나 동부의 상황이 대화를 통한 문제 해결의 단계로 이행되도록 모든 노력을 다하겠다"고 논하며, 국제 조사단의 현지 진입을 인정하도록 친러시아파 측에 강하게 요구했다.

오바마는 격추 사건이 발생하기 전인 7월 16일, 친러시아파에 무기와

• ──────── 'Snizhne'로 표기되기도 한다.
•• ──────── 영어 표기로는 'Bes', 러시아어로는 'Бес'에 해당하며, 악마를 의미한다. _옮긴이 주

전투원의 공급이 계속되고 있다며 러시아를 비판하고, 러시아 정부 계통의 천연가스 대기업 가즈프롬은행*Gazprombank*과 대외경제은행*Vnesheconombank: VEB*, 천연가스 대기업 노바테크*Novatek*, 국영 석유회사 로스네프트에 대해 새로운 제재를 부과했다고 발표했다. 미국 금융시장에서의 거래가 제한되고 미국 측에 의한 새로운 금융 서비스 제공도 금지되었다. 이 밖에 말레이시아 항공기 추격에 사용된 것으로 여겨지는 미사일 'Buk'의 제조사인 방공 미사일 제작 대기업 알마즈 안테이*Almaz Antey*와 자동소총 'AK-47'로 알려져 있는 총기 제작 대기업 칼라시니코프*Kalashnikov* 등에 대해서도 제재가 발동되었다. 그다음 달에 일어난 말레이시아 항공기 격추로 인해 미국과 EU는 대러 추가 제재에 더욱 나서게 된다. 오바마는 7월 29일, 대외무역은행*VTB*, 모스크바은행, 러시아농업은행*Russian Agricultural Bank: RusAg* 등 러시아 정부 계통의 3개 금융기관에 대해 미국인과의 일정한 거래를 금지하고, 국영 군수기업 '통일조선*United Shipbuilding Corporation: USC*'에 대해서는 미국 국내 자산을 동결시키고 미국과의 거래를 금지한다고 발표했다. 석유 굴착과 유전 개발에 이용되는 기기 및 기술을 러시아의 에너지 관련 기업에 수출하는 것도 금지되었다. 31일에 EU가 발동한 대테러 추가 제재에서는 푸틴의 유도 동료인 아르카디와 '러시아 은행'의 코발추크, 그로모프 대통령궁 제1부장관 등 8명과 알마즈 안테이 등 3개의 기업과 단체가 대상이 되었고, 러시아 정부가 50% 이상 출자하고 있는 은행이 신규로 발행하는 채권과 주식을 유럽에서 구입하는 것을 금지하는 것 등도 포함되었다.

2014년 말까지 미국은 러시아와 우크라이나의 합계 57명, 45개 회사,

2개 단체에, EU는 합계 141명, 25개 회사, 9개 단체에 각각 제재를 부과했다. 이것에 대해서 러시아도 2014년 5월과 7월에 미국과 캐나다의 군 관계자 등을 대상으로 보복 제재를 부과한 것 외에, 같은 해 8월 7일에는 미국산 농산물과 EU산 야채 및 과일의 수입을 금지하는 제재를 발동했다. 이 수입 제한은 러시아에 야채와 과일을 대량 수출했던 유럽 국가들에게 타격을 주었는데, 슈퍼에 산처럼 진열되어 있는 싸고 신선한 수입 야채와 과일에 익숙해져 있었던 러시아 소비자에게도 심각한 타격을 입혔다. 러시아에서는 식료품 가격이 올라가기 시작하고, 경제 악화의 우려가 현실이 되기 시작했다.

이러한 가운데 보로다이는 8월 7일, '도네츠크 인민공화국' 총리에서 사임한다고 발표하고, 후임에 도네츠크에서 출생하여 무장 그룹을 이끌고 있는 알렉산더 자하르첸코*Alexander Zakharchenko* 사령관을 지명했다. 보로다이는 그 수일 전에 모스크바를 방문했다고 전해지며, 돌연한 사임에는 푸틴 정권의 의향이 움직였던 것으로 간주되었다. 8월 13일에는 스트렐코프가 중상을 입었다고 전해졌고, 14일에는 '국방장관'의 사임이 발표되었다. '루간스크 인민공화국'의 수장인 볼로토프도 같은 14일에 사임하여, 친러시아파 가운데 '최고 간부의 전원 교체'가 이루어졌다.

스트렐코프의 푸틴 비판

스트렐코프는 슬라반스크를 거점으로 전투하고 있던 6월, 인터넷에 "러시아로부터의 긴급하고 대규모의 군사적 지원이 없다면 패배는 피할 수 없다"라고 호소하며, 주민투표 직후에 군을 파견하지 않았던 러시아에 강한 불만을 표시했다. 말레이시아 항공기 격추 직후에는 국제 조사단의 현지 진입을 인정하도록 요구하는 각국의 목소리를 무시하고, 러시아가 말하는 것도 듣지 않게 되었다. 사실상 그가 경질된 것에는 러시아의 강한 압력이 있던 것으로 보인다. 스트렐코프는 그 이후 애국주의가 최고조에 달한 러시아에서 보수파가 '영웅'으로 치켜세우는 존재가 되었고, 이를 통해 푸틴 정권의 '약한 모습'을 규탄하게 된다.

9월 스트렐코프는 러시아에서 기자회견을 하고 "애국자로 위장한 배신자들은 우크라이나 동부의 러시아계 주민이 실제로 러시아군의 지원을 필요로 하고, 유혈 사태 없이 동부 각 주를 해방하는 것이 가능했을 때에 '불가능하고 용인할 수 없다'고 외쳤다"라며 불만을 토로했다. 크리미아를 전광석화와 같이 편입한 푸틴이 왜 우크라이나 동부에서는 우물쭈물했던 것인지 궁금해졌다. 10월에는 "푸틴은 자신의 주위로부터 리버럴한 무리를 배제해야 한다. 이 상태로라면 푸틴은 헤이그의 국제형사재판소 International Criminal Court: ICC에서 재판을 받게 된다"라고 경고했다. 또한 다른 기회를 활용해 "러시아에서 우크라이나 동부 문제를 담당하고 있는 무리, 특히 악명 높은 수르코프는 그 어떤 원조도 하지 않았다"고 이름을 거론했으며, 맹우였던 보로다이에 대해서도 "수르코프의 지시로 움직였다. 지금 사샤Sasha(보로다이의 이름인 알렉산더의 애칭)는 수르코프 아래에서 좋은 일거리를 얻고 있다"고 비난했다.

이에 대해서 보로다이는 2014년 11월 25일 자 러시아 신문 ≪모스콥스키 콤소몰레츠≫에 게재된 인터뷰에서 "'강철의 사령관 스트렐코프'는 나 자신도 포함한 사람들이 만들어낸 신화에 불과하다. 그가 말하고자 하

는 것은 '자신이 남는다면 도네츠크 인민공화국은 승리했을 것'이라는 것
인데, (그것은) 거짓이다"라고 반론했다. 12월에는 "스트렐코프를 크리미
아로부터 도네츠크에 넣었던 것은 나였다. 하지만 슬라뱐스크에서 도착
했을 때, 그는 정신적으로 정상이 아니었다. 그래서 후방으로 보내진 것
이다"라고 폭로했다. 스트렐코프와 보로다이 간의 상호 비난전으로부터
제1, 2기 푸틴 정권에서 주로 정계의 이면裏面 공작을 담당했고 그 이후
대통령 보좌관이 된 수르코프가, 보로다이를 이용하여 스트렐코프 등 '무
장투쟁파'를 우크라이나 동부에 투입했지만 제멋대로 전투를 격화시켜
효과적인 통제가 이루어지지 않았기에, 배제되었다는 구도가 부각된다.

"러시아군이 동부에 침입했다"

현지에서는 8월 중순 러시아군이 국경을 넘어 우크라이나 동부에 침
입했다는 견해가 출현하기 시작했다. 영국 신문 《가디언Guardian》은 8
월 14일 밤에 러시아군의 병력을 태운 장갑 수송차가 차량 행렬을 형성하
며 우크라이나 동부 루간스크 주를 향해 월경越境하는 것이 목격되었다고
보도했다. 8월 25일에는 러시아 중부의 코스트로마Kostroma의 연대聯隊 소
속으로, 일주일 전에 합계 350~400명의 인원과 약 60대의 군사 차량 등
으로 구성된 부대의 일원으로서, 24일 비밀리에 월경했던 것으로 여겨지
는 러시아군 공정부대空挺部隊 대원 10명이 도네츠크 주 안에서 구속되었
다. 구속된 병사들은 키예프에서 기자회견을 강제로 하게 되었고, 러시아
군의 월경 사실은 숨길 수 없게 되었다. 27일에는 아조프 해Azov Sea에 면
해 있는 도네츠크 주 노보아조프스크Novoazovsk 등이 제압되었다. 푸틴은

29일 미명에 성명을 발표하고, "친러시아파가 군사적으로 커다란 성공을 거두었다는 것은 명백하다"라고 지적하며, "군사 행동을 서둘러 멈추고 분쟁의 평화적 해결을 위해 친러시아파와의 교섭 자리에 앉도록" 포로셴코 정권 측에 요구했다.

이때는 러시아군이 우크라이나 영내로 침입하여 일시적으로 열세에 처해 있던 친러시아파를 지원하여, 우크라이나 정부군의 부대를 동부에서 패주敗走시켰다고 보는 견해가 일반적이다. 친러시아파가 군사적으로 우위에 서는 형태로 본격적인 평화 교섭에 들어가기 위한 사전 공작을 했거나, 또는 러시아가 군사력을 사용해 포로셴코 정권에 정전 및 평화 교섭을 강제했다고도 할 수 있다. 하지만 그 이후에도 러시아는 우크라이나 영내에 러시아군 부대는 없다고 일관되게 계속 주장했다.

7. 어려움 속의 평화를 향한 모색

민스크 평화 합의

군사적으로 내몰리게 된 포로셴코 정권은 9월 5일 벨라루스Belarus의 수도 민스크에서 사태 정상화를 위한 평화 회의를 개최하는 것에 동의할 수밖에 없었다. 우크라이나와 친러시아파는 즉시 정전과 친러시아파 지배 지역에 '특별한 지위'를 부여하는 것 등 12개 항목의 '민스크 합의'에 서명했고, 정전과 포로 교환에 대해서도 의견 일치를 보았다. 러시아는 이 합의를 '푸틴의 평화 계획'이라고 설명했고, 정전에 공헌했다며 가슴을 폈다. 포로셴코는 8월 25일에 최고회의(의회)를 해산시키고, 10월 26일에 조기 의회선거 실시를 결정했으며, 이에 따라 우크라이나 전역에서의 평화롭고 조용한 투표 실시를 위해서라도 정전을 실시해야 할 필요성이 부각되었다.

의회선거에서 약진했던 것은 2014년 6월 발족한 포로셴코 정권에서 정식으로 총리에 취임한 야체뉴크의 신당 '국민전선People's Front'이었다. 러시아를 '테러리스트'라고 비난하는 등, 야체뉴크는 내각 발족부터 3개월 남짓 동안에 정권 내 '대러시아 강경파'를 대표하는 존재가 되었다. 외교장관을 역임한 적도 있는 그는 능숙한 영어로, "러시아와 친러시아파가 우크라이나의 주권을 침략하고 있다"고 국제 사회에 계속 호소했다. 러시아와의 국경에 무기와 병사의 불법적인 월경을 멈추게 하기 위한 '장벽'을 건설해야 한다고 제창하여, '포로셴코 정권 내부의 호전파'로서 러시아의 강한 반발을 샀다.

10월의 최고회의 선거를 앞에 두고 야체뉴크는 티모셴코의 '조국당'을 탈당하고, 포로셴코 정권의 국가안전보장방위회의 서기에 취임한 전 대통령 대행 투르치노프와 둘이서 '국민전선'을 조직했다. 그런데 야체뉴크와 투르치노프가 탈당하게 된 것은 티모셴코가 그들의 반대를 듣지 않고 5월의 대통령선거에 입후보했기 때문이라고 한다. 그들은 포로셴코와 가깝고 친구미파의 후보 단일화에 응하지 않았던 티모셴코에 대해 "국익보다 개인의 야심을 우선시했다"고 간주하고 등을 돌렸다.

의회선거에서 포로셴코는 러시아를 비판하면서도 평화의 계속적 추진을 호소하는 현실 노선을 취했다. 야체뉴크 등의 '국민전선'은 NATO

가입을 언급하면서 대러 강경 노선을 강조했고, 티모셴코의 '조국당'은 포로셴코의 푸틴과의 평화 합의를 준엄하게 비판했다. 26일의 선거에서는 정수 450명 가운데 대통령 주도의 여당 '포로셴코 연합*Petro Poroshenko Bloc*'이 소선거구와 비례대표를 합하여 132개 의석을 획득하여 제1당이 되었고, '국민전선'은 82개 의석으로 제2당이 되었다. 그 밖에 민족파民族派가 강세인 서부 지역을 기반으로 하는 친구미 성향의 '자조당*Self Reliance*'이 33개 의석, '지역당' 출신자를 중심으로 하는 친러시아 성향의 '야당 연합*Opposition Bloc*'이 29개 의석, 과격한 민족파 '급진당'이 22개 의석을 각각 획득했다. 러시아와의 철저한 저항을 제창했던 '조국당'은 19개 의석, 극우 성향의 '자유당'은 6개 의석에 머물렀다. 하지만 비례대표에서는 '국민전선'이 22.16%를 득표하여 21.8%의 '포로셴코 연합'을 누르고 1위 자리를 획득해, 국민 사이에서는 '호전파'에 대한 지지가 강하다는 것이 명백해졌다.

수렁에 빠져버리다

민스크 평화 합의 이후에도 전투는 그치지 않았다. 동부의 친러시아파 '도네츠크 인민공화국'과 '루간스크 인민공화국'은 11월 2일 실효 지배하는 지역에서 독자적으로 선거를 실시하여, '도네츠크'에서는 보로다이로부터 최고 지도자의 지위를 승계받은 자하르첸코가 당선되고, '루간스크'에서는 볼로토프의 후임 지도자 플로트니츠키가 당선되어, '선거에서 선출된 국가원수와 의회가 존재하는 독립국가'의 형태가 갖추어졌다. 포로셴코는 이에 대해 "민스크 합의를 위반한 것"이라고 비난하며 강경한 태도를 보였다. 의회선거에서 '호전파'의 약진을 허용해버린 포로셴코는 대러 강경 노선으로 축을 옮기지 않을 수 없게 되었다. 포로셴코는 러시아를 '침략자'로 부르고, 동부의 분쟁은 "전체 유럽의 자유와 민주주의를 위한 싸움이다"라고 하며, 구미를 향해 더욱 지원을 호소하게 된다. 민스크 합의 이후에 일단 진정되는 징후를 보였던 현지에서의 전투는 다시 활발해져, 매일같이 희생자가 나왔다. 유엔 인권고등판무관사무소UNHCR는 4월의 분쟁 개시 이래 우크라이나 동부에서의 사망자가 12월 2일까지 4707명에 달했으며, 민스크 합의가 성립된 9월 6일 이래에도 1350명 넘는 사망자가 보고되었다고 발표했다.

동부에서의 전투는 해를 넘겨 계속 진행되었는데, 새해의 휴가 기간이 끝나고 나서 2015년 1월 도네츠크 근교에서 버스가 폭격을 당해 13명이 사망하는 등, 일반 시민이 희생되는 공격이 빈발했다. 1월 24일에는 도네츠크 남부의 마리우폴Mariupol에서 주택 지역이 포격을 당해, 주민 약 30명이 사망하고 100명 이상이 부상을 입었다. 동부에서의 격렬한 전투로 인해 미국은 포로셴코 정권에 대한 무기 공급을 재검토하기 시작했고, 이러한 사태에 놀란 독일과 프랑스가 중재하여 푸틴, 포로셴코를 포함한 4개국 정상회담이 2015년 2월 다시 민스크에서 개최될 때까지 동부에서의 전투는 계속되었다.

제2장

전략 부재의 독립:
우크라이나 역사 개괄

1. 근대 시기까지

'러시아 도시의 어머니'

푸틴이 크리미아 편입을 선언한 크렘린 연설에서 우크라이나를 "러시아 모든 도시의 어머니"라고 불렀던 것처럼, 역사적으로 우크라이나의 수도인 키예프는 현재의 러시아, 우크라이나, 크리미아에 거주하는 동슬라브인의 거주지로 9세기에 성립되었던 키예프 루시_Kievan Rus'_의 중심으로 여겨지고 있다. 키예프 루시는 블라디미르 대공이 10세기 말에 비잔틴제국_Byzantine Empire_으로부터 기독교를 수용하여 번영했지만, 키예프가 13세기에 몽골에 의해 정복되어 공국은 쇠퇴하고, 슬라브의 중심은 현재의 러시아로 연결되는 모스크바 공국_Grand Duchy of Moscow_으로 이동하게 되었다. 현재 우크라이나 서부의 땅은 리투아니아와 폴란드가 지배했다.

1480년에 킵착 한국_Kipchak Khanate_의 지배로부터 벗어난 모스크바 공국은 고대 로마제국_Roman Empire_, 비잔틴제국에 다음가는 '제3의 로마'를 자칭하며 국력을 강화하고, 러시아인의 선조로 간주되는 루시_Rus'_의 군주를 자임하며 리투아니아와 경쟁했다. '이반 뇌제_Ivan the Terrible_'라고 불린 이반 4세_Ivan IV_는 547년에 처음으로 '짜르_Tsar_'를 공식 칭호로서 채택했다.

한편 15세기경부터 러시아 남부와 우크라이나의 스텝_steppe_ 지역에 거주하며 정착했던 자들이 자체적으로 무장 집단을 형성하여 '카자크_Kazaks_'라고 불리게 되었다. 카자크는 점차 강대해졌기 때문에, 폴란드 왕은 카자크를 등록 제도하에 두고 '왕의 군인'으로서의 지위와 정치적 자치를 부여하고 그 군사력을 이용하는 것과 함께, 일정한 통제를 하고자 시도했다. 16세기에는 '카자크의 영웅'으로 간주되는 보호단 흐멜니츠키Bohdan Khmelnytsky가 출현하여 폴란드의 지배에 대한 반란을 조직하고, 1648년에는 폴란드군을 격파하고 휴전 협정을 체결하여, 키예프와 체르니히우Chernihiv 등 현재 우크라이나 중·동부의 대부분을 산하에 두는 '헤트만카자크 수장국Cossack Hetmanate'이 형성되었다. 그 이후에도 폴란드와 세력 경쟁을 계속한 흐멜니츠키는 1654년, 모스크바 짜르의 종주권을 인정하는 대신에 그 군사적 원조와 보호를 받고 카자크의 자치를 유지한다고 하는 '페레야슬라프 협정'을 체결하여 폴란드에 대항하고자 했다. 하지만 1656년에 모스크바는 폴란드와 결속을 다졌고, 이것에 분노하여 재기를 도모하고 있던 흐멜니츠키도 이듬해 1657년에 병사했기 때문에, 페레야슬라프 협정은 현재의 우크라이나 영토가 러시아제국에 병합되는 계기를 만들었다고도 평가되고 있다. 이 역사를 염두에 두고 현재의 러시아인 중에는 우크라이나가 자발적으로 러시아에 고분고분 순종하며 병합된 것으로 생각하는 사람이 많다.

러시아제국에 병합되다

1657년 모스크바와 폴란드의 '안드루소보의 강화Treaty of Andrusovo'에 의해 드네프르 강Dnieper River의 오른쪽(우크라이나 동부)은 모스크바, 왼쪽(우크라이나 서부)은 폴란드의 지배가 확립되었다.

1689년에 모스크바에서 섭정을 했던 황녀 소피아 알렉세예브나Sophia Alekseyevna가 실각하고 표트르 1세Peter I 측으로 실권이 이동되자, 1689년 드네프르 강 좌안의 헤트만Hetman of Zaporizhian Host에 취임한 이반 마제파

*Ivan Mazepa*는 표트르 측에 붙어 신뢰를 쟁취하고, 1705년 드네프르 강 우안에 공격해 들어가 한때는 좌우 양안을 지배했다. 모스크바로부터의 자립을 도모했던 마제파는 1708년에 표트르와 세력 경쟁을 벌였던 스웨덴의 카를 12세*Charles XII* 측에 붙어 모스크바를 배신했는데, 1709년의 '폴타바*Poltava* 전투'에서 스웨덴-카자크 연합군을 표트르가 이끄는 모스크바군이 격파하고 마제파는 망명지에서 사망하여, 헤트만 국가는 모스크바의 지배하에 들어가고, 모스크바 국가는 '러시아'로 호칭하게 되었다. 마제파에 대해서는 러시아에서 지금도 때때로 상연되는 차이콥스키의 오페라 〈마제파〉 중에서 엄청난 악인으로 묘사되고 있다.

러시아의 예카테리나 2세의 시대, 1780년대에 카자크의 군대도 러시아군에 편입되어, 일정한 자치를 유지했던 헤트만 국가는 최종적으로 소멸하고, 러시아제국에 병합되었다. 우안에는 폴란드 귀족이 남아 있었는데 러시아, 프로이센*Prussia*, 오스트리아에 의한 폴란드 분할로 폴란드 자체가 소멸하고, 우크라이나의 대부분은 러시아령이 되었으며, 서부의 일부가 오스트리아령이 되었다. 1775년에 예카테리나 2세는 러시아-터키 전쟁으로 획득한 흑해 연안 지역을 '노보러시아*Novorussia*(신新러시아)' 주로 삼고, 총애하는 신하 그리고리 포템킨*Grigori Potemkin*을 총독에 임명했다.

2. 소련 시대: 체르노빌의 충격

소련의 발족에 참가

제1차 세계대전의 와중에 러시아에서 일어난 1917년 2월 혁명으로 니콜라이 2세Nicholas II가 퇴위하고 러시아제국이 붕괴하자, 3월에는 키예프에 우크라이나의 자치를 지향하는 '중앙 라다Central Rada'가 결성되었다. 당시 러시아의 수도 페트로그라드Petrograd(현재의 상트페테르부르크)의 '임시정부'가 중앙 라다를 승인하여 5개 현縣에 한정하여 자치를 인정받았는데, 10월에 러시아의 사회주의 혁명으로 볼셰비키Bolsheviki(이후의 소련공산당)가 임시정부를 무력으로 무너뜨리고 소비에트 정권을 수립하자, 키예프의 중앙 라다는 이를 인정하지 않고 '우크라이나 국민공화국'의 창설을 선언했다. 그 이후 소비에트 정권과 우크라이나의 독립을 주장하는 민족주의자 등이 난입하여 내전 상태가 계속되었고, 결국 1921년에 볼셰비키가 최종적으로 승리했다. 우크라이나 동부의 하리코프에 볼셰비키가 성립시킨 '우크라이나 소비에트공화국'은 1922년 소비에트사회주의공화국연방(소련)이 발족할 당시 멤버국으로서 참가했고, 1991년 소련의 붕괴 이후 독립할 때까지 소련을 구성하는 하나의 공화국으로서 계속 존속했다. 하지만 소련에 각 공화국은 사실상 하나의 '현'과 같은 행정 단위에 불과했다. 독재자 스탈린의 사망 후에 소련공산당 제1서기로서 최고 권력자 자리에 앉은 흐루쇼프가 1954년, 흐멜니츠키가 체결한 '페레야슬라프 협정' 300주년을 기념하여 '학鶴의 일성一聲'으로 러시아공화국에서 우크라이나공화국으로 크리미아 반도의 귀속을 변경했던 것도, 이것이 소련 국경의 변경을 수반하지 않았기 때문이다.

우크라이나 동부의 도니에푸르, 돈바스_Donbass_ 지방(도네츠크, 루간스크 두 주를 중심으로 하는 돈 강_Don River_ 유역의 약칭)에서는 19세기 말에 석탄 및 철광석의 엄청난 매장량이 확인되어 공업화가 추진되었는데, 소련 시대에는 이것이 더욱 가속화되어 러시아 국경에 가까운 우크라이나 동부는 하나의 커다란 중공업 지역이 되었다. 우주 로켓과 미사일 등의 군수 산업도 발전했고 유즈마시_Yuzhmash_, 안토노프_Antonov_ 등의 저명한 기업이 우크라이나 국내에 있었다.

소비에트 정권에서는 모스크바에 의해 우크라이나의 '러시아화' 정책이 추진되었는데, 우크라이나의 정체성을 유지하고자 하는 민족운동은 수면 아래에서 계속되었다.

체르노빌 원자력 발전소의 폭발 사고

우크라이나의 역사를 말할 때, 소련 시대 말기에 발생한 체르노빌_Chernobyl_ 원자력 발전소 폭발 사고를 언급하지 않을 수 없다. 고르바초프 소련공산당 서기장(나중의 소련 대통령)에 의한 개혁 노선 '페레스트로이카_Perestroika_'가 시작된 1986년 4월 26일 미명, 키예프 북방의 프리퍄트_Pripyat_ 시에 있던 체르노빌 원자력 발전소 4호기가 폭발하여 대량의 방사성 물질이 대기 중에 방출되었다. 체르노빌 원자력 발전소는 위험도가 높은 것으로 여겨지는 흑연 감속 비등수형沸騰水型으로 구조상의 문제도 있

• ——— 유력자 혹은 권위자의 한마디 말을 의미한다. _옮긴이 주

었지만, 사고의 직접적 원인은 작업자가 매뉴얼을 무시하고 실시했던 시험 운전에 있었다. 화재를 봉쇄하기 위해 많은 작업자와 소방 관계자가 방호복도 충분히 착용하지 못한 상태에서 화재 진압 활동을 했고, 수십 명이 급성 방사선 피폭에 의해 사망한 것 외에, 많은 사람들이 그 이후에도 장애로 고통을 겪게 되었다. 반경 30km에 진입 제한 구역이 설정되고, 합계 33만 명이 이주에 내몰리게 되었다. 암 등에 의한 사망자 수는 국제원자력기구IAEA와 러시아, 우크라이나 정부가 함께 조직한 '체르노빌 포럼'이 약 4000명, 세계보건기구WHO가 최대 9000명으로 추계하고 있는데, 실태는 잘 알 수 없다.

당시 소련공산당 정치국원으로 고르바초프의 개혁 노선을 지지했던 에두아르트 셰바르드나제Eduard Shevardnadze 외교장관(나중에 조지아 대통령, 2014년 7월 사망)은 2011년 3월 후쿠시마福島 제1원자력발전소 사고 후에 트빌리시Tbilisi 교외의 자택에서 인터뷰했다. 셰바르드나제는 소련의 최고 지도부에 있었던 자신마저도 현지에서 무슨 일이 일어나고 있는지 바로 알지 못했고, 사고에 대한 대응과 주민의 대피 지시에 결정적인 지체 등 늑장 대응이 있었다고 증언했다. 지구 환경의 파괴라는 위협에 대처하기 위해서는 국경을 초월한 협력이 불가결하다는 것을 가르쳐주었다는 의미에서, 이 사고가 '세계사의 전환점'이었다고 보는 셰바르드나제는 "정치와 도의道義는 분리할 수 없다"라고 강하게 자각하게 되었다고 한다. 사고가 발생하기 1년 전에 바야흐로 최고 권력자인 서기장이 되었던 고르바초프는 이 사고를 계기로 소련 시대의 특징이었던 은폐하는 체질을 고치고 정보를 공개하는 '글라스노스트Glasnost'를 전면적으로 추진하게 되었는데, 이 사고는 소련 각지에 반反원자력 발전 운동을 불러일으키고, 민주화 요구와 소련을 구성하는 공화국의 중앙정부에 대한 불신 및 이반의 움직임을 확대시킨다. 보수파의 반격으로 페레스트로이카가 정체되는 가운데 1990년 12월의 인민대의원 대회에서 "독재가 가까워지고 있다"라고 경고하며 갑작스럽게 외교장관에서 사임한 셰바르드나제는, 체르노빌 사고가 소련 붕괴를 앞당긴 "한 가지 요인이었다"라고 술회했다.

이 사고에 대해서는 고르바초프도 사고 발생 20주년을 앞두고 있던 2006년 3월 러시아의 독립계 주간지 ≪노바야 가제타Novaya Gazeta≫에 "사고는 나에게 깊은 충격을 주었고 지구(환경)에 대한 태도를 바꾸게 만들었다"라고 회상하며, "평화 목적의 핵시설에서도 사고가 일어난다면 이처럼 커다란 피해를 준다"는 사고를 통해 얻은 교훈이 나중에 로널드 레이건Ronald Reagan 미국 대통령 등과 추진한 핵 군축과 동서 냉전의 종식으로 연결되었다고 말하고 있다.

현장에서의 화재 진압 활동은 문자 그대로 자신을 희생한 영웅적인 분투였다. 소방대 대장으로서 화재 진압을 지도했던 레오니드 텔랴트니코프Leonid Telyatnikov의 부인 라리사Larisa는 2006년 3월 키예프 교외의 아파트에서 취재에 응했다. 평소에는 "그럼 다녀오도록 할께"라고 말하며 출동하던 남편은, 사고 발생 연락을 받은 직후에 "사랑하는 라리사, 작별 인사를 전해요"라는 말을 남기고 원자력 발전소 직원들이 거주하는 마을인 프리퍄트Prypiat의 아파트로 향했다. 기술자였던 라리사는 "남편이 살아서 돌아오지 못할지도 모른다"고 생각했다고 한다. 텔랴트니코프는 고수치 방사선에 무수히 피폭되었음에도 기적적으로 목숨을 유지했다. 하지만 히로시마廣島 시에 있는 방사선영향연구소에서 1989년에 이루어진 검사 결과에 따르면 림프구의 40%에서 염색체 이상이 판명되었다. 텔랴트니코프는 사고 이후 당시 소련에서는 최고의 영예였던 '소련 영웅'의 칭호를 부여받았는데, 심각한 면역 장애와 암성癌性으로 고통을 앓으면서도 성실하게 소방 활동을 계속했고, 암으로 2004년 12월 2일 53세의 나이로 사망할 때까지 '가장 드러나지 않은 영웅'으로 일컬어지며 우크라이나 국민의 존경을 한몸에 받았다. 그의 부고가 전해졌던 것은 키에프의 '독립광장'이 유셴코를 지지하는 시민 10만 명으로 가득찬 '오렌지 혁명'이 한창일 때였는데, 각 TV 방송은 정치 뉴스를 중단하고 '영웅의 죽음'을 일제히 보도했다.

체르노빌 원자력 발전소 사고는 이웃나라 벨로루스, 러시아 영내에도 다량의 방사성 물질을 퍼트려 주민의 건강 피해를 유발했을 뿐만 아니라, 러시아와 우크라이나의 관계에도 미묘한 영향을 미쳤다. 에너지 자원이 부족하고 원유와 천연가스를 러시아에 의존했던 우크라이나에 원자력 발전은 에너지 문제를 해결할 '비장의 카드'가 될 것이 틀림없었는데, 이 사고로 인해 원자력 발전소의 증설이 어려워졌다.

쿠데타 미수 사건

언론의 자유가 제한되고 '여러 민족의 공존'이 구가되었던 소련 시대에 우크라이나 민족주의는 탄압을 받았지만, 고르바초프가 시작한 페레스트로이카에 의해 우크라이나에서는 민족 조직 '루크Rukh'(우크라이나어로 '운동'을 의미)의 영향력이 급속하게 확대되었다.

1972년 이래 우크라이나공산당 제1서기 자리에 있던 보수파의 블라디미르 시체르비츠키Vladimir Shcherbitsky가 1989년에 실각하고 '드니프로페트로우스크Dnepropetrovsk' 주의 당 제1서기였던 블라디미르 이바시코Vladimir Ivashko•가 후임으로 취임했다. 1990년 이바시코가 소련공산당의 부서기장으로 결정되자, 최고회의 의장에는 우크라이나공산당 제2서기였던 레오니드 크라프추크Leonid Kravchuk가 취임하여, 우크라이나공산당은 '키예프파'와 '모스크바파'로 분열했다. 크라프추크는 '키예프파'의 리더가 되어, 비非공산 세력과 협력하여 최고회의에서 '주권 선언'을 가결했다.

우크라이나의 독립 움직임에 결정적인 영향을 미쳤던 것은, 1991년 8월 소련공산당 보수파가 소련 대통령이자 당 서기장인 고르바초프를 휴가 중인 크리미아 포로스의 별장에 연금시킨 쿠데타 미수 사건이다. 페레스트로이카로 혼란에 빠진 소련을 재생시키고자, 고르바초프가 추구했던 '신新연방 조약' 체결을 저지하기 위해, 겐나디 아나예프Gennady Yanayev 부통령 등 소련공산당 보수파는 '국가비상사태위원회Committee on the State of Emergency: SCSE'의 설치를 선언하고 고르바초프는 "병이 났다"고 발표하며 권력 탈취를 도모했다.

파도가 잔잔한 흑해에 면해 있는 크리미아 반도 남부의 포로스에 사건의 무대가 된 건물은 우크라이나 대통령의 별장으로 지금도 남아 있다. 안내를 해준 경비 담당자는 "거의 당시 상태 그대로이다. 변한 것은 '망치와 낫'의 소련 국장國章이 우크라이나의 '삼지창'으로 바뀐 것 정도라고 할

• ——— 1991년 8월 24일부터 29일까지 옛 소련의 서기장으로 추대되기도 했다. _옮긴이 주

수 있다"고 필자에게 말해주었다. 1991년 8월 18일, 사전 연락도 없이 별장을 방문한 발렌틴 바렌니코프*Valentin Varennikov* 지상군 총사령관 등 'SCSE'에 가담한 사람들은 고르바초프에게 사임을 강하게 요구했으나 거부되자, 라이사 고르바초바*Raisa Gorbacheva* 영부인 등 가족과 함께 외부와의 전화 연락이 끊어진 별장 안에서 연금 상태에 처하게 되었다.

이때 핵무기 발사에 승인을 하달하기 위해 대통령이 휴대하고 다니는 '핵 가방'•이 탈취되어 사라져버렸다. 러시아의 군사 전문가에 의하면, 소련의 핵무기 발사 장치는 군 참모본부에 있는 중추 컴퓨터와 대통령, 국방장관이 각각 갖고 있는 2개의 '핵 가방' 등 총 3가지로 나누어져 있으며, 이 모든 단추를 누르지 않는 한 핵 미사일은 발사되지 않는 구조였다. 고르바초프의 '핵 가방'은 쿠데타 수모자 측에 넘겨지더라도 핵이 사용될 가능성은 실제로 없었는데, 쿠데타가 실패로 끝날 때까지 3일간, 대통령의 '핵 가방'이 어디에 있었는지에 대해서는 관계자의 증언이 서로 엇갈리며 아직까지 확실하지 않다. 소련의 쿠데타 미수는 핵 보유국의 정치적 혼란이 세계에 얼마나 위험한지를 말해주고 있다.

'SCSE'는 소련 제2공화국 우크라이나의 지도부에 대해서도 동조해줄 것을 요구했다. 당초 쿠데타에 명확하게 반대하지 않았던 것으로 간주되는 크라프추크도 이튿날 19일에 쿠데타 측을 비판하고 지지하지 않았다. 고르바초프는 21일 모스크바에 복귀하고 24일에는 소련공산당 서기장 사임을 표명하는 등, 당 중앙위원회에 자주적으로 당을 해체하도록 권고

• ──── 러시아 대통령의 '핵 가방'은 체게트ЧЕГЕТ라고 불린다. _옮긴이 주

하여 소련의 각 공화국을 통합하고 있던 거대 조직인 소련공산당의 해산이 결정되었다.

같은 24일에 우크라이나 최고회의는 "우크라이나는 독립된 민주주의 국가임을 선언한다. 영내에서는 우크라이나의 법과 헌법만이 효력을 갖는다"고 하는 내용의 독립선언 결의를 채택하고, 12월 1일에 독립의 여부를 묻는 국민투표를 실시한다고 공표했다. 이 임시 최고회의에서의 연설에서 크라프추크는 소련공산당 중앙위원과 우크라이나공산당 정치국원을 사임한다고 표명했고, 우크라이나의 독립 움직임은 가속화되었다.

그런데 이 쿠데타 미수 사건에 대해서 당시 상트페테르부르크 시의 대외관계위원회 의장이었던 푸틴은 "TV에서 수모자의 얼굴을 보았을 때, 곧바로 실패하여 흩어지게 될 것이라고 생각했다"는 인터뷰 내용을 『푸틴, 자신에 대해 말하다ブーチン、自らを語る』(2000)• 중에서 밝혔다. 푸틴은 이 사건으로 "KGB에서 내가 품고 있었던 이상과 목표가 모두 무너져 버렸다"라고 술회하는 한편, 수모자 중 1명이었던 당시 블라디미르 크류치코프Vladimir Kryuchkov KGB 의장에 대해서는 "쿠데타 측에 서 있었지만, 훌륭한 인물이었다. 지금까지도 그를 존경하고 있다"고 말했다. 또한 푸틴은 2014년 11월 8일, 마찬가지로 수모자 중 1명이었던 드미트리 야조프Dmitry Yazov 전 국방장관의 90세 축하 모임에 세르게이 쇼이구Sergey Shoygu 국방장관과 함께 참석해 훈장을 수여하는 등 복잡한 태도를 보이고 있다.

• ──── 이 책의 영문판은 다음과 같다. Vladimir Putin, Nataliya Gevorkyan, Natalya Timakova, Andrei Kolesnikov, *First Person: An Astonishingly Frank Self-Portrait by Russia's President Vladimir Putin* (PublicAffairs, 2000). _옮긴이 주

'의외'였던 독립

1991년 12월 1일의 우크라이나 국민투표에서 독립은 90.32%의 찬성으로 승인되었다. 동시에 행해진 대통령선거에서는 크라프추크가 득표율 61.59%로 초대 대통령에 선출되었다. 크라프추크는 직후인 8일에 러시아공화국의 옐친 대통령, 벨라루스의 스타니슬라프 슈시케비치*Stanislav Shushkevich* 최고회의 의장과 벨라루스의 '비아워비에자의 숲*Belavezha Forest*'에서 회담하고 소련의 해체와 CIS 창설에 관한 '비아워비에자 합의*Belavezha Accords*'에 서명했다. 이로써 우크라이나의 독립은 확정되었다. 커다란 혼란도 유혈도 없는 어이없을 정도의 독립 달성이었다.

우크라이나의 독립을 최종적으로 결정한 '비아워비에자 합의'는 소련 해체에 의해 대통령 고르바초프를 배제하고자 하는 러시아공화국의 대통령 옐친과, 우크라이나 민족의 비원인 독립을 달성하고자 하는 크라프추크, 그리고 에너지 등의 경제 문제로 러시아와의 관계를 유지하고자 하는 슈시케비치 간에 이루어진 합의였다. 그 이후 슈시케비치는 "최초에는 소련을 해체할 생각 등은 전혀 없었다. 하지만 비아워비에자에서 3명이 대화를 하는 가운데 소련은 이미 존재하지 않음을 알게 되었다. 소련은 8월의 쿠데타 미수 사건 당시에 없어졌던 것이다"라고 변명을 하는 듯한 회상을 하고 있다. 적극적이었던 이는 고르바초프와의 권력 투쟁에서 최종 결말을 내고자 했던 옐친과, 대통령 선출과 동시에 행해진 국민투표에서 압도적인 '독립' 찬성에 직면하여 뒤로 물러설 수 없게 된 크라프추크 두 사람이었다.

당시 상황에 대해 쿠라프추크는 소련이 붕괴한 이후, 그리고 2015년

을 앞두고 있던 2006년 11월에 행해진 필자와의 인터뷰에서 다음과 같이
말했다.

처음에는 (고르바초프가 지향했던) 소련의 쇄신안을 지지했지만, 그 이후
고르바초프와 그 주변은 외관을 다소 바꾸는 것 외에는 다른 생각이 없다는 것
을 알게 되었다. 8월의 쿠데타 미수 사건 이후에 모스크바의 인간은 공산당원
인가의 여부에 관계없이, 아무것도 바꾸려 하지 않고 있음을 이해하게 되었다.
나는 결국 우크라이나를 발전시키기 위한 더욱 과격한 길로 향하여 우리 스스
로 일어설 수밖에 없다고 결단했다. 즉, 독립국가를 만드는 길이다. …… 나는
(소련을 붕괴시킨 것과 관련하여) 많은 비판에 노정되고 있지만, 소련은 우리
의 합의가 없었어도 이미 스스로 붕괴되고 있는 중이었다. 전체주의 국가 소
련은 그 어떤 작은 민주주의와도, 정보 공개 제도와도 공존할 수 없는 제도였
기 때문이다. 우리가 했던 것은 소련이 자연스럽게 붕괴되도록 방치하지 않고
그 붕괴를 관리한 것이었다. 만약 자연스럽게 붕괴하도록 놔두었다면, 수백
만 명이 희생되었을 것이다. 우리의 결정은 옳았으며, 3개 공화국의 헌법 및
국제법에 따라 내려진 결정이었다.

소련의 종언

모스크바 중심부를 둘러싼 사도베*Sadove* 환상 도로環狀道路를 따라 위
치한 작고 낡은 건물의 집무실에서 필자가 만났던 한 명의 남자는 독수리
같은 날카로운 눈빛을 반짝이며 독특한 새된 목소리로 강의를 하는 대학
교수처럼 일방적으로 계속 말했다. 그는 1991년 당시 옐친의 측근으로서

러시아공화국 국무장관을 역임하고 그 뛰어난 수완 때문에 '회색 추기경'이라는 별명으로 불렸던 겐나디 부르불리스Gennady Burbulis였는데, 소련 붕괴의 시나리오를 작성했던 것으로 언급되는 인물이다. 옐친이 은퇴하고 푸틴을 후계자로 지명한 이후 정치의 중앙 무대에서 물러난 부르불리스로부터 2011년 6월, 쿠데타 미수 사건 20주년을 앞두고 이야기를 들었던 적이 있다. 당시 대학에서 교편을 잡고 있던 부르불리스는 "소련이라는 전체주의 제국의 평화적 해체와 핵무기 관리, 우크라이나·벨로루스·카자흐스탄의 자발적인 핵무기 포기를 실현하기 위한 합의 시나리오를 작성했던 위대한 전략가는 바로 나였다"라고 강한 자부심을 드러내면서 다음과 같이 말했다.

'페레스트로이카의 아이들'이었던 우리는 소련을 전체주의 국가에서 민주적이고 정보가 공개되어 있으며, 공정하게 경쟁할 수 있고 인권을 옹호하는 국가로 바꾸고자 했지만, '지역 간 대의원 그룹'으로서 활동하는 가운데 고르바초프의 일관성 결여 및 결단력 부재에 대단히 낙담하게 되었다. 그래서 새로운 전략이 필요해졌다.

1991년 8월의 쿠데타 미수 사건은 소련의 전체주의 시스템에서 '정치의 체르노빌'이었다. 사건의 수모자 등은 국가를 붕괴로 유도했던 소련 시스템의 그어떤 전환도 전혀 받아들일 뜻이 없다는 것을 알게 되었다. '비아워비에자 합의'는 고안된 것이 아니라 소련의 붕괴를 피할 수 없게 되었다는 조건 아래에서 붕괴가 순조롭게 진행되는 것을 확실히 하기 위해 필요했다. 그것이 없다면 상황을 통제할 수 없게 되고, 경제적으로도 파괴적인 상황에 이르게 될 우려가 있었기 때문이다. 12월 1일 우크라이나의 국민투표에서 독립 찬성이 100%에 가깝고, 또한 크라프추크가 대통령에 선출됨으로써 상황은 완전히 새로워졌다. 새로운 합의가 필요해졌고, 그래서 옐친, 크라프추크, 슈시케비치는 비아워비에자에 모였다. 소련은 8월의 쿠데타 미수 사건 이후에 사실상 없어지게 되었다. 그 당시 소련은 더 이상 붕괴시킬 수 없는 상황에 있었다. 이미 내부로부터 무너졌던 것이다.

소련에서 러시아에 다음가는 5000만 명의 인구와 커다란 경제력을 갖고 있었던 우크라이나는 소련 창설에도 소련 붕괴에도 모두 결정적인 역할을 수행하게 되었다.

12월 21일, 소련 카자흐스탄공화국 알마아타*Alma-Ata*(현재의 알마티 *Almaty*)에서 소련을 구성하고 있던 12개 공화국 중에 조지아를 제외한 11개국 정상에 의한 회의가 열려, '비아워비에자 합의'에 대한 지지와 CIS의 창설에 의견 일치를 보았다. 조지아도 나중에 가맹을 결정하여, CIS는 소련으로부터 독립한 12개 국가의 집합체로서 발족했다. 고르바초프는 같은 25일에 TV 연설에서 대통령 사임을 표명했다. 모스크바의 크렘린에서 붉은 국기가 내려지고 소련은 결국 소멸되었다.

핵무기의 자발적 포기

쿠데타 미수 사건 당시 고르바초프의 '핵 가방'을 빼앗겼던 일이 보여주고 있는 바와 같이, 소련의 붕괴는 핵무기 관리와 관련하여 심각한 문제를 안고 있었다. 당시 독립 시점의 우크라이나는 약 180발의 대륙간 탄도미사일*ICBM*과 약 1800발의 핵탄두가 영내에 배치되어 있어, 미국과 러시아에 다음가는 세계 제3위의 핵 보유국이었다.

수도 키예프로부터 차량으로 4시간 남짓 이동하면 도착하는 우크라이나 남부 키로보그라드*Kirovograd*• 주의 '페르보마이스크*Pervomaisk* 기지' 유적은 현재 박물관이 되어, '냉전' 시대의 유물인 핵 미사일 발사 시설을 전시하고 있다. 필자가 현지를 방문했던 것은 2011년 12월이었다. 부지 내에는 소련 시대에 우크라이나 동부 드니프로페트로우스크의 군수기업 '유즈노예*Yuzhnoye*'••에서 제조되었고, 현재도 러시아의 주력 ICBM인 SS-18 (일명 '사탄*Satan*')이 배치되어 있었다.

지상 입구에서 좁고 다소 어두운 통로를 몇 분가량 걸어서 이동한 후에 4인승의 작은 엘리베이터를 타고 지하 1층의 사령실에 들어가자, 버튼과 램프가 무수히 늘어서 있었다. 소련 시대에는 여기에 3명의 사관이 6시간 교대하는 형태로 24시간 근무했으며, 지상으로부터 암호의 발사 지령이 있을 경우 3명 중 2명이 조작반에 키를 넣고 돌려 회색의 '발사' 버튼을 동시에 누르면 15초 후에 미사일이 발사되는 구조였다. 미사일은 약 15분가량 지나 유럽에 도달하며, 구미와 소련 간의 핵에 의한 공격과 반격으로 인해 세계는 파멸에 이르게 될 것임이 확실했다.

1987년부터 약 4년간 이 사령실에서 근무했다는 장교 출신의 에두아르드 사디로프*Eduard Sadirov*는 "잠수함 근무와 비슷하다"고 당시를 회상했

• ——— 2016년 7월, 크로피우니츠키*Kropyvnytskyi*라는 이름으로 변경되었다. _옮긴이 주
•• ——— 전체 명칭은 유즈노예 설계국*Yuzhnoye Design Office*이다. _옮긴이 주

는데, 발사 명령이 있었다면 어떻게 되었겠는가 하는 필자의 질문에 대해서는 "물론 주저하지 않고 버튼을 누를 생각이었다"라며 조용히 미소를 지었다.

'핵 대국' 우크라이나의 독립에는 이처럼 핵무기 관리와 관련된 문제를 해결하는 것을 회피할 방법이 없었다. 이로 인해 소련 해체에 대해 의견 일치를 보았던 정상 3인의 비아워비에자 합의에서는 "핵무기의 일원적 관리와 그 비확산을 보장한다"는 항목이 들어갔다.

우크라이나는 독립한 이후 자국 영내에 있던 모든 핵무기를 포기했다. 이러한 결단을 내린 우크라이나의 크라프추크는 2011년 10월 키예프에서 행해진 필자와의 두 번째 인터뷰에서 다음과 같이 대답했다.

처음에는 모두 나에게 핵무기는 계속 보유해야 한다고 강하게 주장했다. 하지만 우크라이나는 핵탄두를 제조하지 않으며 배치된 핵탄두는 러시아의 것이었다. 핵탄두가 노후해져도 우크라이나는 스스로 교환할 수 없고, 낡은 핵탄두는 환경과 인간의 건강에 중대한 피해를 초래할 우려가 있었다. 1997년에 노후해진 핵탄두의 폐기를 시작하지 않으면 안 되었는데, 옐친으로부터 "위험하므로 1997년 이후 러시아는 우크라이나로부터 핵탄두를 인수하지 않는다"라고 통고를 받았다. 만약 우리가 그때가 되어 러시아에 인수해줄 것을 의뢰한다면, "그 대신 크리미아를 내놓아라"라고 요구받는 일도 있을 수 있었다.

미국으로부터는 핵무기를 포기하지 않는다면 경제 제재도 불사한다는 강한 압력이 가해졌다. 핵무기의 유지는 정치적으로도 위험했다. 핵 포기는 우크라이나 자신의 결정이었다. 부르불리스가 발의한 것이 아니다.

크라프추크는 체르노빌 원자력 발전소 사고의 경험도 핵무기를 스스로 포기하기로 한 결정에 "대단히 커다란 영향을 미쳤다. 사고는 우크라이나에 지금까지도 극복할 수 없는 중대한 피해를 초래했다. 바로 그렇기 때문에 국민은 일어날 수 있는 피해의 심각성을 이해하고 있으며, 핵무기를 포기한다는 결정을 받아들일 용의가 있었던 것이다"라고 설명했다.

당시 군부와 최고회의의 보수파를 중심으로 핵 포기에 반대하는 목소리도 뿌리 깊었다. 키예프에서 이야기를 들었던 아나톨리 로파타*Anatoliy Lopata`* 전 우크라이나군 참모총장은 "핵 포기 결정은 잘못된 것이었다. 핵무기는 효과적인 억지력을 갖고 있으며, 핵전쟁에 승자가 없다고 이해하는 것 자체가 타국에 손대는 것을 단념하도록 만드는 요인이다. 우크라이나가 핵무기를 갖고 있다면 전혀 다른 국가가 되었을 것이다. 경제는 안정되고 러시아와의 관계도 더욱 긴밀해졌을 것이다. 국제 사회에서는 강한 국가가 존경받는 것이다. 선현先賢이 말했던 바와 같이, 평화를 원한다면 전쟁에 대비해야 하는 것이다"라고 주장했다.

크라프추크는 이런 생각을 "포퓰리즘(대중 영합)이다. 핵무기 유지는 기술적으로도 윤리적으로도 불가능했다"라고 단언한다. 크라프추크는 1994년 조기 대통령선거에서 대립하던 진영으로부터 핵 포기 결정을 비판받고 재선에 실패했는데, "지금 핵을 포기한다면 대통령이 되지 못할 것이라는 말을 듣더라도, 나는 핵 포기 쪽을 선택할 것이다. 결정은 옳았다고 확신한다. 핵무기는 타국에 무언가를 강제하기 위한 수단이다. 인

• ──── 1993년 3월부터 1996년 2월까지 우크라이나군 참모총장을 역임했다. _옮긴이 주

류는 핵의 위협 없이 발전해가야 한다"고 말했다. 1994년 대통령선거에서 크라프추크의 핵 포기 결정을 비판했으며 독립 우크라이나의 제2대 대통령에 당선되었던 대립 진영의 후보는 우크라이나를 대표하는 미사일 제조 기업 '유즈마시'의 수장을 역임한 레오니드 쿠치마*Leonid Kuchma*였다.

1994년 1월 우크라이나는 자국 영내 전략 핵무기를 러시아로 이관移管하는 것과 7년 내에 전면 폐기를 하기로 미국, 러시아와 최종 합의했다. 또한 우크라이나는 같은 해 12월에는 핵확산방지조약NPT에 가입하고, 핵무기를 포기하는 대신에 미국, 영국, 러시아가 우크라이나의 안전을 보장하는 '부다페스트 각서'를 체결했다. 핵무기는 1996년까지 러시아로 이송을 마치고, 우크라이나는 핵무장을 스스로 포기한 희유稀有의 국가가 되었다. 하지만 2014년에 러시아가 부대를 파견하여 크리미아를 편입함으로써, 이 '핵 포기의 타당성'이 다시 의논될 것이라고는 당시에는 상상도 하지 못했을 것이다. 우크라이나의 신정권은 당연히 러시아의 의무 위반을 비난했고, 반기문 유엔 사무총장도 러시아의 '약속 위반'을 비판했다. 안토니 블린켄*Antony Blinken* 미국 대통령 국가안보 담당 부보좌관은 2014년 6월 6일 워싱턴에서의 강연에서 북한과 이란을 염두에 두고 "과거에 핵무기를 포기했던 우크라이나가 러시아로부터 영토를 빼앗김으로써, 다른 국가들이 핵 포기를 주저하게 될 것이다"라고 우려를 표명했다. 우크라이나 위기는 핵 비확산의 관점에서 보더라도 나쁜 전례가 되었다.

푸틴이 핵 군축에 대단히 신중하고 오히려 핵전력의 강화를 도모하고 있는 이유도 이러한 점에 기인하고 있는 것처럼 보인다. 거꾸로 우크라이나에 대해 푸틴은 상대방에게 핵무기가 없다는 것을 틈타, 크리미아를 신속하게 수중에 넣는 냉철한 현실주의자의 면모를 발휘했다.

3. 오렌지 혁명

여당과 여당의 격돌

키예프 중심부의 '독립광장'에서의 항의 시위로부터 야누코비치 정권 붕괴에 이르는 정변이 왜 일어났는지 이해하기 위해서는, 2004년 '오렌지 혁명'의 경위를 파악할 필요가 있다. 이 어중간하게 끝나버린 민주화가 복선이 되고 있기 때문이다.

당시 우크라이나는 불온한 분위기에 휩싸여 있었다. 현직의 우크라이나 대통령은 임기 중 일정한 경제 발전에 성공했지만, 같은 해 가을 대통령선거에는 헌법의 3선 금지 규정 때문에 입후보하지 못하게 되어, 그 후계자로 도네츠크 출신의 야누코비치 총리가 출마하는 것으로 굳어졌었다. 하지만 전형적인 소비에트 관료로 우크라이나어가 서툴렀던 야누코비치는 인기가 없었고, 여론조사에서는 친구미파 야당인 '우리 우크라이나Our Ukraine'를 이끌던 유셴코 전 총리가 지지율에서 그를 상회했다. 정권의 지배하에 있는 TV 등 매스 미디어는 유셴코 등 야당 측을 '국가의 안정을 파괴하는 이단분자', '외국의 스파이'로 취급했고, 유셴코의 유세는 정권 측으로부터 다양한 방해를 받았다.

유셴코는 1954년 2월 수미Sumy 주에서 교사 집안의 아들로 태어났다. '테르노필 재경대학Ternopil Finance and Economics Institute'을 졸업한 이후 금융계에 들어갔고, 1993년부터 1999년까지 독립 후의 우크라이나 중앙은행 총재를 맡으며 새로운 통화通貨 흐리우나hryvnia를 도입하는 데 성공했다. 1999년 12월 제2기 쿠치마 정권에서 총리가 되어 재정 재건을 주도했다. 유셴코 내각에 대한 지지율은 50%를 넘었지만, 반부정부패 캠페인이 동부 신흥 재벌의 반감을 사서, 2001년 4월에 최고회의에서 불신임 결의가 가결되어 총사퇴했다. 유셴코는 2014년 말에 중도 좌파의 야당 세력으로 만들어진 '우리 우크라이나'당 당수에 취임했고, 2002년 최고회의 선거에서 같은 당을 최대 야당으로 약진시켰으며, 2004년 대통령선거의 유력한 후보가 되었다.

이와 대조적으로 야누코비치는 산전수전을 모두 거친 정치가였다. 그는 1950년 7월 러시아 국경의 도네츠크 주 예나키예베Yenakiieve에서 야금공장 노동자였던 부친과 간호사 모친 사이에서 출생했는데, 모친은 유년 시기에 사망했고 재혼한 부친은 아들을 돌보지 않았기 때문에 조모의 손에 길러졌다. 야누코비치는 16세부터 야금공장 등에서 일했고 공장장, 도네츠크 주 부지사 및 지사로 승진했으며, 2002년 11월에는 총리로 발탁되었다. 야누코비치 내각은 높은 경제 성장을 실현하는 한편, 쿠치마 정권의 강권에 항의하는 야당 지지자의 시위를 치안부대의 힘으로 봉쇄했다. 야누코비치는 출신지인 도네츠크를 중심으로 경제계, 특히 철강·금융 등에서 폭넓게 활동하고 있는 기업 그룹 '시스템 캐피탈 매니지먼트System Capital Management: SCM'의 오너로 우크라이나 제1의 부호 리나트 아흐메토프Rinat Akhmetov 등의 이익을 정계에서 대표하는 일종의 '지배인'으로 평가되었다. 천천히 말하는 거구의 남자임에도 유세 장소에서 날달걀을 맞고 넘어져 보디가드에 둘러싸인 채 자리를 떠나는 그의 모습이 야당계 TV에서 반복해서 방영되는 등, 국민으로부터 존경받고 있다고는 말하기 어려웠다.

쿠치마 대통령 시대는 정권과 신흥 재벌 간의 유착이 강화되어 많은 의혹이 거론되었다. 정권에 대한 비판을 억누르는 것에 혈안이 된 쿠치마 정권은 점차 강권화되고, 2000년 9월에는 정권의 부패를 추급했던 유력 뉴스 전문 사이트 '우크라인스카야 프라우다'의 게오르기 곤가제Georgiy Gongadze 기자가 실종된 이후 참혹하게 살해당한 채 변사체로 발견되는 '곤가제 사건'이 일어난다. 그로부터 2개월 후에 야당인 사회당Socialist Party of Ukraine의 올렉산드르 모로스Oleksandr Moroz 당수가 기자회견을 열어, 쿠치마 본인이 곤가제 기자를 '처치'하라고 명령하는 내용을 도청하여 녹음한 것이 있다고 폭로했고, 이로 인해 키예프에서는 쿠치마의 사임을 요구하는 수만 명 규모의 시위가 발생하여 여당과 야당의 대립이 단번에 첨예화되었다.

정책 면에서도 야누코비치가 쿠치마 정권의 계승, 정치적 안정과 경제 성장, 대러 관계의 강화를 내세웠던 데 반해서, 유셴코는 쿠치마 정권을 밑받침하는 신흥 재벌의 정치 배제, 오직汚職 추방, 민주화, 유럽에의 통합 추진을 지향했기에 여당과 야당의 노선은 거의 정반대였다.

2004년 9월, 유셴코가 맹독의 다이옥신을 섭취하여 오스트리아의 병원에 입원하면서, 선거운동이 일시 중단되는 사건이 발생했다. 유셴코가 유세를 마치고 돌아왔을 때, 그의 안면에 마비 증세와 피부 진무름 현상이 나타나, '할리우드 스타'와 같다고 일컬어진 단정한 용모를 잃어버리게 되었다. 야당 측이 변함없이 선거운동을 방해받는 가운데 선거 직전에는 키예프 거리의 이곳저곳에 유셴코 진영을 상징하는 오렌지색 깃발이 게양되었다. 수많은 시민들이 오렌지색 리본을 달고 출근했고, 운전수는 차량 안테나에 오렌지색 리본을 매달고 달렸다. 쿠치마 정권에 대한 국민적 분노의 표현이었다.

이 해 우크라이나 대통령선거에 대해 러시아의 푸틴 정권이 보였던 높은 관심은 국내 선거와 다름없었고, 어떤 의미에서는 그 이상의 것이었다. EU 및 NATO 가입을 호소하는 유셴코가 당선된다면 러시아로서는 동방으로의 확대를 계속하는 NATO 사이에 위치한 중요한 완충 지대를 상실하게 될 수밖에 없었다. 푸틴은 이 해에 자주 쿠치마와 회담하며 정권의 노선 유지를 요구했다. 푸틴은 10월 31일 투표일을 앞두고 있던 10월 26일부터 28일까지 키예프를 방문했고, 26일 밤에는 우크라이나 국영 TV 등 3대 방송국의 생방송 인터뷰에 응하여 양국 간 협력의 필요성을 설명하며, "야누코비치 내각은 높은 성장뿐만 아니라 질적으로도 훌륭한 경제를 실현했다"라고 하는 등 대통령선거 후보의 이름을 수차례나 입에 담았다. 28일에는 나치 독일로부터 해방된 우크라이나 60주년 기념 행사에 출석하여 키예프 중심부에서 야누코비치, 쿠치마와 함께 나란히 군사 퍼레이드를 참관했다. 매년 11월 6일에 거행되는 해방 기념 행사를 대통령선거 이전에 거행하고 푸틴을 초대하여 실시하는 등의 행태는 '러시아에 의한 선거 개입'이라고 비판받았다.

선거 결과에 시민이 항의하다

24명의 후보가 참가했던 10월 31일의 제1차 투표에서는 대다수의 예상과 반대로 유셴코의 득표율이 39.87%로 39.32%의 야누코비치를 상회했다. 이때 유셴코 진영은 동일한 유권자가 부재자 투표 증명서를 수차례나 사용하여 투표소 여러 곳을 돌며 야누코비치에 대한 투표를 반복하고, 야누코비치의 이름에 미리 도장을 찍은 투표 용지를 집계 직전에 투표 상자 속에 넣는 등의 조직적 부정 행위가 정권 측의 주도하에 행해졌다고 비판했다.

11월 21일의 결선투표가 완료된 직후, 친구미파인 '라즈무코프 센터 *Razmukov Center*'와 러시아의 중립적 여론조사 기관인 '레바다 센터*Levada Center*' 등이 실시한 합동 출구조사에서는 유셴코 54%, 야누코비치 43%였는데, 이 결과를 전했던 것은 친親야당 성향의 방송국 '제5채널'뿐이었다. 국영방송 등은 일체히 "출구조사에서 야누코비치가 우세하다"고 보도했다.

중앙선거관리위원회가 야누코비치가 우세하다는 중간 집계를 발표하자, 유셴코 선거대책본부는 독자적인 집계에서는 유셴코가 이기고 있다면서 그 결과를 받아들이는 것을 거부했다.

22일 야당 측 요구에 응하여 독립광장에 수많은 시민이 모였다. 오렌지색 넥타이와 마후라를 착용한 유셴코는 독립광장을 거점으로 저항을 계속하도록 호소했고, 밤에는 약 10만 명이 광장과 부근의 흐레샤티크 거리*Khreshchatyk Street*를 모두 메웠다. '독립광장에서의 항의 시위'를 '마이단'이라고 부르게 되는 것은 이 무렵부터다.

젊은이들은 광장에 텐트를 펼치고 숙박을 했고, 키예프의 시민들은 식사와 차를 제공하여 항의 시위는 일상화되었다. 수만 명의 인파가 낮에도 광장에 계속해서 몰려들었으며, 밤이 되면 일을 마친 시민들이 다시 10만 명 규모의 집회를 열었고 유셴코 등 야당 정치가와 야당을 지지하는 저명인사 등이 등단하여 정권 비판을 반복하는 것이 패턴화되었다. 광장의 가설 무대에는 우크라이나 록 음악의 '거성' 타라스 페트리넨코Taras Petrynenko와 2014년 정변에 정치가로 참가하게 되는 복싱 세계 챔피언 클리치코 등이 등장하는 등 흡사 대학교 축제와 같은 분위기였다. 정권에 대한 사람들의 분노는 컸지만 살기가 느껴지지는 않았다. 참가자들은 야당 정치가들을 지지하고 폭력이 아닌 항의 시위의 힘으로 정치가 변화될 것이라고 믿었다. 그 부분이 유혈 대참사가 발생했던 2014년 '마이단'과의 최대 차이점이었다.

'선동가' 티모셴코

'오렌지 혁명' 때 독립광장에서 주도적인 역할을 수행한 이는 급진적 야당 '조국당'의 여성 당수 티모셴코 전 부총리였다. 1960년 11월 우크라이나 동부 드니프로페트로우스크에서 출생한 티모셴코는 러시아어가 모어母語인데, 우크라이어도 유창하게 구사한다. 러시아의 미디어 등에 의하면, 유소년 시절 부친이 가정을 버렸기 때문에 편모 가정에서 가난하게 자랐다. 19세 때 그녀가 잘못 걸었던 전화의 상대방과 대화를 나누고 만날 약속을 하여 결혼했다는 일화로 유명한데, 그 상대방은 우크라이나공산당 간부의 아들•로 율리야는 '티모셴코'라는 새로운 성姓과 지배층과의 커넥션을 획득했다.

티모셴코는 해적판 비디오 대여를 계기로 비즈니스계에 진입했고 1990년대 초에 석유제품 거래를 시작하여 러시아산 천연가스 수입에 손을 댄 후 성공하여 '우크라이나에서 가장 부유한 여성', '천연가스의 공주'라고 불렀다. 중요한 거래 자리에는 미니스커트 차림으로 임하며 러시아의 국영 천연가스 기업 가즈프롬의 렘 뱌히레프_Rem Viakhirev_ 사장이나 풍부한 가스 매장량을 보유하고 있는 투르크메니스탄의 독재자 사파르무라트 니야조프_Saparmurat Niyazov_ 대통령 등을 마음대로 조종했던 것으로 알려져 있다. 1996년 최고회의 보궐선거에서 처음으로 당선되었고 1999년 자신의 정당 '조국당'을 창설했으며, 같은 해 12월에 발족한 유셴코 내각에 부총리로서 입각하는 등 경제계에서 정계로 진출한 티모셴코는 자신이 나중에 격렬하게 대립하게 되는 전형적인 '신흥 재벌' 중 1명이었다. 2001년 대통령 명령에 의한 티모셴코의 부총리 해임과 탈세 혐의에 의한 체포는 내각의 반부패 캠페인에 대한 재벌 측의 반격이었다. 재판에서 무죄를 쟁취하고 정계에 복귀한 티모셴코는 그 미모에 더하여 당시 대통령 쿠치마를 "빨간 털이 난 바퀴벌레"라고 부르는 과격한 연설로, 기성 정치에 불만을 품고 있던 청년들과 도시 지역의 빈곤층을 매혹시켰다. 본래의 흑발을 금발로 염색하고 고전적인 우크라이나의 농촌풍 스타일로 땋아 올린 모발 형태는 이 무렵부터 그녀의 트레이드마크가 되었다.

야당의 저항 운동이 시작된 2004년 11월 22일 독립광장에 등단했던

• ──── 헨나디 티모셴코_Hennady Tymoshenko_의 아들 올렉산더 티모셴코_Oleksander Tymoshenko_를 지칭한다. _옮긴이 주

티모셴코는 "내일은 결정적인 날이다. 오늘의 10배 규모 인원으로 최고회의를 포위하자. 의회가 중앙선거관리위원회에 불신임을 회부하지 않는다면 대통령부로 향하고 도로와 공항을 폐쇄하며 중앙우체국을 탈취한다. 기회를 잃어서는 안 된다"라고 호소했다. 광장에서 티모셴코의 애칭 "율리야! 율리야!"의 연호가 시작되자, 마이크 앞에 서 있던 티모셴코는 이를 제지하고 "유.셴.코!"라고 불렀고 결국 광장은 유셴코의 이름을 외치는 대합창으로 가득해졌다.

전 중앙은행 총재인 유셴코의 연설이 자질구레한 숫자를 거론하며 따분한 내용이 많은 데 반해, 연설의 명수 티모셴코는 대중 동원에 의지하는 야당 측 힘의 원천이었는데, 시위를 선동하는 티모셴코를 구미 미디어는 '우크라이나의 잔다르크'라고 대서특필했다. 언젠가, 키예프에서의 기자회견에 매우 늦게 나타난 티모셴코는 "미안합니다. 보시다시피 혁명적인 상황의 일 때문에"라고 웃음을 지으며 말했다. 독립광장에는 어느 틈엔가 치안부대가 투입되어 시위를 진압하는 긴장된 분위기였는데, 그녀만은 '혁명을 즐기고 있다'는 느낌이 들었다.

'국민의 대통령'

대통령선거의 부정 문제를 협의하는 11월 23일의 임시 최고회의가 폐회된 직후, 의원 등이 아직 착석하고 있는 와중에, 회의장 내에 있던 유셴코가 갑자기 연단으로 올라가 야유와 환호성이 교착되는 가운데 성서에 손을 갖다 대고 대통령 취임 선언을 일방적으로 행했다. 저녁 때 독립광장에 등단했던 유셴코는 "최고회의에서 선언하고 정통의 대통령이 되었다"라고 발언한 뒤 "국민의 대통령이다"라는 환호성 속에 환영받았다. 그 이후 독립광장에서는 연일 10만 명 규모의 집회가 열렸고, 청년 등은 유셴코 진영의 오렌지색 깃발을 든 채 "우리는 다수이며 굴복하지 않는 다"라고 노래를 부르면서 밤새 키예프의 중심 지역을 행진했다. '해방구'로 변모한 독립광장의 모습 하나 하나는 야당을 지지하는 유일한 방송국 '제5채널'이 계속 방송했다.

이 제5채널의 오너가 당시 '우리 우크라이나' 소속의 최고회의 의원으로 2014년 정변 후에 대통령이 되는 포로셴코다. 소련의 영화감독 세르게이 에이젠슈테인Sergei Eisenstein이 〈전함 포템킨Battleship Potemkin〉을 촬영함으로써 알려지게 되는 우크라이나 남부의 오데사Odessa 근교에서 1965년 9월에 출생한 포로셴코는 키예프 대학에서 경제와 국제 관계를 배웠다. 그 이후 포로셴코는 비즈니스계에 진출하여 식품 관련 기업을 산하에 둔 기업 그룹 '우크르프롬인베스트UkrPromInvest'의 최고경영자CEO가 되었고, 과자 생산 기업 '로셴 그룹Roshen Group'을 창업하여 부를 쌓아 '초콜렛 왕'이라고 불렸다. 일시 '지역당'에 소속했지만 나중에 자신의 정당인 '연대Solidarity'를 세우고 총리직에서 사임한 유셴코에게 접근하여 '우리 우크라이나'에 참가하여, 야당의 주요한 자금원이 되었다.

24일 침묵을 지키고 있었던 쿠치마가 야당을 지지하는 시위대를 비난했는데, 중앙선거관리위원회가 야누코비치의 당선을 정식으로 발표하자, 유셴코 진영은 야당 각 지도자로 구성되는 '구국위원회'의 설치를 표명하며 대항했다. 25일 밤, '구국위원회'는 독립광장에서 "인민의 권력이 부활했다"라고 선언하고, 자체적인 치안 조직의 창설 등을 포함한 7개 항목의 '포문'을 발표했다. 티모셴코는 "정부 청사, 최고회의, 대통령부에 대해 평화적이며 조직적인 봉쇄를 개시한다. 모든 행정 직원에게는 건물로부터의 퇴거를 인정한다. 다만 내일부터 등청登廳은 인정하지 않는다"라고 선언하여, 사태는 혁명의 양상을 띠게 되었다.

같은 날 밤, 소련 KGB의 후신인 첩보기관 SBU의 장교 2명이 제복 차림으로 독립광장에 등단하여 "우리는 선거 결과에 강한 의문을 품고 있다. 최고재판소의 제군諸君에게 자신의 의무를 수행하여 우크라이나에 법의 지배가 존재하고 있다는 것을 증명해줄 것을 호소한다. …… 경찰관, 특수부대 대원은 우리와 함께하고, 국민과 함께하고 있다. 국민에게 봉사하기 위해 봉직했다는 것을 잊어서는 안 된다"라고 하는 'SBU의 메시지'를 봉독했다. 계속해서 경찰 간부와 경찰학교 재학생이 등단하여 군중에게 열광적으로 환영받는 등, 정권 측으로부터 치안기관의 이반 현상이 시작되어 흐름이 변했다.

미국 신문 ≪뉴욕타임스≫에 의하면, 장교를 독립광장에 파견했던 것은 리버럴한 발상을 갖고 있던 이호르 스메시코Ihor Smeshko SBU 장관이었다. 과거의 범죄 이력이 야당에 의해 폭로되었던 야누코비치가 부정선거로 치안기관을 통솔하는 대통령이 되는 것을 바라지 않았던 스메시코는 24일, 유셴코와 비밀리에 회담하고 독립광장을 향해 실력 행사를 하지 않겠다고 약속했다.

26일 아침부터 키예프의 정부 청사, 최고회의, 대통령부는 오렌지색 깃발을 든 수많은 군중으로 둘러싸였고, 정부 기능은 마비 상태에 빠졌다. 야당의 움직임을 무시했던 정권 지배하의 방송국들이 독립광장을 중계하게 되었고, 객관적 보도가 시작되었다. 시내 중심부는 30만 명의 시위대로 넘쳐났고 쿠치마는 야누코비치, 유센코 두 진영에 대화와 화해를 호소하는 성명을 냈다.

《뉴욕타임스》는 정권 내부의 균열에 대해서도 전했다. 이날 회의에서 시위를 실력으로 해산시키지 않는 것은 왜인지 야누코비치가 쿠치마를 힐난하며 계엄령의 포고와 새로운 대통령의 취임 일정을 조기에 설정하도록 요구하자, 쿠치마는 "언제부터 그와 같은 말을 하게 되었는가? 그런 용기가 있다면 지금 한 말을 마이단에서 해보라"고 되받아쳤다. 동석했던 스메시코가 마이단에 군을 투입하더라도 시민들이 격렬하게 저항할 것이라고 경고하며, "당신은 내각의 수장으로서 비상사태 선언을 발령하고 실력 행사를 명령하는 것도 가능하다. 그렇게 할 것인가?"라고 다그치자, 야누코비치는 침묵으로 일관했다고 한다.

26일 밤에는 독립광장 무대에 제복 차림의 우크라이나군 합창단 약 30명이 등장하여 애국의 노래를 선보였다. 메시지 봉독 등은 없었지만 군은 독립광장에 개입하지 않는다는 자세가 명확해졌고, 광장의 시위대는 합창단을 환희 속에 맞아들였다. 당시 올렉산드르 쿠즈무크*Oleksandr Kuzmuk* 국방장관이 1년 후 필자에게 말했던 바에 의하면, 야당 측에 붙었던 키예프 시 당국으로부터 "독립광장에서 노래를 부르면 좋겠다"는 요청이 있었다고 한다. 쿠즈무크는 "군은 국민의 군이며, 국민의 선택을 지지한다는 것을 보여주기 위해 내가 출연하는 것을 허가했다"고 밝혔다. 합창단을 이끌었던 드미트리 안토뉴크*Dmitry Antonyuk* 단장도 "군이 질서 회복을 위해 출동을 준비하고 있다고 소문이 났기 때문에, 군은 국민과 함께 있다는 것을 보여주고 싶다는 생각이 들어, 전체 단원이 투표하여 출연하기로 결정했다. 허가원은 국방장관에게 전달되었음에 틀림없다"라고 증언했다.

26일 이웃나라 폴란드의 알렉산데르 크바시니에프스키*Aleksander KwaS niewski* 대통령, 리투아니아의 발다스 아담쿠스*Valdas Adamkus* 대통령, EU의 하비에르 솔라나*Javier Solana* 공동외교안보 상급대표*가 몹시 서둘러 우크라이나로 들어와 정권 측과 야당 측 간의 대화를 중개하여, 사태 수습을 위한 원탁 회의가 열렸다. 쌍방은 실력 행사를 하지 않기로 합의했지만, 야당 측은 정부 관계 청사의 봉쇄를 풀지 않았다.

동부와 남부에서의 분리 움직임

'오렌지 혁명' 와중에 10년 후의 우크라이나 위기로 연결되는 중요한 움직임이 있었다. 친러시아파의 야누코비치를 지지하는 동부와 남부 우크라이나의 15개 주와 크리미아 자치공화국, 세바스토폴 특별시의 지사와 의원 등이 11월 28일, 동부 루간스크 주 세베로도네츠크*Severodonetsk*에서 '대회'를 개최하고 '지역 간 자치제 연합' 설립을 결의하며 야누코비치가 정당하게 선출된 대통령이라고 선언했다. 대회에는 도네츠크, 드니프로페트로우스크, 지토미르*Zhytomyr*, 자포리자*Zaporizhia*, 자카르파탸*Zakarpattia*, 키로보흐라드*Kirovohrad*, 루간스크, 니콜라예프*Mykolaiv*, 오데사, 폴타바, 수

• ———— 공식적인 직책 명칭은 'High Representative for the Common Foreign and Security Policy'다. _옮긴이 주

미, 하르키우, 헤르손Kherson, 체르카시Cherkasy, 체르니히우 등의 15개 주와 크리미아 자치공화국, 세바스토폴 시의 지사 및 지방 의원 등 약 3000명이 출석했다. 도네츠크 주의 콜레스니코프 지사는 만약 유셴코가 대통령이 된다면 하리코프를 수도로 삼는 새로운 '(우크라이나) 남동 공화국south-eastern republic'을 세워야 한다고 논했다. 대회에 출석했던 야누코비치는 "대통령!"이라는 구호 아래 열광적으로 환영받았고 "기대에 부응해야 하며, 모든 노력을 하겠다"고 선언해버렸다.

출석은 야누코비치 스스로의 결정이었던 것처럼 보인다. 놀란 쿠치마는 즉석에서 "남동 공화국 수립 등의 생각은 헌법 위반이다"라고 논하며, 이러한 움직임을 인정하지 않겠다는 의사를 선명히 했고 양자 간의 골은 깊어졌다.

같은 날 오후 11시 무렵 언제나처럼 더욱 늦게 독립광장에 등단했던 티모셴코는 "분리주의에 가담했다"라고 하며, 야누코비치의 총리 해임과 도네츠크, 루간스크, 하리코프 등 각 주의 지사 해임과 형사소추를 24시간 내에 행하도록 쿠치마에게 요구하는 구국위원회의 최후 통고를 발표했다. 티모셴코의 연설은 평소보다 훨씬 격렬하고 심각했다.

24시간 이내에 이러한 것을 실행하지 않는다면 쿠치마의 행위는 형법이 금지하고 있는 '우크라이나 국민의 이익에 반하는 부작위不作爲'로 간주된다. 우리는 키예프의 대통령부뿐만 아니라, 쿠치마가 거주하고 있는 교외의 공저도 봉쇄하고 간선 도로의 교통을 차단한다. 내일 29일, 임시 최고회의를 소집하여 총리 해임을 결의하고 겐나디 바실리예프Gennady Vasilyev 검찰총장을 파면

하며, 야당의 연립에 의한 새로운 내각을 발족시킨다.

또한 티모셴코는 "정권 측이 오늘 밤 독립광장에서의 항의 시위를 해산시키고자 계획하고 있다"라고 말하며, 경찰과 군에 대해 "인민의 측에 서서 하달된 무력 행사 명령을 거부하라"고 호소했다.

결선투표를 다시 실시하다

키예프 시내가 동부로부터 자발적으로 동원된 '야누코비치 지지' 시위대와, 독립광장을 점거하고 정부 청사, 대통령부 등을 봉쇄한 '유셴코 지지' 시위대 간의 대립으로 소란스러운 가운데 쿠치마는 29일 결국 "야당이 요구한 재선거에 응해도 좋다"라고 발언했다. 이를 계기로 정세는 단번에 '재선거'로 경도되었다. 야누코비치의 선거대책본부장을 역임했던 티히프코 우크라이나 국립은행*National Bank of Ukraine: NBU* 총재가 사임을 표명하고 재선거가 행해진다면 "자신이 독자적으로 후보로 나서겠다"라고 발언하는 등, 야누코비치는 주위로부터 버림받기 시작했다.

30일에는 결선투표 직후인 22일에 방문지 브라질에서 특별히 전화를 걸어 가장 일찍 야누코비치의 '당선'을 축복했던 푸틴이, 독일의 게르하르트 슈뢰더*Gerhard Schröder* 총리와의 전화 회담에서 재선거를 용인하는 입장을 보였다. 막다른 곳에 내몰린 야누코비치는 "내가 대통령이 된다면 유셴코를 총리로 삼고, 대통령 권한을 대폭 이양한다. 다시 선거를 하는 경우에도 유셴코가 입후보를 사퇴한다면 나도 출마를 취소한다"고 제안했지만, 흐름은 이미 재선거로 굳어졌다. 12월 1일에는 최고회의에서 야당이 제출한 야누코비치 내각 불신임 결의가 근소한 차이로 가결되었다.

이날 밤, EU와 이웃나라 폴란드가 중개하여 여당과 야당 간의 교섭이 행해져, 쌍방은 실력 행사의 회피와 재선거 실시를 위한 부정 방지용 법 개정, 각료 임면 등 대통령 권한을 의회로 대폭 이양하는 것을 포함하는 정치 개혁, 야당 지지자에 의한 정부 청사의 봉쇄 해제 등 6개 항목에 대한 합의에 도달했다. 이 '정치 개혁' 조항에 의해 유센코는 만약 재선거에서 당선되더라도 커다란 권한이 없는 대통령이 될 우려가 있었는데, 야당 측은 재선거로 넘어가더라도 선거의 부정이 없어지지 않는다면 의미가 없다고 판단하고 타협에 응했다. 한편 수세에 내몰린 정권 측에서는 재선거에서의 패배를 예측하며, 친구미 성향의 대통령을 사전에 약체화시킨다는 의미가 내포되어 있었다. 이 조항이 재선거 후에 취임하는 유센코의 권한을 상실하게 만들고, 정치 상황이 불규칙한 경로에 빠지도록 유도한다. 이날의 타협으로 야당의 실력 행사에 의한 정권 탈취는 없어지게 되었고 '오렌지 혁명'은 진정한 혁명이 되지 못했다. 여당과 야당 간의 합의 이후 시무룩한 표정의 야누코비치와 TV 카메라 앞에서 웃는 모습으로 악수한 유센코는 타고난 '호인 기질'을 선보였다. 정치 뉴스 전문의 인터넷 신문 '글라브레드Glavred'의 빅토르 슐린차크Viktor Shlinchak 편집장은 "혁명이 패배했던 순간"이라고 논평했다.

재선거 실시는 최종적으로 결선투표의 유효성을 심리했던 최고재판소의 판단으로 결정되었다. 부정을 지적했던 야당 측의 제소로 11월 29일부터 시작되었던 심리에서는 야누코비치의 지역 기반인 동부의 각 주를 중심으로 표를 부풀리거나 보고된 득표 숫자를 눈속임하는 등 수많은 대규모 부정이 세상에 드러났다. 심리 5일째인 12월 3일, 비탈리 야레마 *Vitaliy Yarema* 재판장은 결선투표를 무효로 간주하고, 결선투표에 대해서만 12월 26일 재실시하도록 명했다. 그 순간 기도를 드리며 판결을 들었던 야당 측 대리인 등은 서로 포옹하며 기뻐했고, 이 모습을 TV 생중계로 보았던 독립광장의 시민들은 "이겼다, 이겼다"라고 환호했다.

해가 저문 이후에 독립광장에 등단했던 유셴코는 처음으로 V자 싸인을 해 보이며 "이것은 모두의 승리다. 우크라이나는 민주주의 대국이 되었다. 우크라이나에 영광이 있기를"이라고 연설했다. 10만 명의 군중이 '우크라이나의 자유와 번영은 아직 죽지 않았고/ 우리를 행복으로 이끄는/ 조국의 자유에 몸을 바치자/ 카자크의 후예라면'이라는 내용의 국가[•]를 합창하고 하늘로 발사된 불꽃이 대낮처럼 광장을 비추었다. 이날 밤, 키예프의 길거리에서는 처음 만난 사람들이 서로 "민주주의를 위해서"라고 말하면서 서로 악수하고 포옹하며 최고재판소의 결정을 기뻐했다.

다시 실시된 결선투표에서 유셴코는 51.99%를 득표하여, 44.20%를 기록한 야누코비치에게 큰 표차로 당선되었다. 이듬해 2005년 2월 23일 대통령에 취임한 유셴코는 유럽에의 통합을 지향한다고 명언했다. 2월 4일 총리에 임명된 티모셴코는 최고회의에서 만면에 미소를 띠면서 오른손을 들어 올렸다. 하지만 티모셴코의 총리 취임에는 '혁명'을 자금 측면

[•]──── 우크라이나 국가의 가사는 다음과 같다. "우크라이나의 영광과 자유는 사라지지 않으리라. 형제들이여, 운명은 그대들에게 미소 짓고 있도다. 우리의 적들은 아침 태양의 이슬처럼 사라지리라. 그리고 우리는 형제의 땅에 자유롭게 살게 되리라. 우리의 자유를 위하여 우리의 몸과 영혼을 희생하자. 그리고 우리는 카자크의 피를 이어받은 형제임을 보여주리라." _옮긴이 주

에서 밑받침한 포로셴코가 강한 불만을 표시했다고 한다. 이 두 사람은 스스로 기업을 세워 성공한 경력과 강한 야심의 소유자라는 공통점이 있었지만 화사한 외모에 과격한 언동, 독립광장에서의 시위 선동 등 화려한 행동을 선호했던 티모셴코에 반해, 땅딸막한 체형에 빈말이라고 해도 잘생겼다고 말하기 힘든 포로셴코는 실무가로서의 자질을 갖추고 있으며 정치적으로는 중도 온건파였다. 포로셴코는 신정권에서 국가안전보장방위회의 서기라고 하는 수수한 직책에 오르는데, 얼마 지나지 않아 반부패 관련 대책 등을 둘러싸고 티모셴코와 대립하여 서로 공개적으로 상대방을 비난하기 시작한다.

친구미 정책의 혼미

'오렌지 혁명'으로 2005년에 탄생한 신정권은 같은 해 9월에 내부 분열을 일으켜, 2005년 2월에 바야흐로 발족한 티모셴코 내각•은 혁명의 '맹우'였던 대통령 유셴코에 의해 전원 해임되었다. 그 원인은 주도권 싸움과 노선 대립이었다. 유셴코는 취임 이후 최초의 해외 방문지로 굳이 러시아를 선택하고 경제 협력을 협의하는 대통령 직속 위원회의 성립 등에 푸틴과 합의했는데, 티모셴코는 유럽에의 통합 가속과 정치에서의 신흥 재벌 배제, 부정부패 타파 등의 급진적 개혁을 주장하며 유셴코·포로셴코와 격렬히 대립했다. 인플레의 진행과 경제 성장의 둔화 등으로 국민

• ────── 티모셴코 내각은 2005년 2월 24일부터 2005년 9월 8일까지, 그리고 2007년 12월 18일부터 2010년 3월 4일까지 두 차례에 걸쳐 성립되었다. 또한 티모셴코는 2005년 1월 24일부터 2월 4일까지 총리 대행을 수행한 바 있다. _옮긴이 주

의 불만이 고조되는 가운데, 이듬해 3월에 최고회의 선거를 앞두고 있던 각료 등은 권력 투쟁으로 시종일관했다. 9월 8일, 더 이상 참을 수 없게 된 유셴코가 각의에서 티모셴코를 지명하며 비판하고 전체 각료의 해임에 나섰다. 유셴코는 차기 총리로 지명된 유리 에하누로프*Yuriy Yekhanurov* 드니프로페트로우스크 주지사에 대한 승인을 최고회의에서 얻기 위해 정적 야누코비치와의 타협에 나섰다. 유셴코에 대해서는 성실하고 정직하지만 결단력이 부족하여, "타인의 의견에 좌우되기 쉽다"는 인물평이 있다. 티모셴코는 "다시 유셴코가 배신했다"라고 말하며 분노를 모조리 쏟아냈다. '오렌지 혁명'을 견인했던 두 사람의 밀월 관계는 1년을 넘기지 못했다.

외교 관계에서는 러시아가 2006년부터 천연가스의 가격을 4.6배 인상하겠다고 우크라이나 측에 통고했기 때문에 교섭은 결렬되었고, 계약 기간이 만료된 2006년 1월 1일에 사실상 러시아의 국영 천연가스 기업 가즈프롬은 우크라이나에 가스 공급을 중단했다. 4일에 천연가스의 가격을 2배로 인상한다는 타협에 이르기까지 우크라이나를 경유해 유럽으로 향하는 천연가스 공급량도 대폭 저하되었기에, 한겨울의 에너지 위기는 우크라이나뿐만 아니라 러시아의 천연가스에 의존하고 있는 유럽 국가들의 간담을 서늘하게 만들었다.

3월의 최고회의 선거에서는 유셴코의 여당 '우리 우크라이나'가 대패

•─────── 2005년 9월부터 2006년 8월까지 우크라이나 총리, 2007년 12월부터 2009년 6월까지 우크라이나 국방장관을 각각 역임했다. _옮긴이 주

하여 야누코비치의 지역당이 제1당이 되었고, 총리에서 해임된 티모셴코의 '조국당'을 중심으로 하는 '티모셴코 연합'이 제2당으로 약진했다. '오렌지 혁명' 당시 합의되었던 대통령 권한의 축소에 관한 헌법 개정이 2006년 1월에 발효되어, 총리를 위시한 주요 각료는 최고회의의 다수파가 임명하는 형태로 변했기 때문에 연립 교섭은 성사되지 못했다. 티모셴코의 총리 재임에 강하게 반대했던 유셴코는 8월에 야누코비치의 지역당, 친러시아 성향의 공산당, 중도 좌파의 사회당과 '우리 우크라이나'에 의한 4당 연립에 합의했고, 야누코비치는 총리 자리에 다시 복귀했다.

그러나 야누코비치는 친구미파가 반대해온 러시아어의 제2공용어화와 러시아와의 관계 강화를 제기하며 '우리 우크라이나' 소속 의원을 무너뜨리고 점차 지역당에 입당시켰다. '우리 우크라이나'는 연립에서 이탈했고, 유셴코는 2007년 4월에 야누코비치 파벌의 아성인 최고회의의 해산과 조기 선거를 명하면서 다시 티모셴코와의 공동 투쟁을 모색했기 때문에 정치 상황은 혼미가 계속되었다. 경제도 악화되었고 국민에게는 환멸과 정치 불신만이 남았다.

정권 말기에 정치적 혼란과 경제의 침체 속에서 유셴코는 반反러시아 색채를 가일층 강화하고, 제2차 세계대전 중에 나치 독일과 협력했던 민족주의자 반데라에게 '우크라이나 영웅'의 칭호를 부여하기도 했다. 이것에는 유셴코 정권을 지지해온 유럽 국가들도 우려를 표명했다.

2010년 1월의 대통령선거에서는 현직 유셴코가 득표율 5.45%로 5위를 기록하여 참패했고, 2월의 결선투표에서는 야누코비치가 득표율 48.95%로 45.47%를 획득한 티모셴코를 누르고 당선이 결정되었다. 야누코비치 정권은 발족 이후 곧 티모셴코에 대해 형사소추 및 수사를 개시하여, 2011년 8월에 총리 재임 중 '직권 남용 죄'로 그녀를 체포했다. 정치적으로는 헌법 개정으로 '오렌지 혁명' 이전의 대통령의 강력한 권한을 부활시키고 정권 기반을 반석의 상태로 만들었다. 야누코비치는 러시아와 유럽 쌍방에 '호의적인 얼굴'로 대하며 최대한의 이익을 끌어내고자 했고, 정권 말기에는 EU와의 연합 협정 체결에 나섰다. 그런데 푸틴 정권으로부터 대규모 경제 지원을 제안받았을 뿐만 아니라 티모셴코를 석방하는 것이 연합 협정 체결의 조건이었기에, 야누코비치는 러시아에 접근하여 EU와의 연합 협정 체결을 "중지한다"고 발표했고, 이로 인해 독립광장에서 대규모 시위가 초래되어 2014년 2월 정권은 붕괴하게 된다. 독립광장의 격렬한 반정부 시위와 유혈 사태는 '오렌지 혁명' 이래의 정치 불신이 정점에 도달하여 시위 참가자가 보통의 시민이 아니라 '우익 섹터' 등의 과격한 민족주의자로 채워졌다는 것, 의회에 의석을 차지하고 있는 정당이 기능하지 못하게 되었다는 것에 따른 결과였다.

제3장

표류하는 세계

1. 전후 질서의 '제도制度 피로'

기능 부전의 유엔 안보리

우크라이나 위기가 보여준 것은 주로 제2차 세계대전의 결과로서 만들어진 현행 국제 질서의 틀이 '제도 피로'를 일으켜, 더 이상 충분히 기능하지 않고 있다는 현실이 반영된 것이었다.

제2차 세계대전 직후인 1945년 10월 24일에 세계의 안전보장과 국제 협조의 시스템으로서 발족한 유엔은 조직의 중추라고 말할 수 있는 안보리의 상임이사국이 승전국 주요 5개국(미국, 영국, 프랑스, 러시아(옛 소련), 중국)으로 구성되었는데, 이 중 1개국이라도 거부권을 행사하면 결의가 불가능한 틀이 되었다. 냉전 시대에는 미국과 소련이 서로 거부권을 행사하여 이스라엘과 팔레스타인이 대립하는 중동 평화 문제 등의 해결은 진전되지 못했다. 소련에서 고르바초프 서기장(당시)이 시작한 페레스트로이카에 의한 냉전 종식과, 그 이후 소련의 붕괴로 미국과 러시아 간 거부권의 응수는 감소했다. 하지만 우크라이나 위기에서는 러시아에 대한 비난 결의안을 러시아가 거부권을 행사하여 묻어버렸고, 안보리에서는 미국의 파워 유엔 대사와 러시아의 추르킨 유엔 대사 간에 냉전 시대를 방불케 하는 상호 비난전이 거듭되었다.

유엔 헌장 제1장 제1조에는 유엔의 목적에 대해서 "국제 평화와 안전의 유지, 그 목적을 위해 평화에 대한 위협의 방지와 제거, 침략 행위 및 기타 평화 파괴 행위의 진압을 위해 유효한 집단적 조치를 취한다. 또한 평화적 수단으로 국제법의 원칙에 따라 국제 분쟁의 해결을 도모한다"라고 적혀 있다. 제2조에는 "전체 가맹국은 국제 분쟁을 평화적 수단에 의해 해결한다", "전체 가맹국은 다른 국가에 대한 무력에 의한 위협과 무력의 행사를 신중히 한다"라고 명기되어 있고, 제8장 제53조에는 "그 어떤 강제 행동도 안보리의 허가를 필요로 한다"라고 규정되어 있다. 유엔의 발족 이후에도 세계 각지에서는 여러 차례 무력이 행사되었고, 특히 미국이 주도했던 이라크 전쟁 등에서는 무력 행사를 용인하는 유엔 안보리 결의가 없는 상태로 이라크 공격이 이루어져 당시 후세인 정권이 무너졌던 것에서 알 수 있는 바와 같이, 유엔 헌장은 지금까지 완전하게 제대로 지켜져 왔다고 말할 수는 없다. 그런데 우크라이나 위기는 유엔이 거부권을 보유한 안보리 상임이사국의 행태와 관련하여 거의 무력하다는 현실을 재차 여봐란 듯이 노정시켰다.

무게를 더해가는 G20

이 책의 서장에서 언급한 바와 같이, 상임이사국 간의 대립으로 신속하게 의사결정을 내리는 것이 불가능한 유엔 안보리를 대신하여 근년 들어 G8이 세계의 중요 과제에 대해 토론하는 장이 되었는데, 크리미아 편입 이후의 러시아 배제로 G8의 틀은 무너졌다. 다만 실제로는 그 이전부터 중국, 인도, 러시아 등의 경제 발전에 의해 선진국 간의 대화만으로는 다양한 문제를 해결하는 것이 불가능해졌고, G8 서미트에서는 일종의 아웃리치*outreach* 회합으로서 중국과 인도, 남아프리카공화국 등 신흥국의 정상을 초대하는 것이 상례가 되었다.

예를 들면 지구 온난화 대책은 경제 성장을 계속하고 있는, 주요한

'온실 효과 가스' 주요 배출국인 중국과 인도의 협력이 없다면 효과가 반감된다. 또한 남중국해에서의 암초 매립과 사이버 공격 등 중국의 부상은 기존 국제 안보의 틀로는 대응할 수 없는 문제를 만들어냈다. 구미와 대립했던 러시아는 그러한 중국과의 동맹 관계를 심화시켜,* 미국 주도의 일극 체제에 대항하고자 도모하고 있다. 러시아의 세르게이 라브로프 *Sergey Lavrov* 외교장관이 "모든 중요 과제는 현재 20개국·지역에서 논의하고 있다"라고 지적하는 바와 같이, 러시아에는 근년 BRICs로서 연대를 강화하고 있는 중국, 인도, 브라질, 남아프리카공화국 등이 포함되어 있는 G20 정상회담 쪽의 중요성이 커지고 있다.

2. 푸틴의 세계관

"미국은 벼락부자"

푸틴은 2014년 10월 24일 매년 열리는 국제 포럼 '발다이 회의'**에서 강연했다. 이 강연은 동계 올림픽의 개최지였던 러시아 남부 소치에서 열

---

* ──────── 2015년 러시아는 수호이Su-35 전투기 24대를 중국 측에 인도하는 계약을 체결했고, 최근 모두 전달되었다. 또한 러시아와 중국 양국의 해군은 2019년 4월 29일부터 5월 4일까지 중국의 산둥 성山東省 칭다오青島 앞바다에서 합동 군사 훈련을 진행하며 국방 협력을 강화했다. _옮긴이 주

** ──────── 모스크바에 위치한 '발다이 토론 클럽Valdai Discussion Club' 주도하에 열리는 러시아의 엘리트, 언론인 및 학자와 주요국의 러시아 전문가들 간의 연례 회의를 지칭하며, 2004년 9월 제1차 회의가 개최된 이후 매년 한 차례씩 열리고 있다. 2018년 10월 소치에서 개최된 제15차 회의에 참석한 푸틴 대통령은 "만일 잠재적 공격자에 의한 러시아 영토에 대한 미사일 공격이 확실시될 경우, 우리는 핵무기를 사용할 준비가 되어 있고 또한 핵무기를 사용할 것이다"라고 공언했다. _옮긴이 주

렀는데, 러시아의 정치학자와 세계 각국의 러시아 전문가 등이 초청되었다. 그 내용은 냉전 종식 이후 미국의 '일방적 행동주의'에 대한 푸틴의 비판으로, 그가 2000년 대통령에 취임 이래 가장 준엄한 것이었다. 동시에 이 강연은 미국의 ≪타임*Time*≫(2015년 4월)과 ≪포브스*Forbes*≫(2014년 11월) 등에 미국 대통령 오바마를 제치고 '세계에서 가장 영향력 있는 지도자'로서 간주된 푸틴이 현대의 국제 사회를 어떻게 보고 있는지, 세계 질서의 바람직한 존재 양태에 대해 어떻게 생각하고 있는지를 잘 보여주고 있다.

"'외교관의 혀는 진실을 말하지 않기 위해 있다'고 하는데, 무엇을 생각하고 있는지 솔직히 말하는 것이 아니라면 이러한 포럼에 모여야 할 의미는 없다"고 하며, 매우 붙임성 있고 역설적인 표현으로 강연을 시작한 푸틴은 "오늘의 주제인 '세계 질서: 새로운 규칙인가, 규칙 없는 게임인가 *World Order: New Rules or a Game without Rules*'는 오늘날 우리가 선택에 내몰리고 있는 역사적 분기점을 잘 표현하고 있다고 생각한다. 실제로 세계 정치, 경제, 사회의 근본적 변화를 깨닫지 않을 수 없다"라고 논하면서, 다음과 같이 계속 말했다.

세계에는 모순이 축적되고 있다. 하지만 현존하는 세계와 지역의 안보 체제가 격동으로부터 우리를 지켜줄 것이라는 보증과 확신은 없다. 기존의 체제는 약체화되고 세분화되며 변형되고 있다. 세계의 질서를 유지하는 메커니즘의 대부분은 제2차 세계대전의 결과로서 형성되었다. 이 메커니즘이 견고했던 것은 힘의 균형과 승자의 권리에 기초했기 때문만은 아니다. 창설자들이 상호 존중하고 합의의 형성에 항상 주의를 기울였기 때문이기도 하다. 이 억제와 균형의 메커니즘은 최근 수십 년간, 제대로 기능하지 못했지만, 결코 파괴해서는 안 된다는 것이었다. 적어도 대체물代替物을 만들지 못한 상태에서 파괴해서는 안 되었다. 그렇게 되어버리면, 노골적인 힘 외에 다른 것은 아무것도 남게 되지 않기 때문이다. 하지만 '냉전의 승자'를 자임하는 미국은 자신감이 과도해져 그러한 배려는 필요 없다고 생각했다. 그리고 새로운 힘의 균형이 구축되는 대신에 급격한 불균형의 심화로 나아가게 되었다.

냉전은 종식되었지만 세계는 평화로워지지 않았다. 또한 기존의 규칙과 기준의 준수, 새로운 규칙의 설정이라는 합의가 이루어지지 못했다. '냉전의 승자'는 상황을 장악하고 모든 것을 자신의 이익을 위해서만 다시 만들고자 결정했던 것처럼 여겨진다. 그리고 그때까지의 국제 관계와 국제법, 억제와 균형의 시스템이 이 목적 달성에 방해가 될 경우, 그와 같은 체제는 역할을 하지 못하고 진부해지며 즉각 붕괴시켜야 한다고 선고되었다. 이러한 행태는 갑자기 엄청난 부富를 수중에 넣은 벼락부자와 같은 것이다. 그리고 세계의 지배권이라는 부를 현명하고 적절하게 사용하는 대신에 다양한 실책을 하기 일쑤였다. 세계의 정치에서는 객관성과 공평성보다 '정치적으로 타당한가의 여부'가 우세해졌다. 자의적인 해석과 편향된 평가가 국제법의 규범을 대신하게 되었다.

푸틴은 미국의 명령에 복종하지 않는 국가에 대한 무력 행사, 경제적 수단과 프로파간다에 의한 압력, 내정 간섭이 행해지고 있다고 지적하면서, "최근에는 세계 지도자에 대한 노골적인 협박이 행해지고 있다는 증거도 명백하다. 이른바 '빅 브라더Big Brother'가 자신에게 가장 친밀한 동맹국을 포함하여 전 세계를 감시하기 위해 수십 억 달러나 되는 돈을 사용하고 있다. …… 우리 모두가 그러한 세계에서 생활하는 것이 쾌적하고 안전한 것일까? 그러한 세계가 공평하고 합리적인 것일까? 미국이 세계의 모든 일에 간섭함으로써 안녕과 평온, 진보와 번영, 민주주의를 가져오고 우리는 다만 긴장을 풀고 쉬면 좋은 것일까? 그 답은 '전혀 그렇지 않다'이다"라고 단언했다.

세계 주요국의 지도자 중에서 이처럼 노골적인 미국 비판을 공개적으로 발언하는 인물은 푸틴 외에 달리 없다. 푸틴이 말하고 있는 바는 냉전 종식 이후 미국에 의한 '일극 지배'에 강력하게 문제제기를 하는 것으로, 실제로 세계 각지에서 지역 분쟁과 테러 등의 다양한 문제가 발생하고 통제되지 않고 있는 만큼, 단순한 반미 레토릭이라고 할 수만도 없는 날카로운 비평을 포함하고 있는 것으로 생각된다.

일극 지배가 과격파를 조장하다

미국이 행하기 일쑤였던 실책 중 하나의 사례로, 푸틴은 중동의 과격파 조직 'IS'와 국가의 주권을 부정하는 민족주의적 과격파의 세력 확대를 들고 있다. 푸틴은 과거 소련과 싸우기 위해 아프가니스탄의 이슬람 조직에 자금을 원조함으로써 사실상 '탈레반'과 '알카에다'를 육성했던 구미가, 러시아와 옛 소련의 중앙아시아 국가들에 국제 테러리스트가 침입하는 것을 묵인했고 때로는 정치·자금 면에서 지원했다고 논하며, "9/11(2001년 9월 11일 미국에서 발생한 동시 다발 테러)이 자국에서 발생하고 나서야 처음으로 미국은 결국 테러의 위협이 공통의 사안이라는 것을 이해했다. 우리는 매우 일찍 미국 국민에 대한 지지를 표명하고 친구로서 이 가공할 비극에 대응했다. 하지만 시간이 흐르면서 다시 원래 상태로 돌아가 버렸다"라고 지적하며, 미국이 주도한 이라크 전쟁과 2011년 NATO군에 의한 리비아 공습 및 카다피 정권의 전복을 비판했다. 또한 구미가 시리아의 아사드 정권과 대립하는 야당 세력에 자금과 무기를 공여하고, 이라크 전쟁의 결과로 무너진 옛 후세인 정권의 간부와 사관 및 병사들을 안이하게 추방한 결과, 이들이 이슬람 무장 세력에 유입되어 IS를 "거의 군대와 다름없는 강력한 조직"으로 만들었다고 지적했다.

푸틴은 일극 지배라고 하는 불안정한 구조에서는 지역 분쟁과 테러, 마약 유통, 종교적 광신, 배외주의, 네오나치즘 등의 진정한 위협과 효과적으로 싸울 수 없다는 것이 증명되었다고 논하며, "실질적으로 일극 지배의 세계란 사람들과 국가들에 대한 독재의 옹호이자 변명이다"라고 갈파했다. 더불어 이 일극 지배는 미국으로서도 통제하기 어려운 것이기 때문에, 미국은 '핵 대국' 러시아, 핵 개발을 추진 중인 이란, 그리고 경제 성장을 계속하고 있는 중국 등을 '공통의 적'으로 규정하고, 이러한 '가공할 적'으로부터 자국의 동맹국을 보호한다는 명분을 내세우며, 미국을 중심으로 단결을 유지하고 세계 지도자로서의 '예외적인 지위'를 유지하려고 한다고 주장했다.

"제국의 부활은 노려서는 안 된다"

냉전 이후 미국에 의한 일극 지배가 세계에 불안정을 초래했다고 하는 푸틴은 "규칙이 없는 세계에서 살아간다면 무엇이 우리를 기다리고 있을까? 그 가능성은 현실의 것이다. 만약 상호 의무와 합의에 관한 명료한 시스템을 만들지 못하고, 위기를 해결하기 위한 메커니즘을 구축하지 않는다면 세계적인 무정부 상태라고 하는 징후의 확대는 피할 수 없을 것이다"라고 논하며, 현대에서는 전통적인 국가 간의 대립뿐만 아니라 문화와 역사, 경제와 문명의 경계에 있는 특정한 국가의 국내적 불안정도 세계의 분쟁을 격화시키는 요인이 될 수 있다고 하면서, 우크라이나 위기를 그 일례로 들었다. 또한 푸틴은 전후의 군축 조약과 합의가 붕괴되고 있고, 민족, 종교, 사회적 분쟁의 증가로 인해 권력의 공백과 무법 상태를 초래하며 테러와 범죄를 조장하고 있다고 하면서, "(지구라는) 같은 배에 탑승하고 있고 공통의 문제를 갖고 있는 우리는 원칙적인 사안에 합의하기 위해 대화를 시작해야 할 때다"라고 지적하며, 정의와 평등이라고 하는 도덕적 원칙, 특히 '파트너 및 그 이익을 존중하는 것'에 기초하여 새로운 국제 관계를 만들어내야 한다고 강조했다.

동시에 푸틴은 "하고자 하는 의사가 있다면 국제적 또는 지역 간의 효과적 시스템을 재건하는 것은 가능하다. 일부러 제로에서 다시 만들 필요는 없다. 제2차 세계대전 이후에 만들어진 시스템은 충분히 포괄적이며 현상에 적합한 현대적 내용을 추가할 수도 있다"고 논하며, 유엔과 OSCE의 개혁을 제창했다.

강연의 마지막 부분에서 푸틴은 "러시아는 자신의 길을 선택했다. 우리의 우선 과제는 민주주의와 열린 경제를 추진하고 세계의 전향적인 조류에 입각하여 국가의 발전을 가속시키는 것, 전통적 가치관과 애국주의에 기초하여 사회를 단결시키는 것이다. 우리에게는 통합을 지향하는 평화적인 목표가 있으며 '유라시아 경제동맹', SCO, BRICs 및 기타 파트너와 적극적으로 협력하고 있다. 러시아가 제국의 부활을 노리고 있다든지, 이웃나라의 주권을 빼앗고자 하고 있다는 주장에는 근거가 없다. 러시아는 세계에서 무언가 특별하며 예외적인 지위를 얻고자 하는 것 등은 바라지 않는다. 타국의 이익을 존중하는 대신에 우리의 국익도 고려해주면 좋겠고, 우리의 의사도 존중해주면 좋겠다는 것뿐이다"라고 강조했다. 또한 푸틴은 "세계는 모두가 특별히 신중하며 무분별한 행동을 삼가지 않으면 안 되는 변혁과 전환의 시대에 진입했다. 바로 지금 그것을 생각해내지 않는다면, 평화롭고 안정된 발전을 향한 희망은 위험한 환상으로 변하고, 오늘날의 격동은 세계의 혼돈으로 들어가는 입구가 되어버릴 것이다"라고 말하면서 강연을 매듭지었다.

미국의 위신 저하

우크라이나 위기에서 또 하나 명백해진 것은 현저히 저하된 미국의 위신이다. '발다이 회의'의 강연에서 푸틴에 의해 "돌연 수중에 넣은 세계의 지배권을 현명하게 사용할 줄 모르고 여러 실책을 행하기 일쑤였던 벼락부자", "(미국의) 말에 복종하지 않는 국가에 대해서는 무력 행사, 경제적 압력, 내정 간섭을 가하고 전 세계에 대한 감시에 거액의 돈을 사용하고 있다"라고 냉소를 당했던 미국은 반론해야 하는 것인지도 모른다. 하지만 부시 대통령 시대의 미국은 충분한 증거가 없는 상태로 대량파괴무기WMD의 존재를 주장하면서 이라크 전쟁을 시작하여 후세인 정권을 타도함으로써 이라크를 폭탄 테러의 온상으로 만들어버렸고, 또한 그 이라크의 일부가 2016년 기준으로 IS의 거점 중 일부가 되고 있는 점이나, 미국 중앙정보부CIA의 전 요원 에드워드 스노든Edward Snowden(러시아에 망명함)이 폭로한 역대 미국 정부(오바마 정권 포함)의 도청 사실(메르켈 독일 총리 등 세계의 지도자의 통화 기록과 정부의 통신 기록)을 고려했을 때, 푸틴의 비판은 일정한 설득력을 지니고 있다고 말하지 않을 수 없다.

2013년 8월 21일, 시리아의 수도 다마스쿠스 교외에서 아사드 정권 측이 화학 무기 공격을 실행했다는 의혹이 제기되었을 때, 오바마는 "(아사드가) 선을 넘었다"고 말하여, 시리아에 대한 무력 행사에 나서는 것으로 여겨졌다. 하지만 같은 달 말, 시리아 공격에 동조하는 것으로 여겨졌던 영국의 하원이 무력 행사를 가능케 하는 정부 제출안을 부결시키고, 또한 푸틴이 "시리아 정부군이 공세로 전환했을 때, 게다가 유엔 조사단이 도착한 날에 (화학 무기가) 사용되었다. (정권 측에 의한 사용이라는 주장은) 이치에 맞지 않는다. 증거가 있다면 유엔 안보리에 제출되어야 하며 제출되지 않는다면 증거는 없다는 것이다"라고 지적하며, "미국 대통령으로서가 아니라 노벨 평화상 수상자인 그에게 호소하고 싶다. 과거 10년 간 미국이 몇 차례 (각지에서) 군사 개입을 주도해온 가운데 그중 한 차례라도 문제를 해결했던 적이 있는가?"라고 말하여 시리아에 대한 공세를 단념하도록 호소함에 따라, 오바마는 무력 행사를 단념한다.

9월 10일 백악관에서 국민을 향한 연설을 했던 오바마는 "시리아 문제에서는 미국의 이상과 원칙, 세계에서 미국의 지도력에 의문이 제기되고 있다"고 말했다. 또한 오바마는 "최근 약 70년 동안 미국은 세계의 안보를 밑받침해왔다. 그것은 국제 합의를 형성하는 것뿐만 아니라 합의를 지키도록 하는 것을 의미했다"라고 하며 세계의 평화와 안전에 관한 미국의 특별한 책임에 대해 언급하고, "시리아에서 화학 무기가 사용된 것은 의심할 여지가 없으며 그 책임은 아사드 정권 측에 있다. 화학 무기의 사용은 국제법 위반이며 미국의 안보에 위험한 것이다"라고 단언했다. 그러한 한편 "이라크와 아프가니스탄에서 막대한 희생을 지불한 이후에 그어떤 군사 행동도 인기가 없다는 것을 나는 알고 있다. 군사적 압력은 유지하지만 외교적 수단을 통한 해결이 압도적으로 바람직하다. 시리아의 화학 무기를 국제적으로 관리하자는 러시아의 제안을 둘러싸고 교섭을 추진한다"라고 논하며 무력 행사를 단념했다는 것을 명백히 함으로써, 시리아 공격에 대한 결단을 표명하는 연설을 기대하며 경청하고 있던 많은 사람들을 놀라게 만들었다.

이때 오바마가 연설에서 했던 발언, 즉 "독재자를 힘으로 배제해서는 안 된다. 그러한 일을 할 경우 모든 결과에 책임을 지지 않으면 안 된다는 것을 우리는 이라크에서 배웠다. 미국은 세계의 경찰관이 아니다. 우리는 모든 악을 바로잡는 수단을 갖고 있지 않다"는 말은 미국의 힘이 저하되었음을 여실히 보여주는 것이었다고 할 수 있다.

미국은 오랫동안 세계 각지의 인권 침해와 국제법 위반, 야당을 탄압하는 독재 정권을 비난하고 때로는 무력 행사도 마다하지 않는 '세계의 경찰관'으로 일컬어져 왔지만, 오바마는 미국의 대통령으로서 그 역할을 부정하는 모습을 선보였던 것이다.

시리아의 반체제파, 미국 공화당 등으로부터는 오바마의 '저자세'에 대한 비판이 분출되었는데, 무력 행사에 신중한 오바마의 자세는 개인적

자질에 의한 것만은 물론 아니다. 부시 전 정권의 '일방적 행동주의'를 비판하고 '9/11' 이래 아프가니스탄과 이라크에서 계속되는 '두 가지 전쟁'의 종식을 공약으로 내세우며 대통령이 된 오바마는, 말하자면 미국 국민의 '전쟁 피로감'을 체현한 대통령이기도 했다. 우크라이나 위기가 진행되는 와중인 2014년 5월에 오바마가 제기한, 미국에 직접 위협이 되지 않는다면 미국은 단독으로 군사 개입을 하지 않는다고 하는 '오바마 독트린'은 이러한 생각을 정리한 것이라고 말할 수 있다.

유엔 중시의 러시아

시리아에 대한 무력 행사를 막판에 회피한 오바마의 연설 이튿날인 2013년 9월 11일, 푸틴은 미국 신문 ≪뉴욕타임스≫(온라인판, 지면 게재는 2013년 9월 12일)에 기고하여, 유엔 안보리의 승인 없이 미국이 아사드 정권의 화학 무기 사용 의혹을 이유로 시리아에 대한 군사 행동에 나선다면 그것은 유엔 헌장에서 허용하지 않고 있는 국제법 위반이며 침략 행위라고 주장하고, 시리아를 공격하지 않도록 재차 호소했다.

이 기고문 중에서 푸틴은 미국과 러시아(소련)는 "냉전 시대에는 대립했지만, 과거에 동맹국으로서 함께 싸우고 나치 독일을 무너뜨렸다. 유엔은 이러한 (제2차 세계대전과 같은) 황폐를 재차 일으키지 않기 위해서 창설되었다. 유엔의 창설자들은 전쟁과 평화의 문제는 컨센서스에 의해 결정되어야 한다고 생각했고, 안보리의 상임이사국에는 거부권이 인정되었다. 바로 이러한 심오한 지혜가 과거 수십 년에 걸쳐 국제 관계의 안정을 밑받침해온 것이다"라고 지적하고, "만약 영향력 있는 국가가 유엔을 우회하여 안보리의 결의 없이 무력 행사를 한다면, 유엔은 실질적인 영향력을 결여했기 때문에 붕괴되었던 과거 국제연맹의 전철을 밟게 될 것이다"라고 경고하며, "러시아는 아사드 정권을 옹호하고 있는 것이 아니다. 국제법을 옹호하고 있는 것이다"라고 강조했다. 이것은 러시아가 안보리의 시리아에 대한 결의에 거부권을 행사하여 미국과 영국, 프랑스 등으로부터 "안보리의 기능을 마비시켜버렸다"라고 비판받아온 것에 대한 일종의 반론이자, 안보리 결의 없이 이라크 전쟁에 나섰던 미국에 대한 통렬한 비판이기도 했다.

또한 푸틴은 오바마가 시리아의 화학 무기를 폐기하기 위해 국제적으로 관리하자는 러시아의 제안에 편승하는 자세를 보인 것에 대해 "환영한다"고 말하면서도, 오바마가 화학 무기 금지의 국제 규범을 지키기 위해 미국의 무력 행사 가능성을 정당화했던 것에 대해 자신의 국가만을 특별하게 여기는 '미국 예외론'에 대해 언급하며, 이것은 "대단히 위험한 사고방식이다. 세계에는 큰 국가도 있는가 하면 작은 국가도 있다. 민주주의 발전의 수준과 정책이 모두 다르다. 우리는 모두 동일하지 않다. 하지만 신 앞에서는 모두 평등한 것이다"라고 적었다.

이튿날 12일, 제이 카니*Jay Carney* 백악관 대변인은 기자회견에서 미국은 전 세계의 민주적 가치관과 인권을 위해 일어선 '예외적인 국가'이며, 러시아와는 다르다고 반론했다. 하지만 대통령이자 미군 최고사령관인 오바마가 "미국은 세계의 경찰관이 아니다"라고 인정하고 시리아에 대한 무력 공격을 보류하며, 화학 무기의 포기와 관련하여 러시아의 제안에 동조한다고 표명한 이후에, 이는 덧없이 표류하는 반론에 불과할 뿐이었다.

승부는 이미 판가름났던 것이다.

시리아 위기의 이듬해 2014년에 일어난 러시아의 크리미아 편입 등, 일련의 우크라이나 위기에서도 미국의 영향력 약화는 부인할 수 없었다. 수차례에 걸친 러시아 제재가 발동되었지만, 미국 힐러리 클린턴*Hillary Clinton* 국무장관과 러시아 라브로프 외교장관 간의 직접 회담은 문제 해결에 거의 역할을 하지 못했다. 유엔 안보리의 회합은 수차례나 열렸지만 미국의 파워 유엔 대사의 준엄한 러시아에 대한 비판은 러시아의 추르킨 유엔 대사의 준엄한 반론에 직면했고, 최후에는 러시아의 거부권 행사로 인해 '말뿐이고 실행이 따르지 않는 일'로 끝나버렸다. 그때까지의 G8 서미트 등 미러 정상회담에서 오바마와 푸틴의 관계가 친밀하지 못하다는 것이 명백해졌는데, 우크라이나 위기에 관해서도 두 사람은 프랑스에서 열린 노르망디 상륙 작전 70주년 기념 식전에서 선 채로 대화를 나누었을 뿐이었고, 그 이후에는 유엔 창설 70주년을 기념하는 유엔 총회에 참석하기 위해 푸틴이 오랜만에 방미했던 2015년 9월까지, 양자는 세계를 요동치게 만드는 이 문제를 해결하기 위해서 본격적으로 회담하려고 하지 않았다. 노르망디에서 푸틴과 포로셴코를 대면시켜 사태의 정상화를 향한 실질적인 진전을 모색했던 이는, 독일 메르켈 총리와 프랑스 올랑드 대통령 등 유럽의 두 정상이었다. 그 이후 러시아 측은 우크라이나 위기 해결을 위한 독일, 프랑스, 러시아, 우크라이나 4자 협의를 '노르망디 포럼'이라고 칭하며, 교섭의 장으로 삼고 오직 이 틀을 이용했다. 거기에는 '미국을 배제한다'는 합의가 있었다. 우크라이나 위기에서 미국은 '모기장 바깥'으로 밀려나게 되었다.

이상주의의 패배

2009년 2월 24일 미국 대통령에 취임한 직후의 '시정 방침' 연설에서 오바마는 아프가니스탄과 이라크에서의 두 가지 전쟁을 염두에 두고, "전시 체제는 7년간 계속되고 있다"라고 지적하며 전쟁의 조기 종결을 모색한다고 논하는 것과 함께, 고문 의혹이 지적되고 있는 쿠바의 관타나모 Guantanamo 미 해군 기지의 테러 용의자 수용 시설을 폐쇄하도록 명했다는 것에 대해 언급하고, "미국이 세계에서 보여주는 모범보다 강력한 것은 없다. 우리는 가치관을 실현하기에 약해지는 일이 없다. 미국은 고문을 하지 않는다고 이곳에서 약속한다"고 잘라 말했다.

또한 오바마는 "말과 행동에 의해 우리는 새로운 적극적 관여의 시대가 시작되었다는 것을 세계에 보여주고 있다. 미국은 금세기의 위협에 단독으로 대응할 수 없으며 세계도 미국 없이 위협에 맞설 수는 없다. 테러와 핵의 확산, 전염병, 사이버 공격의 위협, 빈곤 등 21세기의 난제에 대응하기 위해 우리는 기존의 동맹 관계를 강화하고 새로운 동맹 관계를 구축하며 국력 전체를 사용하여 역사의 기로에 서 있는 지금 미국이 이 순간에 무엇을 할 것인지 전 세계의 모든 사람들은 주시하며 미국이 선도해주기를 기다리고 있다. 우리에게는 특별한 사태를 도맡아 관리할 필요성이 요구되고 있다. 엄청난 중책이지만, 멋진 특권이기도 하다. 우리는 체념하지 않는다"라고 말하여, 미국 의회에서 커다란 박수 세례를 받았다.

청중을 매료시키는 교묘한 연설로 미국 최초의 흑인 대통령 자리를 확보했던 오바마는 '핵무기 없는 세계'를 제창하여 이 해의 노벨 평화상을 수상했다. 그 주요한 연설의 일부 내용은 일본에서도 각 신문에 전문이 보도되는 등, 세계에서 일종의 '오바마 붐'이 일어났다.

그러나 미국에서는 의회와의 끝없는 대립이 계속되었고, 외교에서도 우크라이나 위기와 IS에 대한 서투른 대응을 지적받았으며, 2014년 11월의 중간선거에서는 여당 민주당이 대패하고 자신의 지지율도 40% 전후로 떨어지는 등, 오바마에 대한 당초의 높은 기대감은 수년을 거쳐 실망으로 변했다. 우크라이나 위기를 둘러싼 대립에 의해 러시아와의 핵 군축은 진전될 전망이 사라졌다. 2015년 5월의 NPT 재검토 회의에서는 오바마 정권이 이스라엘의 비핵화를 염두에 둔 '중동 비핵 지대 구상'에 반대하며, 협의 문서의 채택을 방해하고 회의를 결렬시켰다. '핵무기 없는 세계'의 실현에 커다란 성과를 거두지 못한 상태에서 오바마가 임기를 마쳤다는 것은 확실한 정세情勢다.

주제에서 물론 조금 떨어져 있는 것이지만, 오바마의 시정 방침 연설과 푸틴의 발다이 회의 강연을 비교해보면, 그 세계관의 주된 차이점은 이상주의와 현실주의 간의 간극인 것처럼 보인다. 미국이 세계에 보여주어야 할 높은 이상을 말하는 오바마에 반해서, 푸틴은 "자국을 특별하게 여기고 '세계의 지도자'인 체하며 타국의 일에 머리를 들이대는" 미국의 행태 자체가, 전후 70년 동안에 구축되어온 국제 질서와 안보의 틀을 붕괴시키고 세계를 불안정하게 만들고 있다고 하는 현상 인식을 솔직한 말로 표현해 보였다. 그러한 의미에서 우크라이나 위기에서 노정된 세계 질서의 불안정화와 미국의 위신 저하는 푸틴의 현실주의에 대한 오바마의 이상주의의 패배라고 말할 수 있을지도 모른다.

푸틴을 지지하는 유럽의 극우 세력

우크라이나 위기에서 미국과 EU가 러시아의 대응을 비난하며 대러 제재를 발동하고, EU를 주도하는 독일의 메르켈과 프랑스의 올랑드가 관련 대응에 내몰리게 되고 있는 것을 유럽에서 곁눈질하면서 국익 중시를 공개적으로 발언하는 푸틴에 대해 친근감을 숨기지 않는 사람들이 있었다. 이민 증가에 반대하면서 반EU를 내세우는 이른바 '극우 정당'의 지도자들이다.

크리미아 편입으로부터 2개월 남짓이 지난 2014년 5월 하순에 행해진 EU 유럽 의회선거에서는 반EU를 내세운('극우'로 간주되는) 세력이 대두하여 기성 정당에 충격을 주었다. 이 선거에서 프랑스 최대 세력이 된 국민전선*FN*의 마린 르펜*Marine Le Pen* 당수는 "국가와 국민의 주권 및 부를 가장 우선시하고 자국의 역사와 전통, 문화를 지킨다"는 점에서 공통의 가치관이 있다고 하며, 푸틴에 대한 칭찬과 친근감을 숨기지 않았다.

이민 규제를 호소하고 경제의 세계화에 반대하고 EU를 '미국의 추종자'라고 하며 부정하는 유럽의 극우 세력에게 있어서 '미국 중심의 세계'에 공개적으로 이의를 제창하고 러시아의 전통적 가치관을 중시하는 푸틴은 눈부신 존재로 여겨진다. 미국 신문 《워싱턴포스트》에 의하면, 르펜은 2015년 2월 폴란드의 라디오 방송을 통해 러시아는 유럽에서 "동맹 상대로서 자연스러운 존재"라고 논하고, 야누코비치 정권을 붕괴시킨 당시 야당에 의한 권력 탈취는 위법적인 것이었다고 하며, 유럽은 러시아의 크리미아 편입을 용인해야 한다고 주장했다. 영국에서는 극우는 아니지만 'EU 이탈'을 내세우고 있는 '독립당*Independence Party*'의 니겔 파라지*Nigel*

Farage• 당수가 크리미아 편입 이후인 2014년 3월 "세계의 리더 중에서 가장 존경하는 사람은 누군인가?"라는 질문을 받자, "인간 중에는 없고 오페레타라면 푸틴이다. (미국의 무력 행사를 회피한) 시리아 문제에서 수행한 역할은 멋졌다고밖에 달리 말할 수가 없다"라고 논했다. 또한 파라지는 "푸틴은 다른 세계에 거주하고 있다"고 한탄하고, 우크라이나 위기를 조정하기 위해 분주한 한편으로 그리스 채무 위기 등에서 긴축 노선을 양보하지 않았던 독일의 메르켈에 대해서는, "믿을 수 없을 정도로 차가운 인물이다. 공적 영역에서의 이미지와 달리 사적 영역에서의 그녀는 비참하다"라고 코멘트했다.

영국 신문 ≪가디언≫(온라인판)은 2014년 12월 8일 르펜의 국민전선이 러시아에서 구미에 대해 강경파로 알려져 있는 로고진 부총리와 친밀한 관계이고, 모스크바에 본부를 둔 러시아의 '제1체코은행'으로부터 940만 유로의 대출을 받았다고 보도하며, 크렘린은 적어도 2009년 이래 헝가리의 '요비크*Jobbik*'••와 슬로바키아의 '국민당*Slovak National Party*', 불가리아의 반EU 정당 '아타카*Attack*'••• 등, 유럽의 '극우' 세력과 밀접한 관계를 구축하고 있다고 지적했다.

푸틴은 크리미아 편입 과정에서 수차례나 강조했던 '민족 자결권'도 EU 통합을 '국가 주권의 부당한 제한'과, 세계화를 미국에 의한 경제적인

• ─────── 2006년 12월부터 2009년 11월까지, 2010년 11월부터 2016년 9월까지 영국 '독립당' 당수를 역임했다. _옮긴이 주
•• ─────── 전체 명칭은 '더 나은 헝가리를 위한 운동Jobbik, the Movement for a Better Hungary'이다. _옮긴이 주
••• ─────── 헝가리어로는 'Ataka'다. _옮긴이 주

패권주의로 간주하는 유럽 극우 세력의 입장과 서로 일치시킨다. 여기에서도 제1차 세계대전, 제2차 세계대전이라고 하는 유럽을 분단시킨 두 차례의 대규모 전쟁을 역사의 교훈으로 삼아, EU 통합을 '평화의 보장'으로 보고 추진해온 제2차 세계대전 이후 유럽 지도층이 지향해온 '이상'은 '국익을 추구하는 것이 뭐가 나쁜가'라고 하는 현실주의로부터 도전을 받고 있다.

3. 안보 환경의 변화

하이브리드 전쟁

NATO 측은 러시아가 우크라이나 동부에 러시아군 부대를 투입하여 독립을 요구하는 친러시아파 무장 조직 '드네츠크 인민공화국'과 '루간스크 인민공화국'을 지원하며 우크라이나 정부군과 싸우고 있다고 보고, 이것을 러시아에 의한 '하이브리드 전쟁'이라고 부르고 있다.

하이브리드 전쟁이란 군사와 비非군사를 조합한 비전통적 수법으로 상대국을 공격하는 것이다.

러시아가 우크라이나 동부에서 실행하고 있는 작전의 특징은 ① 정규군의 투입을 공식적으로 인정하지 않고 선전 포고 없이 군사 행동을 취하고, ② 정규군보다도 자신의 의지로 전투에 참가한 '의용병'과 다른 지역으로부터 투입된 고용된 병사에게 전투의 주역을 담당케 하며, ③ 전선前線에서의 전투 외에 사이버 공격 등으로 상대방을 교란하고 전투 능력을 저하시키는 것 등이다. 크리미아 편입 시 신분을 숨겼던 러시아군 부대를 현지에 투입하고 우크라이나군 부대를 무장 해제시키며 실효 지배를 굳혔던 참신한 수법, 그리고 우크라이나 동부에서 계속되는 '친러시아파'의 완강한 저항으로부터 NATO는 러시아에 의한 이 작전 수법을 중시하고 연구의 대상으로 삼고 있다.

우크라이나에서의 하이브리드 작전을 고안해낸 인물은 러시아군의 게라시모프 참모총장으로 알려져 있다. 게라시모프는 2013년 2월 27일 자 러시아 신문 ≪보엔노-프로믜슐렌늬 쿠리에르*Voenno-Promyshlennyi Kurier*≫에 게재된 "예견성豫見性에서 과학의 가치"라는 논문을 통해 중동에서 일어났던 일종의 민주화 운동인 '아랍의 봄'에 대해 다루면서, "21세기에는 전쟁과 평화의 차위差違가 애매해지는 경향이 나타난다. 선전 포고 없이 전쟁이 시작되고, 비전통적인 형태로 진행된다. 그 어떤 문제도 없는 국가가 수개월, 아니 수일 안에 격렬한 무장투쟁의 장으로 변하고 외국으로부터의 간섭에 의해 희생양이 되거나 혼돈, 민생의 파멸 혹은 내전에 빠져버리게 된다"고 지적하고, "'전쟁의 규칙'은 크게 변했다. 정치적·전략적 목적을 달성하기 위해 사용되는 비군사적 수단의 역할은 증대하고 경우에 따라서 그 효과는 군사용 무기를 상회하기마저 한다"고 논하며, 정치, 경제, 정보, 문화 등의 비군사적 수단으로 주민에게 항의 행동을 시작하도록 만들고 거기에 비밀리의 군사 행동을 조합시키는 것이 '현대 전쟁'의 행동 방식이라고 설명했다.

이 논문을 '게라시모프 독트린'이라고 명명하며 소개한 2014년 8월 28일 자 영국 신문 ≪파이낸셜타임즈≫는 크리미아 편입 시 푸틴의 언동에 대해서 "기장記章을 부착하지 않은 병사를 보내 투입하고 뻔뻔스럽게 군의 존재를 부정하고 '그러한 군복이라면 가게에서 구입할 수 있다'고 말해놓고는, 그로부터 수개월 이후 작전에 참가했던 군인에게 훈장을 수여한다. …… 인류가 200년에 걸쳐서 규정해온 전쟁의 규칙이 대폭적으로 후퇴하게 되었다. 이 위기는 '우크라이나 위기'가 아니라 냉전 종식 이후 세계의 현상 변경에 관한 위기인 것이다"라고 하는 영국 군사 전문가의 말을 소개하고 있다.

실제로 게라시모프가 묘사한 바와 같은 형태의 작전은 우크라이나 동부에서 실행되었다. 키예프의 독립광장에서 야당 측 시위를 지휘하고 그 이후 우크라이나 신정권에서 국가안보국방회의 서기가 되었던 파루비는 동부의 친러시아파가 주민투표를 강행하여 정부군과 싸웠던 같은 해 5월 ≪파이낸셜타임즈≫에 "우리는 지금 새로운 유형의 전쟁, 즉 하이브리드 전쟁에 노정되고 있다. 정규군은 침공의 역할을 직접 담당하는 것에 그치지 않고 상대방에 대해 위협하며 압박을 계속 가한다. 한편 모스크바의 지원을 받아 외부로부터 투입된 파괴 공작 부대가 해당 지역의 과격파 및 범죄 집단과 함께 실제 전투를 수행하고 있다"고 논했다.

파루비는 또한 전장에서 촬영된 사진과 비디오, 도청된 통신 기록 등으로부터 외부에서 투입된 전투원 중에는 복수의 체첸인과 러시아의 기타 지역 출신자가 있다고 설명하고, 푸틴의 측근 등은 구미의 대러 제재가 강화될 것을 우려하며 우크라이나 동부에 대한 러시아군의 직접 투입을 반대하면서 러시아는 동부 정세에 어디까지나 관계가 없다고 주장할 수 있도록 정규군 대신에 파괴 공작 부대를 이용하기로 결정했다고 설명했다. 실제로 도네츠크 국제 공항의 공방전에 참가했던 전투원 가운데 몇 명은 같은 신문의 취재에 체첸에서 왔다는 것을 인정했다고 한다.

그러나 러시아는 일관되게 러시아군의 투입을 계속 부인했다. 2015년 4월 16일에 행해진 'TV 국민 대화'에서는 푸틴 자신이 개혁파의 이리나 하카마다*Irina Khakamada*• 전 하원 의원의 질문에 답하며 "다시 한 차례 말하지만, 우크라이나에 러시아군 부대는 없다"라고 재차 부인했다.

한편 러시아와 우크라이나 동부의 친러시아파는 매우 이른 단계부터 우크라이나 동부 도네츠크, 루간스크 두 주에서 친러시아파와 싸우고 있는 우크라이나 정부군 부대 중에 "영어밖에 말하지 못하고", "영어로 된 성서를 휴대하고 있으며", "피부가 검은" 병사들이 포함되어 있다고 지적하면서, 미국 등으로부터 현지에 들어온 외국인 부대가 있다는 것은 명백하다고 여러 차례 주장해왔다.

푸틴도 2015년 1월 26일 상트페테르부르크의 광산대학에서 강연했을 때 "그곳(우크라이나 동부)에서는 내전이 일어나고 있다. 일부는 우크라이나 정부군이지만, 상당 부분은 민족주의적 성향의 지원병이다. 실제로 그것은 NATO의 외국인 부대다. 그들의 목적은 러시아를 봉쇄하는 것인데, 이것은 우크라이나 국민의 이익과 전혀 일치하지 않는다"라고 주장했다.

2015년 4월 20일에는 우크라이나 서부 리비우*Lviv* 주 안에서 미군 요

•──── 1939년 옛 소련에 정치 망명했던 하카마다 사토미袴田陸奥男가 친아버지이며 1955년 모스크바에서 출생했다. 모스크바 대학에서 경제학 석사학위를 취득했고 2004년 러시아 대통령선거에 입후보하기도 했으며 러시아연방 하원 부의장을 역임했다. _옮긴이 주

원을 지도 교관으로 맞이한 우크라이나 측 장병의 훈련이 시작되었다. 이 탈리아에 주둔하고 있던 미군 공정여단空挺旅團 300명이 폴란드와의 국경 부근에서 우크라이나의 '국민방위대' 대원 총 900명을 훈련시키고, 소규모 부대의 기초 훈련과 경계·수색 등을 지도하는 프로그램이다. 미군의 '우크라이나 훈련 센터' 개소식에 출석한 포로셴코 대통령은 우크라이나·미국 양국 관계를 '전략적 파트너 관계'라고 부르며 동부에서의 전투는 "우크라이나의 독립만을 위한 싸움이 아니다. 전체 유럽과 세계의 자유, 민주주의를 위한 싸움이다. 시도되고 있는 것은 국제법은 기능하고 있는가, 일방적인 무력 행사가 간과되어도 좋은가, 크리미아 병합은 허락되는가 하는 문제다"라고 하면서 러시아에 대한 적대감을 드러냈다.

알렉산더 루카셰비치Alexander Lukashevich 러시아 외교부 정보국장은 "미국이 우크라이나에 무기를 공여하기 위한 첫걸음이다"라고 비난했다. 이에 대해 미국 국방부의 스티브 워렌Steve Warren 대변인은 훈련은 방어 목적이며, 지역을 불안정하게 만들고 있는 것은 친러시아파에 공격 무기를 공여하고 있는 러시아 쪽이라고 반론했다. 우크라이나 동부의 무력 분쟁은 구미와 러시아가 서로 "타국의 내전에 은밀하게 병사를 보내고 있다"라고 상대를 비난하는 한편, "우리 군은 없다"고 부인하면서 전투가 계속되고 있는, 불투명한 '대리 전쟁'의 양상을 보였다.

핵무기를 둘러싼 상황

크리미아가 편입되고 나서 약 1년 후인 2015년 3월 15일, 러시아 국영 TV는 다큐멘터리 〈크리미아, 조국으로의 길〉을 방영했다. 프로그램 인터뷰 당시 키예프에서 야누코비치가 야당 측 시위대의 공세로 무너지자, 푸틴이 핵무기를 사용할 준비가 되었다고 발언했던 것은 앞서 이야기했다. 인류를 파멸시키는 핵전쟁을 유발할 수밖에 없는 핵무기는 '사용하는 것이 불가능한 무기'라고도 일컬어지며, 그 억지 효과에 최대 의의가 있다고도 하기 때문에, 핵 보유국의 지도자가 '핵무기를 사용한다'고 말하는 것은 일반적으로 고려되지 않는다. 그래서 푸틴의 해당 발언은 놀라운 것으로 받아들여졌다.

우크라이나 동부에서 전투가 시작되고 나서 1년 만에 약 6000명의 사망자가 나왔고, 우크라이나의 내전이 사실상 러시아와 구미의 '대리 전쟁' 양상을 보이고 있다는 점에 입각해보면 '핵무기의 사용도 불사한다'고 하는 러시아 대통령의 발언이 시사하는 바는 영향을 미쳤다.

우크라이나 위기가 시작된 이래 푸틴이 핵무기에 대해 언급하는 것은 사실 이번이 처음은 아니었다. 크리미아 편입으로부터 약 5개월 이후 우크라이나 동부에서 친러시아파가 격렬한 반격에 나섰던 2014년 8월 말, 모스크바 북서쪽의 셀리게르 호수*Lake Seliger*에서 행해진 청년 캠프에 출석한 푸틴은 "우리는 그 어떤 침략도 격퇴할 수 있도록 준비하지 않으면 안 된다. 러시아는 가장 강력한 핵 보유국의 하나다. 또한 우리는 핵 억지력으로 러시아군을 강화하고 있다. 타국을 위협하기 위해서가 아니라 자신이 안전하다고 느끼고, 차분하게 경제와 사회 분야를 발전시키기 위해서다"라고 논했다.

같은 해 11월, 푸틴은 프랑스 미디어와의 인터뷰에서 "당신은 미국 잡지 ≪포브스≫가 선정한 2013년 '세계에서 가장 영향력 있는 인물'인데,

기쁜가?"라는 질문에 "현대 세계에서의 '영향력'이란 뭐라고 해도 경제력, 국방, 문화의 힘이다. 국방 분야에서 러시아는 부인할 수 없는 세계의 리더 중 하나다. 러시아는 핵 보유국이며, 핵무기의 질에서는 세계 제일일지도 모른다. 문화 면에서는 위대한 문화, 문학, 그림 등이 존재하며, 경제에서는 아직 충분하지 않다고 해도 세계에서 다섯 손가락에 들게 되었다"라고 논했다. 푸틴에게 있어서 핵무기는 러시아를 '대국'으로 만드는 중요한 요소 중 하나인 것이다.

푸틴은 크리미아 편입을 선언했던 2014년 3월의 연설에서 러시아가 크리미아를 편입하지 않는다면, 언젠가 NATO가 크리미아 반도의 지배권을 장악해버린다고 논하며 편입을 정당화했다. 그 이후 러시아의 고관은 크리미아에 핵무기를 배치할 가능성에 대해 여러 차례 언급한다.

어쨌든 러시아가 NATO의 동방 확대를 비난하고 미국이 유럽에 MD 시설을 건설하는 데 반발하는 상황에서, 오바마 정권이 바라고 있는 전술핵의 소멸 교섭에 러시아가 응할 가능성은 거의 없다. 크리미아 위기 이전에는 오바마가 2010년 4월 당시 러시아의 '쌍두 체제'에서 대통령이었던 메드베데프와 '신新전략무기 삭감조약(신新START)'을 조인하고 배치한 전략핵 탄두의 수가 1550발, ICBM 등의 운반 수단 총합이 800개였다. 미러 양국 간의 '핵 군축' 역사상 최저 수준까지 제한되었던 것을 배경으로 하여, 독일 등에서는 자국 국내에 있는 미국의 전술핵을 삭감하자는 논의가 제기되었는데, 러시아의 '힘에 의한 현상 변경' 앞에서 상황은 일전—轉하게 되었다. 오바마 정권이 일종의 유산legacy으로 삼고자 했던 핵 군축의 진전은 더 이상 바랄 수 없게 되었다.

4. 중국과의 관계

에너지 협력 강화

GDP에서 일본을 제치고 미국 다음가는 세계 제2위의 경제대국이 된 중국과의 관계를 어떻게 구축해갈 것인가는 계속해서 러시아에 중대한 외교·국방상의 과제다.

유엔 안보리 상임이사국인 중국은 크리미아 편입 등 일련의 우크라이나 위기에서 러시아를 비난하는 구미와 일선을 긋고, 대러 제재에 대해 일관되게 반대 입장을 취하고 있다. 구미, 일본의 제재를 받고 있는 러시아의 입장에서는 믿음직한 동맹국이지만, 대만 문제와 위구르족·티베트족의 독립 문제를 안고 있는 중국은 영토의 일체성 견지를 호소하는 우크라이나의 입장을 무시할 수도 없다. 중국은 러시아를 비난하는 내용의 '유엔 안보리 결의' 채택에서는 기권으로 돌아섰다.

러시아 정부 계통의 천연가스 기업 가즈프롬과 중국석유천연가스그룹CNPC은 2014년 5월 21일 연간 380억m^{3}의 동시베리아산 천연가스를 파이프라인으로 2018년부터 30년간 중국에 수출하는 계약에 서명했다.

구미 등으로부터 제제를 받고 있는 러시아는 천연가스 등 에너지 자원의 새로운 수출 대상을 확보하고자 했고, 장기간 가격 면에서 절충되지 않았던 중국과의 가스 수출입 교섭을 마무리지었다. 30년간의 매각 총액은 4000억 달러에 달한다. 러시아 미디어에 의하면, 1000m^{3}당 매도 가격은 러시아의 대對유럽 수출 가격인 400달러 전후보다도 저렴한 350달러 전후인 것으로 추정되었다. 푸틴은 이 계약이 옛 소련 시대도 포함하여 가스 분야에서 러시아 최대 규모라고 가슴을 펴고 말했다.

중국과 러시아는 2014년 11월에도 별도로 30년에 걸쳐 연 300억m^{3}를 수입한다는 내용의 각서를 체결하는 등, 에너지 소비국과 공급원으로서의 의존 관계를 급속하게 강화하고 있다. 향후에도 경제 성장이 예견되는 중국은 러시아에게 안정적인 고객이 될 수 있다.

그러한 한편으로 에너지 수출이 중국으로 과도하게 편중되는 것은 가격 유지 측면에서도 정치적인 의미에서도 모두 문제가 많다는 지적이 러시아 내부에서 나오기 시작하고 있다.

경제적·정치적으로는 구미에 대항하는 데 중요한 동맹국이 될 수 있는 중국이지만, 러시아와 긴 국경을 접하고 있고 핵무기를 보유하고 있기에 군사적으로는 항상 잠재적인 위협으로 인식되고 있는 것이다.

또한 계속 확대되고 있는 중국의 경제력도 러시아에게는 새로운 위협이 되고 있다. 러시아가 중시하는, 중러 양국 및 옛 소련 중앙아시아 국가들로 구성된 SCO는 발족 당초에는 중러의 정치적·경제적 동맹 조직이라는 성격이었지만, 중국은 확대되는 경제력을 배경으로 중앙아시아 국가들과의 관계를 강화하고 있기에 러시아의 주도권을 빼앗을 수밖에 없는 기세다. 미국이 주도하는 세계의 금융 질서에 대항하여 2016년 1월에 설립된 중국 주도의 아시아인프라투자은행*Asian Infrastructure Investment Bank: AIIB*에는 영국, 독일 등 유럽의 주요국에 더하여 러시아도 참가시키지 않을 수 없었다. 중국은 러시아가 추진하고자 하는 '아시아 중시' 정책에서 경쟁하는 상대이기도 하다.

중앙아시아에 손대다

러시아가 자신의 세력권으로 간주하는 옛 소련 중앙아시아 국가들에 대한 중국의 진출은 눈부시며, 중국은 카자흐스탄과 투르크메니스탄 등의 천연가스를 러시아를 경유하지 않고 직접 저렴한 가격으로 구입하고 있다. AIIB의 투자를 통해서 중앙아시아의 경제 발전에 관여하고자 한다면, 우크라이나 위기에 따른 제재와 원유 가격 급락으로 경제가 악화된 러시아를 대신하여 중국이 중앙아시아에서의 존재감을 높여가게 될 것은 틀림없다.

시진핑 정권이 제기한 현대판 실크로드 구상 '일대일로一帶一路'도 러시아가 추진하는 옛 소련권 중심의 경제 통합 '유라시아 경제동맹'과 경쟁하고 있다. 일대일로는 중국으로부터 중앙아시아, 유럽으로 연결되는 육상 루트(일대一帶)와, 동남아시아, 인도 및 중동을 거쳐 유럽으로 이어지는 해상 루트(일로一路)로 구성되며, 이러한 루트의 연선沿線에 위치한 국가들에 대한 인프라 투자 등을 통해서 중국의 영향력을 확대하려는 노림수가 있다고 말해진다.

시진핑은 2015년 4월 22일 자카르타에서 열린 아시아·아프리카 회의(반둥 회의) 60주년을 기념하는 정상회담에서 연설하며, "공평하고 공정하며 관용적인 국제 경제와 금융 체제의 건설을 추진하고 발전도상국을 위해서 양호한 환경을 만든다"라고 하면서, 구미와 일본 등이 IMF와 세계은행, 아시아개발은행ADB을 통해서 형성해온 전후 경제·금융 체제에 대항하는 자세를 선명히 보였다.

같은 해 5월 8일에 모스크바를 방문한 시진핑은 푸틴과 약 3시간에 걸쳐 회담했고, 중러 양국 정상은 '일대일로'와 '유라시아 경제동맹'을 연대시켜나가는 것에 의견 일치를 보았다.• 하지만 중러 간에는 경제력에 커다란 차이가 있으며, 러시아 국내에는 "지나치게 의존할 경우 중국의 경제권에 잠식되어버린다"라는 우려의 목소리가 뿌리 깊다

이튿날 5월 9일에 모스크바의 '붉은 광장'을 중심으로 러시아의 대對독일 전승 70주년 기념 식전이 행해졌다. 우크라이나 위기를 둘러싼 대립을 반영하여 일본의 아베 신조安倍晋三 총리도 포함하여 G7 정상이 출석을 보류하는 가운데, 시진핑은 카자흐스탄의 누르술탄 나자르바예프 Nursultan Nazarbayev 대통령과 함께 항상 푸틴의 옆에 위치하며 주빈으로서 대우받았다. 군사 퍼레이드에는 처음으로 중국인민해방군의 의장대 병사 약 100명이 참가하여 양국 간의 친밀함을 선보였다. 구미와의 대립이 계속된다면, 러시아는 좋든 싫든 간에 향후에도 중국과 협조 노선을 견지할 수밖에 없을 것이다.

• ——— 2019년 6월 5일 모스크바를 방문한 중국의 시진핑 국가주석은 푸틴과 중러 정상회담을 개최하여, 2018년 1080억 달러를 기록한 양국 간 무역 규모를 가까운 장래에 2000억 달러 수준으로 제고시키는 것에 의견 일치를 보았다. 또한 중러 양국 간의 5G 협력 방안이 논의되어, 화웨이華爲가 러시아의 통신기업과 함께 통신 네트워크의 정비를 가속화할 방침이다. "200億ドルの商談成立、中国とロシア,"≪日本經濟新聞≫(2019.6.6). _옮긴이 주

5. 러일 관계

플러스인가, 마이너스인가

우크라이나 위기는 '북방 영토' 문제를 안고 있는 러시아와 일본 양국 간의 관계를 더욱 복잡하게 만들었다.

아베 총리는 푸틴과 개인적으로 좋은 관계를 구축해왔다. 특히 북방 영토 교섭에 대해서는 메드베데프 대통령 시대에 일시 정체되었지만, 아베 총리가 2013년 4월에 러시아를 방문하여 푸틴과의 회담에서 교섭 재개에 합의했다. 2014년 11월 9일에 아시아·태평양경제협력회의APEC 정상회담이 열린 베이징에서 별도로 개최된 러일 정상회담은 푸틴과 아베에게 있어서 통산 10번째, 제2차 아베 정권 발족 이후만 해도 7번째의 정상회담으로, '마음이 맞는다'라는 의미에서 '미국의 오바마보다도 좋은 관계가 아닌가'라고 지적받을 정도였다.

구미 정상이 모두 결석하는 가운데 아베 총리는 2014년 2월 7일의 소치 동계 올림픽 개회식에 출석하여, 이튿날 8일 푸틴과 만나 북방 영토 문제의 조기 해결과 평화조약 체결 교섭을 가속화하는 방침을 확인하고, 2014년 가을 푸틴의 일본 방문에 대해서도 합의했다.

그다음 달 3월에 러시아가 크리미아를 편입한 직후에 일본은 G7의 기타 멤버와 보조를 맞추어 대러 제재를 발표했다. 일본의 제재는 구미와 제재와 비교하면 미온적이며 대러 관계를 악화시키지 않고자 하는 의도가 나타나 있었다. 일본의 외교 소식통은 "러시아 측에 이 메시지가 분명히 전달되었을 것이다"라고 논했다.

그러나 7월의 말레이시아 항공기 격추를 감안하여 일본이 28일 대러 추가 제재를 발표하자, 이튿날 29일 러시아 외교부는 일본을 "비우호적이며 근시안적이다. 양국 간 관계를 발전시키고 싶다고 하는 일본 측의 거듭된 표명과 달리 일본이 취한 제스처(추가 제재)는 일본의 정치가가 미국을 추종할 수밖에 없고, 자국의 진정한 국익에 합치되는 노선으로 걸을 수 없다는 것을 은폐하기 위한 것에 불과했다"라고 비판하는 코멘트를 발표했다. 이로써 러일 관계는 명백히 어색해지기 시작하여 '연내 푸틴 대통령의 연내 방일' 관련 논의는 싹 사라졌다.

일본 측은 9월 24일에도 "우크라이나 동부에 여전히 러시아군이 있으며 우크라이나 불안정화의 시도를 그만두었다는 증거가 없다"고 하며 일본에서 러시아에의 무기 수출과 무기 기술 제공을 제한하기 위한 심사 절차의 엄격화, 러시아 최대 정부 계통 금융기관인 스베르방크_Sherbank_, VTB, VEB, 가즈프롬은행, 러시아농업은행의 5개 금융기관에 대한 일본의 증권 발행 등을 허가제로 하는 내용의 대러 추가 제재를 발표했다. 한편 9월 11일에 모리 요시로_森喜朗_ 전 총리와 푸틴이 모스크바에서 회담했고, 21일 아베의 생일에 푸틴이 축복의 전화를 했으며, 10월 7일에는 아베 총리가 푸틴에게 생일 축하 전화를 거는 등 양국 관계를 정상화하고자 하는 움직임도 시작되었다. 푸틴과 아베 총리는 17일에 아시아-유럽 회의_ASEM_ 정상회담이 열린 이탈리아 밀라노에서 약 10분간 회담했고, 11월의 베이징 APEC에서는 약 1시간 반 동안 회담했으며, 2015년 '적절한 시기'에 푸틴의 방일 준비를 추진하는 것에 대해 의견 일치를 보았다.

우크라이나 위기는 러일 관계에서 플러스와 마이너스의 양면이 있었다. 2014년에 푸틴의 일본 방문이 실현되지 못했던 것은 명백히 우크라이나 위기의 여파였는데, 푸틴과 신뢰 관계를 구축했던 아베 총리가 대러 제재에 나서지 않을 수 없었던 크리미아 편입은 애석한 사건이었음에 틀림없다.

하지만 다른 견해도 있다. 우크라이나 위기로 유럽 국가들은 명백히 러시아산 에너지로부터 벗어나는 것을 현실에서 모색하기 시작했다. 러시아의 최대 무역 상대인 EU가 대러 경제 제재에 나서면서 쌍방 간의 향후 관계는 불투명했다. 러시아는 이제까지 이상으로 '아시아 중시' 정책을 구체화할 필요성에 내몰리게 된다.

현재 러시아의 '아시아 중시'에서 핵심은 중국이다. 중러 양국이 주도하고 옛 소련의 중앙아시아 국가들이 참여하고 있는 SCO는 미국이 주도하는 NATO에 대한 대항 조직으로서 지적되는 일도 있었다. 그 반면 약 14억 명의 인구를 보유하고 있는 중국의 경제권에 '러시아가 잠식된다'라는 우려도 있다. 우크라이나 위기에 따른 대러 제재에도 불구하고 푸틴이 일본과의 관계 발전에 의욕을 보이는 것은 중국에 대한 일종의 대항 축으로서 러일 관계가 중요하다고 인식했기 때문이다. 미국 및 EU와 굳건한 관계를 유지하는 한편으로, 우크라이나 위기로 인해 구미와 격렬하게 대립하고 있는 러시아와 어떠한 관계를 구축해나갈 것인지는 향후 일본 외교에서 중요한 과제라고 말할 수 있다.

곤란해진 영토 문제의 해결

다만 북방 영토 문제에 관해서는 우크라이나 위기로 그 해결이 더욱 곤란해졌다고 봐야 할 것이다. 크리미아 편입과 그 이후 우크라이나 동부에서의 무력 분쟁, 구미와 일본의 대러 제재 이후 러시아 국내에서는 애국 감정이 전례 없이 높아졌다. 이러한 분위기에서는 우크라이나 위기 전부터 '푸틴과 같은 강한 지도자에게도 대단히 어려운 결단'이라고 일컬어져왔던 북방 영토의 반환을 러시아 국민이 지지한다고 생각하기는 어렵다. 푸틴 본인에게도 '떼어내기 어려운 러시아의 땅'이라고 설명하며 구미로부터 비난 세례를 받으면서까지 크리미아를 편입시키는 한편, 북방 영토를 일본 측에 넘긴다는 것은 일관성이 없다.

푸틴이 크리미아 편입 이후 2014년 5월 24일, 상트페테르부르크에서 주요국의 통신사 대표와 회견했을 때, 교도통신共同通信의 스기타 히로키 杉田弘毅 편집위원실 실장이 "영토 문제를 '무승부'로 해결하고자 하는 당신의 자세는 변함이 없습니까? 당신이 생각하는 '무승부'의 핵심 내용은 무엇입니까?"라고 질문하자, 푸틴은 다음과 같이 대답했다.

일본도 러시아도 이 (영토) 문제를 해결하고 싶다고 마음속으로부터 생각하고 있다. 강조하지만, 러시아도 그렇다. 그렇다면 이 경우의 '무승부'란 무엇인가? 해답은 아직 없다. 그것은 대단히 어려운 공동 작업을 거쳐 생겨나게 될 것이다. 항상 전진하고자 생각한다면 불가능한 것은 아니다.

우리에게는 교섭할 용의가 있다. 하지만 우리는 일본이 제재에 가담했다고 전해 듣고 놀랐다. 일본이 왜 그렇게 했을까, 왜 교섭의 프로세스를 중단했을까, 나는 잘 이해할 수 없다. 그러므로 우리에게는 교섭할 용의가 있지만, 일본 측에 용의가 있는지 나는 알 수 없다. 당신에게 묻고 싶을 정도다.

이 당시 푸틴은 영토 문제와 관련하여 평화조약의 체결 이후에 하보마이 군도齒舞群島와 시코탄 섬色丹島을 일본 측에 인도한다는 내용이 들어가 있는 1956년의 일소 공동선언을 언급하며, "확실히 제9조라고 생각되는데, 소련은 2개의 섬을 일본에 인도하는 것에 대해 검토할 용의가 있다고 되어 있다. 하지만 어떠한 조건에서인가, 이 섬들의 주권이 어느 쪽에 속하는가는 기록되어 있지 않다. 이 2개의 섬도, 그리고 4개의 섬• 전체도 우리의 교섭 대상이다"라는 미묘한 표현을 했다.

러일 양국 간에 평화조약이 체결될 경우 시코탄 섬, 하보마이 군도의 2개 섬은 자동적으로 일본에 인도된다는 것이 일소 공동선언에 대한 일반적인 해석이다. 하지만 푸틴은 이때 발언을 통해 시코탄 섬과 하보마이 군도의 인도와 관련해서도 러일 양국 간의 향후 교섭에 따른다는 사고방식을 제시하여, 영토 문제 해결에서 장애물의 높이를 더 올려버렸다.

그로부터 약 3개월 후인 8월에는 러시아군이 북방 영토의 에토로후 섬擇捉島, 구나시리 섬國後島의 2개 섬에서 군사 훈련을 실시하자, 아베 총리가 "도저히 받아들일 수 없다"고 반발했고, 일본 정부는 러시아에 엄중히 항의했다. 하지만 9월 24일에는 이를 무시하는 듯이 푸틴의 '맹우' 이바노프 대통령궁 장관이 에토로후 섬을 방문하여 바야흐로 개항한 신新 공항을 시찰했다. 이바노프는 "일본의 항의는 종교 의식儀式과 같다"고 말을 내뱉으며, 예정되었던 2014년 푸틴 방일을 연기시켰고, 이와 함께 러

• ──────── 위에서 언급된 하보마이 군도와 시코탄 섬 외에 에토로후 섬, 구나시리 섬을 합친 4개 섬을 지칭한다. _옮긴이 주

일 관계도 냉각되었다.

2015년 1월에는 다음과 같은 일도 발생했다. 기시다 후미오岸田文雄 외상(외교장관)이 1월 20일에 방문지인 벨기에 브뤼셀에서 강연했을 때, 강연 이후의 질의 응답에서 "우크라이나에서 일어나고 있는 일도 힘에 의한 현상 변경이지만, 북방 영토 문제도 힘에 의한 현상 변경이다"라고 논했던 것에 대해서, 러시아 외교부는 이튿날 21일 "바로 군국주의의 일본이 나치 독일과 손을 잡고 힘에 의해 당시 세계의 현상現狀을 파괴하고 많은 국가를 점령했다. 기시다 외교장관은 지금 역사를 180도 뒤집어, 일반적으로 인정되고 있는 전쟁의 원인과 결과에 대한 이해를 수정하려 하고 있다. 안타깝지만 일본 정부는 이제까지와 마찬가지로 역사의 교훈을 배우려 하지 않고 있다"고 비판했다.

딜레마에 빠진 일본

우크라이나 위기를 둘러싼 일본의 대러 제재는 러일 양국 간의 비자 발급 절차 완화에 관한 협의의 중단과, 신新투자협정 및 우주 개발에 관한 협정 등의 체결 교섭 개시 동결, 크리미아 편입에 관여한 총 23명에 대한 입국 비자 발급 정지와 크리미아 생산품의 수입 제한 등으로, 미국과 EU의 대러 제재에 비하면 상당히 온건했다. 하지만 푸틴이 "놀랐다"라고 논했던 바와 같이, 러시아는 불만을 품었다. 우크라이나로부터 멀리 떨어져 있어, 이해 관계가 없는 일본이 왜 우크라이나 위기를 이유로 러시아에 제재를 부과하는 것인지 의문을 가졌을 것이다. 한편 일본 정부가 대러 제재를 온건하게 하는 데 그친 것에 미국이 강한 불만을 갖게 되어,

298명이 희생된 말레이시아 항공기 격추 사건이 발생하자, 일본도 대러 추가 제재에 나서지 않을 수 없게 되었다. 하지만 일본이 계획했던 대러 제재의 수위는 미온적인 것이었다. 그런데 이를 두고 미국은 불충분하다고 했고, 러시아는 대미對美 추종이라고 비판했다. 우크라이나 위기에서 일본은 미국과 러시아 양국 사이에 끼어 꼼짝 못하는 딜레마에 빠졌다.

아베 총리는 2015년 4월에 방미하여 오바마와 회담하고 자위대와 미군의 협력을 글로벌 규모로 확대하고 평시부터 유사시까지 '물샐틈없는' 연대를 지향하는 미일 방위협력지침(가이드라인)의 개정을 전하여 환대를 받았다. 또한 아베 총리는 6월에 우크라이나를 방문하여 포로셴코 대통령과 회담하고 러시아의 크리미아 편입을 염두에 두면서, "힘에 의한 현상 변경을 인정하지 않는다"라고 발언했다.

이에 대해 러시아는 7월부터 대일對日 공세에 나섰다. 베로니카 스크보르초바Veronika Skvortsova 보건부 장관과 유리 투르트네프Yuri Trutnev 부총리를 연이어 북방 영토로 파견했고, 게다가 8월 22일에는 메드베데프 총리가 일본 정부의 중지 요청을 무시하고 에토로후 섬에 들어가 청년을 대상으로 하는 애국 집회에 참가했다. 그 전날, 메드베데프는 1년 전에 편입된 크리미아를 푸틴 및 주요 각료와 함께 방문했는데, 이는 그의 대통령 재임 시기를 포함하여 메드베데프의 세 번째 북방 영토 방문이 푸틴의 '묵인'하에 이루어졌음을 엿볼 수 있게 했다. 이에 항의하여 기시다 외상의 방러를 '연기'했던 일본에 대해, 러시아 이고르 모르굴로프Igor Morgulov 외교차관은 일본과의 영토 문제는 "소련이 점령했던 70년 전에 해결이 완료되었다"라고 하며 "교섭의 대상이 되지 않는다"고 발언했고, 그 이후에도 파상적으로 러시아 각료의 북방 영토 파견이 계속되었다.

북방 영토 문제에 대한 러시아의 접근법은 명백히 변했다. 기시다 외상은 약 1개월 뒤에 러시아를 방문하여 라브로프 외교장관과 회담했는데, 기시다 외상이 "회담의 대부분을 영토 문제에 할애했다"라고 설명했음에도 불구하고, 라브로프는 회담 이후의 공동 기자회견에서 "영토 문제는 협의하지 않는다. 의제는 평화조약 체결 관련 문제다"라고 논하며 평화조약 체결과 영토의 반환은 별개라는 자세를 명확히 했다. 이것은 평화조약이 체결된다면, 일소 공동선언에 기초하여 4개 섬 중에서 적어도 2개 섬은 돌려줄 것이라는 전제에 서 있던 일본 측에 중대한 후퇴라고 말할 수 있다. 미러 양국 사이에 끼어 꼼짝 못하고 있는 가운데 북방 영토의 반환을 요구하는 일본의 입장은 더욱 힘겨운 상황이 되고 있다.

제4장

러시아의 미래:
푸틴 없이 러시아도 없다

1. 우경화하는 러시아

2. 반동

3. 푸틴의 전략은 변화했는가

2011년 4월 부활절 예배에 메드베데프
대통령(당시) 내외와 함께 출석한
푸틴(왼쪽에서 세 번째)과 류드밀라
Lyudmila Putina 부인(오른쪽에서 첫 번째).
자료: 지은이 촬영.

1. 우경화하는 러시아

급상승한 지지율

우크라이나 위기로 러시아 국내에서 푸틴 대통령의 지지율은 급상승했다.

푸틴의 지지율은 2013년 1월에 실시된 중립 계통의 여론조사 기관 '레바다 센터'의 조사에서 62%로, 2000년에 처음 대통령에 취임한 이래 최저를 기록했다. 메드베데프 대통령(당시)과의 '쌍두 체제'를 해소하고 스스로 대통령에 복귀하며 총리직을 다시 메드베데프에게 양보한다는 내용의 2011년 가을의 결정이 사회에 커다란 불만을 불러일으켰고, '리먼 쇼크'로 촉발된 세계 경제 위기에 의한 경제 성장의 둔화가 맞물려 푸틴의 인기는 하락세였다. 하지만 크리미아 편입 절차를 사실상 마친 2014년 3월 22~23일에 정부 계통의 '전全러시아 여론연구 센터*The All-Russian Center for the Study of Public Opinion*'가 실시한 조사에서는 지지율이 82.3%에 달했고, 레바다 센터의 3월 21~24일 조사에서도 "대통령의 업무 수행을 대체적으로 높게 평가한다"는 회답이 80%를 기록했다.

푸틴이 크렘린에서 크리미아 편입 조약에 서명한 지 이틀 후인 같은 해 3월 20일, 러시아 하원에서 행해진 조약 비준 법안과 크리미아 편입을 가능케 한 헌법 개정안의 채택에서는 야당인 러시아연방 공산당*The Communist Party of the Russian Federation*도 포함하여 4개 정당이 모두 찬성했다. 정수 450명 중에서 445명의 의원이 찬성했고, 4명이 투표하지 않았으며, 반대했던 이는 '공정 러시아' 소속의 일리야 포노마료프*Ilya Ponomaryov* 의원 1

명뿐이었다.

푸틴 정권에 대결 자세를 취해온 공산당의 겐나디 주가노프Gennady Zyuganov 위원장은 채택 전에 이루어진 토론에서 "크리미아와 세바스토폴은 역사적인 '조국'으로 돌아오려고 하고 있다. 나의 부친도 세바스토폴을 방어하기 위해 싸우다가 부상을 입었다"라고 논하며 찬성을 표명했다. '공정 러시아'의 미로노프 당수는 조약 서명이 이루어진 3월 18일을 '크리미아 재통합의 날'로서 국민의 경축일로 삼자고 제안했다.

과격한 언동으로 알려져 있는 극우 정당 '러시아 자유민주당Liberal Democratic Party of Russia'의 블라디미르 지리노프스키Vladimir Zhirinovsky 당수는 법안에 찬성할 뿐만 아니라, "현재의 국경을 획정하는 것은 너무 이르다. 돈바스, 드니프로페트로우스크, 자포리자, 오데사에 거주하는 수백 만 명의 러시아인을 저버리지 않고 우리는 더욱 앞으로 나아가야 한다"고 연설하며, 우크라이나 남동부를 광범위하게 획득하자고 호소했다. 이 발언에 대해서는 대외 강경파인 푸시코프 러시아 하원 외교위원장마저 "하원의 대다수 의견이 아니다. 지금 국경은 최종적인 것이다"라고 해명해야 하는 상황에 내몰렸다.

다만 반대 투표를 했던 포노마료프는 "러시아인의 통합에는 찬성이지만 지금 크리미아를 편입하는 것은 너무 성급하다. 우크라이나와 세계는 러시아를 침략자로 간주하게 될 것이다. 러시아는 세계의 모범이 되어야 함에도, 지금은 미국과 같은 씨름판에 올라오게 되어버렸다. 이것은 커다란 정치적 과오다"라고 말했다. 하지만 자유민주당은 '국익에 반대했다'는 이유로 포노마료프의 의원 자격 박탈을 요구했다. 크리미아 편입과 관련된 두 법안을 가결한 하원 본회의는 세르게이 나리시킨*Sergey Naryshkin* 의장의 제안에 따라 러시아 국가가 엄숙하게 연주되면서 결국 마무리되었다.

배신자를 배제하라

2014년 8월에는 러시아의 전통적 록 그룹 '마시나 브레메니*Mashina Vremeni*'의 리더인 인기 가수 안드레이 마카레비치*Andrei Makarevich*가 우크라이나의 볼런티어 군인 단체로부터 초대받아, 분쟁이 계속되고 있는 도네츠크 주 안에서 우크라이나군을 위한 위문 콘서트를 했다고 러시아의 복수의 미디어가 보도하자, 여당 '통일 러시아'의 의원이 하원에서 "마카레비치는 이전부터 파시스트와 협력하고 있는 배신자다"라고 하며 러시아 정부가 부여한 모든 명예를 박탈할 것을 제안하는 소동이 벌어졌다. 마카레비치 본인은 "볼런티어로부터 초대받으면 받아들이고 있다. 나는 도네츠크와 루간스크의 피난민을 위해 콘서트를 했을 뿐이다"라고 부정했지만, 마카레비치에 대한 공격은 그 이후에도 계속되었다.

마카레비치는 크리미아 편입 직후인 같은 해 3월, 우크라이나에 대한 개입에 반대하는 야당 세력이 모스크바에서 호소하며 진행한 '평화 행진'에 참가했는데, "크리미아 사람들의 기분은 알겠지만, 거기에 러시아군이 투입되고 있는 것은 이해할 수 없다. 우크라이나와의 전쟁에 반대한다"라고 논했고, 이것이 인터넷에서 '반反러시아적 발언'으로서 다루어졌다. 그 밖에도 우크라이나와의 전쟁에 반대한다고 말한 가수, 저널리스트, TV 사회자 등이 차례로 '배신자'로 취급되고 비난의 대상으로 거론되었다.

같은 달, '러시아 소비자 권리 보호·복지 감독청'은 미국 패스트푸드 대기업 '맥도널드'의 모스크바 시내 4개 점포에서 위생 문제가 발견되었다고 발표하고 영업 정지를 명했다. 영업 정지 명령이 내려진 점포는 그 이후 최소 12개에 달했고, 영업 재개가 인정된 것은 11월이었다. 이 감독청은 과거에 조지아, 몰도바, 우크라이나 등 이웃국가들과의 외교 관계가 악화되었을 때 '위생 문제'를 이유로 식품 수입 중지 조치를 취해왔는데, 미국을 대표하는 패스트푸드 체인에 대한 갑작스러운 영업 정지는 미국의 대러 제재에 대한 일종의 보복이라는 견해가 확산되었다.

그 이후에도 하원 외교위원회 위원장 푸시코프가 맥도널드와 코카콜라 등의 기업을 러시아로부터 배제한다면 어떻겠는가 하고 제안하는 등, '미국 문화'에 대한 공격은 계속되었다. 2015년 3월에는 푸틴과 개인적으로 친밀하며 '크리미아의 어용 감독'으로 야유받는 영화감독 니키타 미할코프Nikita Mikhalkov와 그의 형인 영화감독 안드레이 미할코프-콘찰로프스키Andrei Mikhalkov-Konchalovsky가 러시아 자체의 외식 체인 '에딤 도마!Edim Doma (집에서 먹자!)'를 정부와 공동으로 세우는 계획을 푸틴에게 제안했다. 이는 구미의 대러 제재가 계속되는 가운데 맥도널드 등 미국의 '소프트 파워'에 대항하며 자신의 브랜드를 만들고자 하는 시도다. '에딤 도마!'는 콘찰로프스키의 부인이자 여배우인 율리야 비소츠카야Julia Vysotskaya•가 레스토랑의 주방과 같이 커다란 자택의 부엌에서 현대적인 요리를 만들어 선보였던 민간 방송국 'NTV'의 프로그램 명칭인데, 해당 프로그램은 속

•──── 안드레이 미할코프-콘찰로프스키의 다섯 번째 부인이다. _옮긴이 주

사포 같은 말솜씨와 호화로운 레시피로 인기를 누리고 있다. 러시아 신문 ≪코메르산트≫에 의하면, 이 제안을 받은 푸틴은 즉시 아르카디 드보르코비치*Arkady Dvorkovich* 부총리에게 검토하도록 명했다고 한다.

"푸틴이 있기 때문에 러시아가 있다"

이러한 우경화를 상징하는 것이 러시아 대통령궁 볼로딘 제1부장관의 발언이었다. 러시아 신문 ≪이즈베스티야*Izvestia*≫ 등에 의하면, 푸틴이 미국을 가장 준엄하게 비판했던 2014년 10월 '발다이 회의'의 비공개 석상에서, 볼로딘은 우크라이나 위기를 이유로 내세우고 있는 구미의 대러 제재를 러시아 국민은 자기 자신에 대한 공격이라고 느끼고 있으므로 제재는 효과적이지 않다고 지적하며, "푸틴이 있기 때문에 러시아가 있다. 푸틴이 없다면 러시아는 없다"고 말했다. 이 발언을 미디어에 전했던 당시 회의 참석자는 "볼로딘의 말은 현재 러시아와 국민의 상황을 대단히 잘 반영하고 있다"고 해설했다.

그런데 이러한 '푸틴이 없으면 러시아도 없다'는 발언에 대해 푸틴은 그로부터 수일 후에 프랑스의 절대 군주 루이 14세*Louis XIV*의 "짐이 국가다"라는 말을 인용하며, "그러한 명제는 틀린 것이다"고 논한 이후 다음과 같이 대답했다.

나에게 있어서 러시아는 인생의 모든 것이다. …… 나는 러시아의 대지와 유대감을 느끼고 있다. 러시아 외에 거주하는 것 등은 절대로 불가능하다. 물론 러시아는 나와 같은 자가 없더라도 잘 돌아간다. 많은 인재가 있기 때문이다. 나는 직책에 있는 중에 러시아의 발전과 국방에 전력을 다하겠다.

이러한 발언을 허세를 부리지 않고 시원스럽게 말해버리는 것에 정치가 푸틴의 진면목이 있다. 겸손함과 자부심, 그리고 국민으로부터 지지받고 있다는 푸틴이 지닌 자신감의 깊이가 엿보인다.

고르바초프도 지지하다

크리미아 편입에 대한 러시아 국내의 평가는 구미의 그것과 완전히 다르다. 구미에서는 '소련을 민주화한 위대한 정치가'로서 존경을 한몸에 받고 있으며, 푸틴을 "권위주의적이다"라고 비판해온 고르바초프 전 소련 대통령마저 크리미아 편입을 지지하고 있다.

고르바초프는 푸틴의 크리미아 편입 선언 직후에 러시아 신문 ≪콤스몰스카야 프라우다≫와의 인터뷰에서 "크리미아의 러시아 통합에 만족하십니까?"라는 질문을 받고, "나는 기쁘다. 크리미아 사람들은 주민의 의사에 반한 흐루쇼프의 결정 때문에 우크라이나에 거주하게 되었다. 주민투표에서 러시아로 돌아가고자 하는 사람들의 의사가 제시되었다. 이것은 그들의 선택이며 권리다. …… 이제부터 (러시아는) 우크라이나를 밑받침하지 않으면 안 된다. 양국이 모두 발전할 수 있도록 말이다"라고 답했다.

베를린 장벽 붕괴 25주년에 즈음하여 고르바초프는 11월 19일 자 같은 신문과의 인터뷰에서, 크리미아 문제의 원인은 '옛 소련의 붕괴'이며, 모든 것은 당시의 러시아 대통령 옐친, 우크라이나 대통령 크라프추크,

벨로루스 최고회의 의장 슈시케비치가 소련 해체와 CIS 창설에 합의한 '비아워비에자의 숲'에서의 협의 중에 결정해두지 않으면 안 되었다고 지적하며, 크리미아 편입을 "옳은 일이라고 인정한다"고 밝혔다. 또한 고르바초프는 "국제법상의 문제는 어떻습니까?"라는 질문에 대해, "소련이 붕괴했을 때, 어디에 국제법이 존재했는가? 구미는 그것을 좋다고 하지 않았는가? 그렇다면 최후까지 간섭하지 않아야 하는 것이다"라고 하며 소련의 존속을 지향했던 자신을 포기하고 옐친 등을 지지했던 구미를 향해 원망을 표시하는 것으로 생각되는 반응을 보이면서, "나는 구미가 이미 러시아의 크리미아 편입을 받아들였다고 생각한다"고 말했다.

냉전 종식의 공로로 노벨 평화상을 수상하여 구미에서는 높게 평가받는 반면, 러시아 국내에서는 지금도 '조국의 배신자'로 불리고 있는 고르바초프의 크리미아 문제에 관한 견해는, 러시아의 리버럴한 인텔리 계층마저 크리미아가 러시아에 귀속되어야 할 상당한 이유가 있는 것으로 여기고 있다는 것을 보여준다.

애당초 고르바초프는 같은 달 모스크바에서 이루어진 신저新著 발표회에서 "옐친 시대 이후 러시아를 붕괴로부터 구했다"고 푸틴을 평가하는 한편, "그(푸틴)는 나 자신도 과거에 앓았던 '병'에 걸리기 시작한 듯하다. 자신감 과잉이라는 병이다. 지금은 그가 신, 아니면 적어도 신의 대리인인 것처럼 되고 있다"고 하면서, "강한 국가는 야당의 시위를 해산시키는 일은 하지 않는다. 그것은 약함의 표현이다. 강한 국가란 민주적인 국가이다"라며, 푸틴의 강권적 수법에 재차 쓴소리를 했다.•

헨리 키신저의 발언

구미의 정상과 고관 등이 푸틴을 히틀러에 비유하는 등 시끄럽게 러시아를 비난하는 와중에, 우크라이나 위기에 대한 헨리 키신저*Henry Kissinger* 전 미국 국무장관의 발언은 매우 흥미롭다.

키신저는 2014년 11월 13일 자의 독일 잡지 ≪슈피겔≫ 온라인판에 게재된 인터뷰에서 "크리미아는 특별한 사례다. 우크라이나는 장기간 러시아의 일부였다. 그 어떤 국가가 국경을 변경하고 타국의 일부를 취하는 것도 용인할 수 없지만, 만약 구미가 성실하다면 자신 측의 과오를 인정해야 한다. 크리미아 병합은 세계 제패를 향한 움직임은 아니었고, 히틀러의 체코슬로바키아 침공도 아니었다"고 논하며, "구미는 우크라이나가 EU와의 경제 관계 강화 교섭을 개시한 것과 키예프에서 벌인 시위의 중요성을 이해하지 못했다. 이러한 것은 러시아와 대화해야 할 문제였던 것이다. …… 우크라이나는 러시아에 항상 특별한 의미를 갖고 있었다. 그것에 주의를 기울이지 못했던 것은 잘못이었다"라고 지적하면서, 우크라이나 위기에는 구미 측에도 책임의 일단이 있다고 지적했다.

키신저는 냉전의 재래는 역사적 비극이 될 것이라고 논하고, "만약 도덕적 관점과 안보의 관점으로부터 분쟁이 회피 가능한 것이라면, 당사자는 그것을 회피하지 않으면 안 된다. …… 구미가 크리미아 병합을 용인

• ———— 또한 고르바초프는 2018년 9월 출간된 자신의 저서 『변화하는 세계In a Changing World』의 발표회에서 푸틴의 외교 정책에 지지를 보내며, 서구는 러시아를 고립시키려는 시도를 중단해야 한다고 촉구했다["Gorbachev pens new book urging West to end attempts to isolate Russia," *TASS* (2018.11.13)]. _옮긴이 주

할 수 없다면 뭔가 대응이 필요했다. 하지만 구미 측의 그 누구도 크리미아 문제의 해결을 위한 구체적인 프로그램을 제시하지 않고 있다"라며 부족한 외교적 노력에 쓴소리를 던지고, 러시아는 이란 핵개발 문제와 과격파 조직 'IS'의 거점이 되고 있는 시리아 내전 등을 해결하기 위해 협력해야 할 "국제 사회의 중요한 파트너다"라며 구미의 대러 제재에 의문을 제기했다. 키신저의 지적은 때로 '외교 음치'라고도 지적되는 오바마 민주당 정권의 외교 방침을 비판하는 것이기도 하겠지만 "러시아를 더욱 이해할 필요가 있다"는 제언으로도 들린다.

푸틴, 4기 정권을 지향하다

크리미아 편입이 발단이 된 우크라이나 위기에 대한 대응으로 2000년 대통령 취임 이래 지지율이 최고 수준에 도달한 푸틴은 2018년 차기 대통령선거에 입후보할 것인지 여부에 대해서 현재의 시점에서 구체적으로는 아무것도 말하지 않고 있다.• 하지만 푸틴을 대신할 수 있는 정치가를 찾아볼 수 없기에, 그가 차기 대통령선거에서 통산 네 번째 당선을 실현하는 것은 거의 확실해 보인다.

푸틴은 기회가 있을 때마다 "종신 대통령이 될 생각은 없다"고 말하지만, 이를 액면 그대로 받아들이는 사람은 많지 않다.

크리미아 편입으로부터 3개월 후인 2014년 6월 15일에 '여론조사 기

• ──── 2017년 12월 6일에 푸틴은 2018년 대통령선거에 출마할 의향이 있다고 밝혔다. _옮긴이 주

금'이 실시한 조사에서는 2018년 이래에도 푸틴이 대통령을 계속 해주면 좋겠다는 회답이 66%에 달했고 '계속 해주지 않기를 바란다'가 14%였다. 계투繼投를 바라는 이유로는 크리미아 편입과 소치 동계 올림픽의 성공, 우크라이나에 대한 정책을 거론한 사람이 많았다. 대통령선거에서는 과반수를 득표한 후보가 1차 투표로 당선되는데, 적어도 이 시점에서는 충분한 숫자다.

"구미와의 대립이 향후에도 계속되는 이상, 푸틴은 2018년에 은퇴할 수 없다"고 지적하는 러시아의 인터넷 뉴스 사이트 '가제타 루*Gazeta.Ru*'의 나탈리야 가리모바*Nataliya Garimova* 정치 평론원은 2014년 11월 5일 자 칼럼에서 다음과 같이 지적했다.

크리미아 편입과 우크라이나 동부에 대한 개입에 의해, 국가는 크게 변했다. '크리미아 이전'과 '크리미아 이후'의 러시아는 전혀 다른 것이다. 야당과 여당 세력의 구별이 없어졌고, 모두 함께 대통령 지지 집회에 몰려 나가고 있다. 커다란 차이점은 사회의 심리적 상황이다. 지금의 러시아는 상시 동원 태세이며 전시의 법에 따라 생활하고 있다. 그것은 세계의 사건을 '백인가 혹인가', '적군인가 아군인가'로 구별하고, 정권을 지지하는 자는 아군이며, 비판적인 자는 배신자라는 견해를 강요한다. 우크라이나 문제에서 현 정권의 입장을 지지하지 않는 시민, 러시아군이 우크라이나 동부의 전투에 끌려들어 가고 있는 것은 아닌가 하고 의심하는 자, 러시아 공정부대 대원의 사망 이유와 러시아 몇 곳의 지방에서 만들어진 완전히 새로운 묘墓는 무엇인가 하고 의심하는 자에 대해서는 '제5열(배신자 혹은 스파이를 의미함)'이라는 표현이 빈번하게 사용되고 있다.

전쟁은 크렘린에 유리한 것이다. 모든 정권 비판은 '모독이다', '배신이다'라고 말하고, 러시아가 구미로부터 공격받을 때에는 국민은 대통령 주위에서 '결집해야 한다', 불만을 말하는 것은 '적의 앞잡이다'라고 단정할 수 있기 때문이다. 향후의 경제나 구미의 제재는 어떻게 되는가에 대한 심각한 논의는 없고 '우리는 지지 않는다', '모든 것이 잘 되고 있다'라고 하는 구두선□頭禪*만이 제창되고 있다.

가리모바는 ≪모스콥스키 콤소몰레츠≫에서 장기간 기자로 근무한 저널리스트다. 2011년 9월에는 당시 메드베데프 대통령이 재선을 단념하고 '쌍두 체제'를 형성했던 푸틴 총리에게 차기 대통령선거 출마를 요청했던 '통일 러시아' 임시 당대회에서의 '인위적인 열광'의 모습을 가리켜, "통일 러시아는 노회한 점에서 소련공산당을 초월했다"고 썼다. 가리모바는 2014년 가을 이미 정권을 비판하며 '제5열'이라는 딱지를 붙이는 비정상적인 애국주의가 고양되고 있는 것을 위험하다고 느꼈다. 이러한 우려는 그로부터 약 4개월 후인 2015년 11월 27일 푸틴 정권 비판의 급선봉이었던 야당 지도자 보리스 넴초프Boris Nemtsov 전 제1부총리가 누군가에 의해 살해되면서 현실이 된다.

'러시아군 파견'을 부정하다

가리모바가 지적한 바와 같이, 2014년 여름에는 우크라이나 동부에서 친러시아파가 일부를 실효 지배하고 있는 도네츠크, 루간스크 두 주와 국경을 접하고 있는 러시아 남부에서 다수의 전차를 탑재한 화물열차가 목격되었고, 푸틴 정권에 대한 비판적인 탐사 보도로 알려져 있는 러시아 신문 ≪노바야 가제타≫ 등은 젊은 병사의 시신에 대한 매장이 엉성한 형태로 러시아의 각지에서 이루어지고 있다고 보도하여, 정권 차원의 거듭되는 부인에도 불구하고 러시아군이 우크라이나 영내로 침공하고 있다는 견해가 확산되었다. 8월 29일 자 러시아 신문 ≪네자비시마야 가제타≫는 3000~4000명의 러시아군 병사가 "휴가를 취하여 자발적으로" 친러시아파와 함께 싸우고 있다는 '도네츠크 인민공화국'의 자바르첸코 총리의 발언에 대해서, "병사의 생명을 책임지고 있는 군 사령관이 부하가 휴가를 쓰고 전장에 가는 것을 허락하는 일은 하지 않는다. '용병'의 모집과 훈련, 자금 제공은 형법에서 금지되어 있으며, 이를 위반할 경우 4~8년의 징역형에 처해진다"고 지적하고, 친러시아파를 지원하고 있는 것은 "휴가 중인 러시아군 병사"라는 설명에 강한 의혹을 품었다.

2015년 1월에는 이러한 '사건'도 있었다.

≪코메르산트≫ 등에 의하면, 정부군과 친러시아파가 격렬한 전투를 계속하고 있던 우크라이나 동부 국경 근처의 러시아 서부 스몰렌스크 Smolensk 주 뱌지마Vyazma에 거주하며 일곱 아이의 어머니인 36세 스베틀라나 다비도바Svetlana Davydova가 1월 21일에 국가반역죄 혐의로 FSB에 돌연 체포되었다. 러시아군 기지 부근에 거주하던 다비도바는 합승 버스에 탔

을 때, 군 관계자의 전화 통화 내용을 들었고 기지에 있는 부대가 분쟁 중인 우크라이나 동부 도네츠크로 보내진다는 것을 알게 되었다. 우크라이나에서의 전투를 강하게 반대했던 다비도바는 더 이상의 희생을 멈추고자 2014년 4월 수차례에 걸쳐 우크라이나 대사관에 전화를 걸어 이 내용을 전했고, 이는 '적에게 국가기밀을 누설한 것'으로 간주되었다. 체포된 다비도바는 스몰렌스크를 경유하여 모스크바로 이송되었고, FSB의 전신인 소련의 '비밀경찰' 내무인민인원회*Narodnyy Komissariat Vnutrennikh Del: NKVD*와 KGB가 이른바 '반혁명분자'를 고문·처형했던 것으로 악명 높은 '레포르토보*Lefortovo* 감옥'에 보내졌다.

유아를 포함해 아이 여러 명의 엄마이기도 한 주부를 '반역죄'로 체포하는 국가의 대응에는 애국주의가 고조되었던 러시아 사회에서도 강한 의문의 목소리가 제기되었고, 대통령궁에는 다비도바를 처벌하지 말라고 요구하는 4만 건의 서명이 제출되었다. 다비도바는 2월 3일 밤에 보석으로 풀려났고, 3월에는 '범죄를 구성하는 근거의 결여'를 이유로 수사가 중단되었다.

NATO가 위성 촬영 사진 등도 공개하면서 "러시아군은 우크라이나 동부에 침입하여 친러시아파와 함께 우크라이나 정부군과 전투하고 있다"고 지적해도, 또한 ≪노바야 가제타≫ 등이 도네츠크 주 전투에서 부상을 당한 러시아 전차병의 상세한 인터뷰를 보도하더라도, 푸틴과 러시아 정부 고관 등은 "우크라이나에 러시아군 부대는 없다"고 계속 말했다.

넴초프 암살 사건

그러한 가운데 일어난 것이 옐친 정권에서 제1부총리를 역임했고 푸틴 정권이 발족한 이후에는 하야하여 야당 '연대' 등을 이끌어왔던 넴초프 사살 사건이었다.

넴초프는 2월 27일 심야에 크렘린 부근에 있는 모스크바 강의 다리 위를 지인인 우크라이나인 여성 모델과 걷다가 누군가에 의해 총격을 당했다. 그는 4발의 총탄 세례를 받고 즉사했다. 당시 그의 나이 55세였다. 넴초프는 푸틴 아래에서 총리로 근무한 이후 해임되었던 카시야노프 전 총리와 함께 야당인 '러시아 공화당·국민자유당'의 공동의장을 맡았고, 3월 1일에 모스크바에서 대규모의 반정부 시위를 계획했다.

사건과 관련하여 5명이 용의자로서 구속되고 그중 기소되었던 1명인 자우르 다다예프Zaur Dadaev 피고는 체첸공화국의 일인자로 푸틴에게 충성을 맹세한 람잔 카디로프Ramzan Kadyrov 수장 직속의 '세베르Sever 대대' 소속 간부였다. 다다예프는 일단 관여를 인정했지만 그 이후 알리바이를 주장하는 등 실제로 어느 정도 관여했는지와 동기 등은 확실하지 않다.

넴초프는 살해되기 수시간 전에 라디오 방송에 출연하여 푸틴 정권의 우크라이나에 대한 정책을 준엄하게 비판했다. 또한 우크라이나 동부에 러시아군이 전개되고 있음을 보여주는 '확실한 증거'의 공표를 준비했었다.

푸틴의 측근 드미트리 페스코프Dmitry Peskov 대통령 대변인은 넴초프가 살해된 직후 그가 "정권에 정치적 위협은 아니었다"고 논하며, 넴초프 암살이 정권에 의한 것은 아닌가 하는 견해에 신속히 예방선豫防線을 깔았다. 확실히 넴초프는 1998년에 제1부총리에서 해임된 이후 요직에 취임하지 않았고, 대표를 맡았던 리버럴 정당 '우파 연합Union of Right Forces'도 푸틴 정권에서 하원 의석을 상실했기 때문에 실제로 정치적인 영향력은 없었지만, "푸틴 없는 러시아를" 등의 슬로건을 내세우며 항상 반정권 시위의 선두에 나섰던 가장 저명하고 행동적인 '반푸틴' 활동가였다.

그는 옐친 정권 시대에 니즈니 노브고로드Nizhny Novgorod 주 지사에서 제1부총리로 발탁되었다. 극우 성향인 지리노프스키와의 TV 토론에서는 컵으로 물세례를 받은 적도 있었다. 2004년 우크라이나의 '오렌지 혁명' 때는 독립광장의 반정권 시위에 참가하여, "우크라이나의 민주화 없이 러시아의 민주화도 없다"고 호소했다. 2011년에는 푸틴과 신흥 재벌의 밀접한 관계와 개인적인 축재 의혹에 관한 독자적인 조사 보고서를 인터넷에 공표하여 "강권적이기는 하지만 부정부패와는 관계가 없다"고 하는 일반적인 푸틴의 이미지에 의문을 드러냈고, 같은 해 말에 모스크바에서 빈발했던 대규모 반푸틴 시위의 계기를 만들었다.

살해 사건 이후에 관계자로부터 넴초프가 작성한 노트를 살펴본 로이터 통신에 의하면, 넴초프는 모스크바 북동쪽 이바노보Ivanovo 주에 있는 러시아군 부대에 소속되어 우크라이나 동부 전투에 참가하며 동료 17명이 사망했다고 하는 병사 등과 접촉했었다. 넴초프는 푸틴 정권이 완강하게 부인하는 우크라이나에 대한 직접적 군사 개입을 공개적으로 지적하고 비난하는 그 수가 얼마 되지 않은 정치가 중 1명이었다. 크리미아 편입으로 최고조에 달했던 애국주의 속에 반대파를 백안시하는 분위기 가운데 넴초프는 다른 리버럴한 정치가, 저널리스트 등과 함께 '배신자' 딱지가 붙고, 또한 넴초프 등의 얼굴을 묘사한 그림과 '제5열' 등의 문자와 함께 써넣어진 현수막이 모스크바의 '번화가' 노브이 아르바트Novy Arbat에 위치해 있는 유명 서점 '돔 크니기Dom Knigi'의 옥상에 걸렸던 적도 있다. 그럼에도 넴초프는 낙관적인 성격을 타고났기에 "생명의 위험은 느끼지 않고 있다"고 말하면서 변함없이 푸틴에 대한 비판을 전개했다.

3월 1일에 예정되었던 시위는 넴초프 추도 집회로 바뀌었고 5만 명의 시민이 참석했다. 넴초프의 강한 '자기 현시욕'을 싫어하는 사람도 있었지만, 그의 활동은 언론에 의한 비판의 틀을 일탈하지 않았고, 개방적이고 호방한 성격은 대다수의 사람들로부터 사랑받았다. ≪코메르산트≫는 살해 사건의 발생 이튿날 넴초프의 얼굴 사진과 함께 "너무 눈부셨던 사람"이라는 제목 아래, "생전에는 올바르게 평가되지 못했던 그의 커다란 정치적·사회적 역할은 그 비극적인 사망 이후에 결국 이해되기 시작하고 있다"는 추도 기사를 게재했다. 국민 사이에서는 푸틴 정권에 반대하면 넴초프와 같은 인물도 살해된다는 충격이 확산되었다.

2. 반동

유가 급락, 루블화 폭락

크리미아 편입과 그 이후의 우크라이나 동부에 대한 개입에서 자신의 정당성을 강조하며 일관되게 강경했던 푸틴 정권의 입장에서, 2014년 가을부터의 국제 원유 가격의 급락은 예상하지 못한 사안이었다. 같은 해 여름에 1배럴당 100~110달러로 추이했던 원유 가격(북해산 브렌트유 선물 가격)은 11월 중반에 1배럴당 80달러로 떨어졌고, 12월 16일에는 일시 1배럴당 58달러대로 약 5년 5개월 만에 60달러선이 무너졌다. 같은 해 6월의 수준에 비하면 약 절반에 해당하는 가격이다. 2016년 1월에는 뉴욕 시장의 원유 선물 가격이 일시적으로 1배럴당 26달러대로까지 떨어졌다.

국가 재정의 약 절반을 원유와 천연가스 수출을 통해 획득하는 수입에 의지하는 러시아의 견지에서, 원유 가격이 반년 동안에 약 절반이 되는 것은 실로 거대한 타격이다. 원유 가격이 1달러 내려가면 국가의 세입이 약 17억 달러 감소한다는 추산도 있다.

러시아 통화 루블의 대對달러 환율은 원유 가격에 따라 급락했는데, 러시아 중앙은행의 거듭된 통화 개입과 주요 '정책 금리'의 인상 조치에도 불구하고 감당하지 못했고, 2014년 초에 1달러=32루블대였던 것이 12월 16일에는 일시 역사상 최저가인 1달러=79루블대로까지 내려갔다. 같은 날, 중앙은행의 주요 정책 금리는 17.0%로까지 인상되었다. 수입품을 구입할 경우, 루블로 받는 급료의 가격은 1년 전에 비해 반감된 것이다. 실제로 모스크바 등 대도시의 소비자는 대형 슈퍼마켓을 통해 유럽 등에서 수입된 야채와 육류 등을 구입하는 것이 일반화되었기 때문에, 시민 생활에 미치는 영향은 작지 않았다.

게다가 푸틴 정권이 구미의 대러 제재에 대항하며, 서민 생활에 없어서는 안 되는 과일과 야채 등의 식료품을 유럽으로부터 수입하는 것을 금지하는 보복 제재를 발동하여 이러한 상품을 구하기 어려워졌기 때문에, 통화 하락은 필연적으로 인플레를 초래했다. 소련 시대의 사재기로 생활 방위防衛에 익숙한 러시아인은 수중에 있는 루블이 더욱 하락하여 상품 가격이 더 오르기 전에 현금을 상품으로 바꾸고자 했으며, 도시 지역에서는 고급차와 TV 등의 고액 상품이 일시에 날개 돋힌 듯이 팔렸다. 사람들은 푸틴 정권하에서 보급되었던 피트니스 클럽을 그만두고 생활 방위를 시작했고 재정난에 빠진 정부에서는 연금 지급 연령 인상을 의논하기 시작하는 등, 장래에 대해 불안해하는 목소리가 출현하게 되었다.

원유 가격의 급락은 미국의 셰일오일 개발 진전과 러시아의 증산增産으로 원유가 남아돌기 시작했던 것, 또한 셰일오일에 위기감을 느낀 산유국 사우디아라비아가 비용이 높은 셰일오일의 채산이 맞지 않는 상황에 내몰리자 비중을 확보하려는 의도에서 감산에 나서지 않고 '저가 경쟁'을 벌였던 것 등이 원인으로 지적되고 있다. 하지만 푸틴은 "인위적으로 원유 가격을 하락시키는 시도는 자신에게 해가 될 것이다"라고 논하며 이 또한 우크라이나 위기와 관련된 구미의 '대러 제재의 일부'인 것처럼 설명했다.

경제 위기: 차가워진 열광

원유 가격이 급락하자 우크라이나 위기에 따른 구미 제재를 받고 있던 러시아는 경제 위기에 빠진다. 러시아 중앙은행에 의하면, 2014년 1년 동안 러시아의 자본 유출은 1515억 달러에 달했다. 이것은 리먼 쇼크에 의한 세계 경제 위기의 여파에 따른 2008년의 자본 유출 1336억 달러를 상회하는 규모였다. 2014년 말에 가결되어 성립된 2015년 국가예산은 같은 해 4월 수정되는 상황에 내몰렸고, 당초 15조 1000억 루블이었던 세입은 12조 5400억 루블로, 세출도 15조 5000억 루블에서 15조 2150억 루블로 각각 줄어들었다. 2015년 러시아의 재정 적자 규모는 GDP의 3.7%에 달했다.

메드베데프 총리는 2015년 4월 21일에 하원에서 행한 정부 활동 보고에서 "오늘날 우리가 직면하고 있는 것은 단기적인 위기가 아니다. 만약 국외로부터의 제재가 이 상태로 계속되고, 원유 가격이 최저가로 내려간다면 새로운 경제적 현실에서의 발전을 고려하지 않으면 안 된다"라고 논했다. 메드베데프는 대러 제재의 영향으로 러시아 경제가 입은 손실은 2014년에 250억 유로에 달했고, 2015년에는 3배인 750억 유로로 GDP의 4.8%에 이르게 될 가능성이 있다고 인정했다.

한편 메드베데프는 국가 성장의 전략 목표는 변함이 없다고 강조하며, "시장경제에는 사이클이 있으며, 경제 위기는 과거에도 있었고 앞으로도 있다"라고 말했다. 이에 대해 야당으로부터 비판이 연이어졌는데, 공산당의 주가노프는 "최대의 위기는 인사人事에 있다"라고 말하며 넌지시 총리의 교체를 요구했다. 지리노프스키는 엘비라 나비울리나Elvira Nabiullina 중앙은행 총재 등의 경질과 지방자치체의 채무 소멸 등을 요구했다. 2014년 3월에 여당과 야당이 일제히 푸틴의 크리미아 편입 제안을 지지했던 때의 열광은 1년 정도밖에 지속되지 못했고, 심각한 현실이 기다리고 있었다.

3. 푸틴의 전략은 변화했는가

"2년 안에 위기에서 탈출"

루블 폭락과 원유 가격의 급락으로 경제 위기가 그 누구의 눈에도 명백해졌던 2014년 12월 18일 푸틴의 연말 항례 기자회견이 열렸다. 같은 해 3월의 크리미아 편입으로 국내 여론이 고양되어, 우크라이나 문제에 질문이 집중되었던 이전까지의 회견과 비교하면 분위기가 일변했다. 우크라이나를 어떻게 할 것인가는 이미 부차적인 것이 되고, 최대의 관심사는 '러시아 경제는 어떻게 되는 것인가?'라는 물음에 푸틴이 어떻게 대답하는가였다.

긴장된 분위기는 푸틴에게도 전해졌다. 검정색 정장에 자색 넥타이를 맨 푸틴은 착석하자 "멋있고 투지로 가득한 여러분을 뵙게 되어 대단히 반갑습니다"라고 농담을 하면서 서두 발언을 시작하여, 최근 10개월 동안 GDP는 0.7% 성장하고 인구의 자연 증가는 3만 7100명에 달했다며 2014년의 '성과'를 수치로 거론했다. 그 이후 루블 폭락 등의 경제 문제는 '외부 요인'에 의해 일어나고 있다고 지적하고, 정부와 중앙은행은 기본적으로 적절하게 대응하고 있다며, 비판에 노정되었던 각료와 중앙은행 총재를 비호했다. 또한 푸틴은 "원유 가격의 가일층 저하와 통화에 대한 영향, 인플레의 진전도 있을 수 있다"라고 말하면서, "장래적으로는 플러스 성장으로 전환되고 현재의 상황으로부터 벗어날 수 있다. 세계 경제는 스피드가 둔화되었다고 해도 계속 성장하고 있으며, 에너지 수요는 회복이 예견되기 때문이다. 그래서 (경제 회복에) 소요되는 시간은 최악이라고 해도 2년 정도다"라고 하며, 연금 및 임금에 악영향은 없다고 강조했다.

이날, 두 번째로 질문한 ≪콤소몰스카야 프라우다≫의 알렉산드르 가모프Alexander Gamov 기자는 푸틴이 매년 실시하는 기자회견과 'TV 국민 대화'의 성격을 잘 알아맞혔다. 가모프는 다음과 같이 말을 꺼냈다.

한마디 말씀해주시기 바랍니다. 대통령님, 오늘은 대단히 많은 사람들이 당신이 기자회견에 모습을 나타내는 것을 기다렸다고 생각합니다. 모두가 "푸틴은 어떠한 분위기로 회견을 할 것인가"라고 말했습니다. 왜냐하면 이 국가의 대다수 사람의 기분은 그것에 의해 좌우되기 때문입니다. 당신은 이미 수차례나 웃는 얼굴을 보여주었습니다. 당신의 낙관적인 성격에 감사드립니다. 당신이 말씀하신 대로 될 것으로 기대하고 있습니다.

그 이후의 질문은 이미 어떤 것이라고 해도 좋았다. 즉, 푸틴의 연말 회견과 'TV 국민 대화'는 푸틴이 언제나처럼 강력하고 건강한 모습을 국민 앞에 보이고, 구미 등의 '외적'으로부터 국민을 지킨다는 결의를 보이며, 때때로 역설적인 농담을 하면서 "아무것도 걱정할 일 없다. 모든 것은 잘 되어간다"라고 약속하는 기회인 것이다. 푸틴은 대통령이 되었을 무렵에 주목받았던 TV를 많이 쓰는 수법을 지금도 바꾸지 않고 있다. 테러와 경제 위기 등의 문제가 있더라도 국민은 푸틴이라는 '수호자'의 건강하고 패기 넘치는 모습을 보고, 심리적으로 치유받고 제정신을 차린다. 크리미아 편입이라는 역사적인 황홀 상태를 맛본 이후 국제적 고립과 경제 위기 불안감을 갖게 된 러시아 국민에게, 이날의 기자회견은 실로 '심리적인 구제'였음이 틀림없다.

한편 이 기자회견은 이 해 2월의 야누코비치 정권 붕괴 이래 계속되어온, 푸틴 정권의 강경 일변도 정책의 전환을 느끼게 만드는 것이기도 했다. 푸틴은 '경제 위기'라는 용어는 신중하게 피했지만, 본인이 언급한 내용과 제시한 수치 모두 러시아가 심각한 경제 위기에 빠졌음을 인정하는 것이었다. 푸틴은 우크라이나 동부에 러시아군이 있는가 여부에 대한 질문에 대해, "거기에 있는 이들은 스스로의 의무를 수행하고 있는 볼런티어이며, 고용된 병사는 아니다. 돈은 받고 있지 않기 때문이다"라고 하며, 러시아 의용병이 동부 전투에 참가하고 있다는 것을 사실상 인정했다. 또한 동부에서 계속되는 무력 분쟁에 대해 "압력이 아니라 정치적 수단으로 해결할 수밖에 없다. 정상화는 빠를수록 좋다"고 하며, "구체적인 핵심은 아직 알 수 없다고 해도, 우리는 우크라이나의 정치적 일체성이 회복되어야 한다고 생각한다"고 논하여, 미묘한 표현 방식이지만 '노보러시아(신러시아)'를 자칭하는 동부 친러시아파의 독립과 러시아로의 편입을 지지하지 않는다는 것을 시사했다. 또한 우크라이나 대통령 포로셴코는 러시아와의 화해와 정상화에 전향적이지만, 주위에 전쟁의 관철을 주장하는 호전파가 있어서 평화 실현을 방해하고 있다고 주장하며, 푸틴 자신은 우크라이나 위기 해결에 전향적이라는 점을 강조했다.

회견 막바지에 나온 "2018년 차기 대통령선거에 입후보하는 것을 결정했습니까? 그 결정이 루블의 환율과 경제 상황이 영향을 끼칠 것이라고 보십니까?"라는 질문에 대해, 푸틴은 "2018년 대통령선거와 관련된 이야기는 그 누구에게도 아직 시기상조다. 우선 러시아 국민의 이익을 위해 움직이고, 그 결과로서 누가 차기 대통령선거에 입후보해야 하는지가 결정된다"고 답했다. 메드베데프와의 '쌍두 체제'하에서 총리를 맡았던 때는 "차기 선거에 입후보할 것입니까?"라는 질문에 대해, "가능성은 배제하지 않고 있다"고 답했던 푸틴이 대통령에 복귀하여 전광석화와 같이 크리미아 편입에 나선 이후, 겨우 9개월이 지나 이렇게 대답하지 않을 수 없게 되리라고는 아무도 상상하지 못했을 것이다.

경제 구조의 전환을 지향하다

푸틴은 향후의 경제 재건을 어떻게 할 계획일까?

'2년 이내에 회복으로 전환된다'고 보증했던 2015년 기자회견에서도, '위기의 정점은 지나갔다'고 논했던 2015년 말 회견에서도 푸틴은 구체적인 처방전을 제시하지 못했다. 애당초 원유 가격의 급락은 실제로 외부 요인에 의한 것으로, 러시아의 힘만으로 어떻게 할 수 있는 문제가 아니다. 푸틴은 2년 안에 러시아의 산업 구조를 다각화하고 자원 수출에 과도하게 의존된 체질을 바꾼다고 논했다. 자원 수출 의존으로부터의 이탈은 제2기 푸틴 정권, 혹은 '쌍두 체제'에서 총리를 맡았던 때부터의 과제로서 지금 시작된 문제는 아니지만, 원유 가격이 약 절반에서 3분의 1이 된 현실을 코앞에 두고서는 긴급한 과제가 되었다.

푸틴은 경제 위기가 이처럼 심각해지기 전인 2014년 10월의 '발다이 회의'에서 강연할 때, 구미의 제재와 국제적 고립을 염두에 두며 "러시아는 포즈를 취하거나 누군가에 대해 분노하거나, 누군가에게 무언가를 의지하지 않는다. 러시아는 자급자족이 가능한 국가다. 우리는 국제 경제의 조건에 따라서 활동하고 자국의 산업과 기술을 발전시키며 개혁을 단행한다. 이제까지 수차례나 그랬던 것처럼 외부로부터의 압력은 러시아 사회를 단결시키고 우리가 발전을 향해 집중하도록 만들 것이다. 대러 제재는 물론 우리에게 장애물이 되고 있지만, 세계는 근본적으로 변했다. 우리는 고립의 길을 걷지 않고 대화를 지향한다"고 말했다.

실제로 우크라이나와의 관계 악화는 소련 시대 이래 러시아의 산업계와 밀접한 관계를 유지해왔던 우크라이나 동부의 중공업 지대와의 협력 관계가 붕괴했음을 의미한다. 특히 군수산업 분야에서 우크라이나 기업에 대한 러시아의 의존도는 높다.

미국 정부 계통의 '라디오 자유Radio Free'의 블라디미르 보로노프Vladimir Voronov 군사평론가에 의하면, 러시아 핵전력의 핵심을 담당하는 ICBM의 약 50%에 우크라이나제 로켓과 제어 장치 등이 사용되고 있다. 특히 미국 MD망에 대항할 수 있는 것으로 여겨지는 다탄두의 ICBM 'SS-18'(일명 '사탄')은 옛 소련 시절에 우크라이나 동부 드니프로페트로우스크의 군수기업 '유즈노에'에서 제조되었고, 우크라이나 동부 하리코프에 위치해 있는 군수기업 '하르트론Hartron'이 생산한 제어 장치 등을 장착하고 있다.

또한 러시아군의 사일로Silo* 격납식 ICBM의 약 15%가 드니프로페트로우스크의 미사일 공장 '유즈마시'제이다. 소련 시대에 만들어져 이미 노후된 이러한 미사일은 제조원 기술자로부터 점검을 받고 사용 기한을 계속 연장해왔기에, 분쟁 때문에 우크라이나와의 협력이 끊어지게 된다

• ——— 강화 콘크리트로 만들어진 지하 미사일 격납·발사 시설을 지칭한다. _옮긴이 주

면 러시아의 핵전력이 타격을 받을 가능성이 있다.

또한 러시아의 군용 헬리콥터 대부분이 우크라이나 동부 자포리자의 기업 '모토르 시치*Motor Sich*'제 엔진을 장착하고 있다. 남부 니콜라에프의 기업 조랴-마시프로에크트*Zorya-Mashproekt*의 가스터빈 엔진은 러시아 해군에 신규로 배치될 예정인 군함에 사용된다.

'하르트론'제 제어 장치는 러시아 우주선을 국제 우주 정거장에 발사하고 있는 로켓 '에네르기아*Energia*', '드니프로*Dnipro*' 등에도 사용되고 있으며 우주 개발 분야에서도 우크라이나 기업과의 협력은 불가결하다.

푸틴 정권은 2020년까지 적어도 20조 루블(2014년 4월 환율로 약 57조 엔)의 예산을 투입하여 노후화된 핵 미사일의 대부분을 포함한 국방 장비를 전면적으로 근대화하는 계획을 추진하고 있다. 하지만 갱신 규모가 크기 때문에 모든 새로운 장비를 국산으로 조달하는 것은 어렵다. 우크라이나와의 협력이 없어진다면, 푸틴이 최우선 과제로 내세우는 군의 현대화에도 지장이 생길 수밖에 없다. 이 때문에 푸틴이나 군수산업을 담당하는 로고진 부총리는 외국제 군수 조달품에 대한 의존도를 저감시키도록 격려하고 있지만, 하루 아침에 모두 국산품으로 교체하는 것은 불가능하다.

주요 수출품인 원유와 천연가스와 관련해서는 우크라이나 위기로 인해 유럽 시장에서 더 이상 발전할 전망이 보이지 않기에, 중국과 일본을 비롯한 아시아 시장에서의 관계 강화를 더욱 모색해야 하는 상황에 내몰리고 있다. 우크라이나 위기로 인해 러시아는 경제 구조를 대폭 재검토해야 하는 상황이다.

수입에 지나치게 의존했던 농산물, 식료품의 러시아 국내에서의 생산력 강화와 유럽 편중의 무역, 자원 수출에 의존하는 경제 구조의 전환을 추진할 필요성은 이전부터 지적되어왔지만, 관료주의 등에 의해 저지를 받아 개혁은 실현되지 못했다. 푸틴은 우크라이나 위기를 역으로 이용하여 이제까지 뒤로 미루어졌던 위에서 언급한 사안들에 대한 개혁을 단행하고 핀치pinch를 기회로 전환하는 자세를 명확히 했다. 하지만 이 모든 것이 '2년' 내에 달성할 수 있는 목표라고는 생각되지 않는다.

민스크 II: 철야의 4자 회담

2015년 2월 11일 벨라루스의 수도 민스크에 러시아의 푸틴, 우크라이나의 포로셴코, 프랑스의 올랑드 등 세 대통령과 독일 총리 메르켈까지 4명의 정상이 2014년 9월 이후 다시 모였다. 미국을 제외한 이른바 '노르망디 포럼 형식'의 정상회담은 2015년 1월부터 다시 격화된 우크라이나 동부의 정부군과 친러시아파 간의 전투 행위로 일반 시민 중에서 사망자가 급증하고, 오바마 정권이 우크라이나 정부군에 대한 무기 공여의 검토를 개시했던 것을 감안한 것이었다. 새해 벽두부터 격화된 전투로 정전을 결정한 전년 9월의 '민스크 합의'는 파탄 상태가 되고, 노선 버스에 대한 포격 등 명백히 민간인을 노렸다고 여겨지는 공격이 이어졌다. 회담 전일인 10일에는 도네츠크 주 크라마토르스크Kramatorsk의 주택 밀집 지역에서 친러시아파 지배 지역으로부터 날아온 로켓탄이 터져 민간인을 포함해 16명이 사망했다. 심야에 급거 현지로 날아온 포로셴코는 "인도人道에 대한 죄다"라고 전례 없이 준엄하게 친러시아파를 비난하고, 11일 회담에서 성과가 없을 경우 전역에 계엄령을 포고한다고까지 말했다.

'모기장 바깥'에 놓인 오바마는 10일에 푸틴과 전화 회담을 하면서 친러시아파에 대한 지원을 계속할 경우 "러시아가 지불할 대가는 더욱 커지게 된다"고 언급하며, 새로운 추가 재제가 있을 수 있다고 경고했다. 미국이 우크라이나의 요구에 응하여 살상 능력이 있는 무기를 공여한다면, 러시아로부터 무기와 병사를 공여받고 있는 것으로 여겨지는 친러시아파와 우크라이나 정부군 간의 전투는 드디어 미러 '대리 전쟁'의 농도가 짙어지고 폭력의 연쇄에 제동이 걸리지 않게 될 우려가 있었다. 러시아와 육로로 연결되어 있으며 EU의 핵심임을 자임하는 독일과 프랑스는 더 이상 사태 악화를 좌시할 수 없는 상황이었다.

특히 정력적으로 움직였던 것은 러시아와 관계가 깊은 독일의 메르켈이었다. 네덜란드와 함께 미국이 우크라이나에 무기를 공여하는 데 반대하고 민스크 회담 이전의 일주일 동안 우크라이나의 키예프, 러시아의 모스크바, 미국의 워싱턴, 캐나다의 오타와*Ottawa*를 방문하고 뮌헨의 안보국제회의에도 출석한 이후, 올랑드와 함께 민스크에 들어왔다. 이러한 메르켈의 행동력 이면에는 유럽의 안보는 유럽이 결정한다는 자부심과 푸틴과 구축해온 개인적 관계에 대한 자신감, 그리고 더 이상 오바마 정권에 의지할 수 없다는 생각이 스며들어 있다.

현지 11일 오후 7시경, 민스크의 '독립궁전*Independence Palace*'에서 시작된 회담은 밤을 지새우며 끝없이 계속되었고, 결국 이튿날 낮 무렵까지 약 16시간에 이르렀다. 메르켈, 올랑드는 12일 브뤼셀에서 열리기로 한 EU 비공식 정상회담에의 출석을 연기하며 민스크에 머무르면서, 푸틴과의 마라톤 협의에 임했다. 동시에 민스크의 다른 장소에서는 우크라이나 정부와 동부의 친러시아파 '도네츠크 인민공화국', '루간스크 인민공화국', 러시아 정부, OSCE 각각의 대표자가 참가하는 '연락 조정 그룹' 회합도 열려, 상호 간에 연락을 주고받았다.

회합 종료 이후에 발표된 것은 '민스크 합의 이행에 관한 방안'이라는 제목의 합의 문서(13개 항목으로 구성됨)와, 이 합의를 지지한다고 표명하는 네 정상의 공동선언이었다. 전년 9월의 민스크 회의와 구별하기 위해 '민스크 II'라고 불리게 된 합의의 개요는 키예프 시간 2월 15일 오전 0시부터의 전면 정전과 분쟁 당사자가 서로 구경 100mm 이상의 중화기를 소지하지 않고 폭 50km 이상의 완충 지대를 설정하는 것, 중화기 철거는 정전 이후 이틀 이내에 개시하여 14일 이내에 완료하는 것, 도네츠크·루간스크 2개 주의 친러시아파 지배 지역에서 지방선거 실시 관련 협의를 개시하는 것, 모든 외국 부대와 거기에 고용된 병사들을 우크라이나 영토로부터 철수시키는 것, 친러시아파 지배 지역에 '특별한 지위'를 부여하는 항구법恒久法을 연내에 성립시키는 것 등이다.

독일 신문 《프랑크푸르터 알게마이네 차이퉁Frankfurter Allgemeine Zeitung》에 의하면, 철야의 협의는 12일 아침에 자칫 결렬될 뻔했다. 이때 우크라이나 동부에서는 친러시아파 지배하에 있는 두 지역의 중심 도시인 도네츠크와 루간스크를 잇는 교통의 요충지 데발체베Debaltseve에서 우크라이나 정부군 병력 3분의 1에 해당하는 5000명이 친러시아파에 포위되었다. 교섭 중에 푸틴은 우크라이나 부대가 데발체베를 포기하고 항복할 것을 요구했고, 이를 거부하는 포로셴코와 격론이 벌어졌다. 서서 잠자며 철야 협의한 결과 드디어 합의 문서안이 정리된 12일 아침, 네 정상과는 다른 회의 장소에 있던 '도네츠크 인민공화국'의 수장 자하르첸코와 '루간스크 공화국'의 수장 플로트니츠키가 데발체베의 정부군이 항복하지 않는 한 정전에 합의할 수 없다는 말을 꺼냈다. 이에 메르켈이 "시간 낭비다"라고 격노하며 올랑드와 브뤼셀로 가겠다고 선언했다. 결국 푸틴이 친러시아파 두 지도자에게 직접 전화를 걸어 설득하여, 약 2시간 후에야 합의 문서에 서명이 가까스로 이루어졌다고 한다. 같은 신문은 푸틴이 친러시아파가 데발체베를 장악하게 만들기 위해 시간 벌기를 하고 있음을 다른 세 정상이 알고 있었지만, 유혈 사태를 멈추기 위해 합의하는 수밖에 달리 방법이 없었다고 한다.

합의 이후 푸틴은 정상회담 장소 바깥에서 기다리고 있던 기자단 앞에 가장 먼저 모습을 드러냈다. 하룻밤을 지새우며 기다리느라 지쳐 있던 기자단을 향해, 철야의 마라톤 협의 직후라는 것이 거의 느껴지지 않는 쾌활한 얼굴로 "좋은 아침이라고 말하지 않으면 안 되겠다"면서 웃어 보였던 푸틴은 "나의 인생에서 가장 좋은 밤이었다고는 말할 수 없지만 아침은 상쾌하다. 여러 어려움이 있었지만 합의에 도달했기 때문이다"라고 말하면서, 합의의 개요를 설명하고 데발체베에 대해서도 언급하며, "무의미한 유혈을 피하도록 쌍방에 자제를 호소한다"고 언급하고, 러시아는 분쟁 당사자가 아닌 분쟁 해결의 중개자라는 입장을 재차 강조했다.

공동회견을 한 메르켈과 올랑드는 철야의 피로를 숨기지 못하는 표정으로 "(친러시아파에 대한) 영향력을 행사해준 푸틴에게 감사한다"(올랑드의 발언), "희망의 빛이 남았다"(메르켈의 발언)라고 하면서 푸틴을 치켜세웠다. 이 회담에서도 주역은 역시 푸틴이었다. "러시아의 요구에는 받아들여지지 않는 것이 있다"라고 얼굴을 찡그리면서 주최자인 벨라루스의 알렉산드르 루카셴코Alexander Lukashenko 대통령의 어깨에 안기는 듯한 모습으로 회의장을 뒤로 하고 떠났던 포로셴코는 명백히 패배자의 느낌을 주었으며 푸틴과의 '역량 차이'를 느끼게 만들었다. 결국 정전은 발효되었지만 데발체베에 대한 포위는 계속되었고, 포로셴코는 18일에 정부군 부대에 철수하도록 명령하여 요충을 포기하지 않을 수 없었다.

'독립을 위한 싸움'

2015년 2월 20일에 키예프의 독립광장에서는 1년 전 치안부대와의 대규모 충돌로 희생된 약 100명의 시위 참가자를 추도하는 행사가 개최되었다. 민스크에서의 평화 합의로 동부의 친러시아파 지배 지역에 대한 '특별한 지위' 부여를 인정하고, 나아가 요충지 데발체베까지 빼앗긴 포로셴코에 대한 여론은 더욱 악화되어 광장에 도착한 포로셴코에게는 "수치스러움을 알라"고 하는 야유가 퍼부어졌다.

연단에 선 포로셴코는 1년 전의 충돌과 정변에 대해서 "마이단에서 우크라이나 국민이 싸웠던 대상은 야누코비치뿐만이 아니었다. 러시아의 침략은 (야누코비치 정권이 EU와의 연합 협정 체결 교섭을 동결시킨) 2013년 11월에 이미 시작되었다. 마이단에서의 '존엄의 혁명'은 우리의 독립을 위한 싸움에서 최초의 승리였던 것이다"라고 말하며, 우크라이나가 러시아로부터의 독립을 위해 싸우고 있다는 인식을 나타냈다. 전년 5월에 정전을 선언하고 러시아와 공생해야 할 필요성을 호소하며 대통령에 당선되었던 현실주의자 포로셴코의 모습은 어느 샌가 사라지고 격렬한 말이 계속되었다. 같은 날, 포로셴코는 조 바이든*Joe Biden* 미국 부통령과 전화 회담을 하고, 정전 감시를 위한 국제 평화유지부대 파견과 우크라이나 정부에 대한 군사 지원을 요청했다.

20일에 독립광장에 모인 인파는 수천 명 정도로 1년 전의 열광과는 비교되지 못했다. 내전과 러시아의 천연가스 공급 중단으로 우크라이나 재정은 파탄 직전에 이르렀고, 빵 등의 생활 필수품 가격은 자꾸 뛰어올랐다. 그러자 정권은 국민을 단결시키기 위해 우선 격렬하게 러시아에 대해 비판을 하게 되었다.

푸틴은 향후 우크라이나를 어떻게 다룰 속셈일까?

'민스크 II' 합의로 우크라이나의 영토적 일체성을 지지한다고 하며 동부의 친러시아파 지배 지역에 광범위한 자치권을 부여하는 것을 포로셴코에게 인정하게 만듦으로써, 적어도 이 시점에서는 친러시아파 지배 지역을 편입할 생각이 없다는 것을 보여주었다.

푸틴이 크리미아와 달리 우크라이나 동부를 우크라이나의 일부로서 남겨두고자 하는 것은, 우크라이나의 거대한 국토가 거시적 차원에서 러시아의 '완충 지대'가 되지 않으면 안 되기 때문이다. 만약 도네츠크, 루간스크 2개 주의 절반에 미치지 못하는 친러시아파의 지배 지역을 독립국가로 인정하거나 러시아에 편입한다면, 우크라이나는 러시아로부터 계속되는 '침략'으로부터 국토를 방어하기 위해 최종적으로는 NATO에 가입하게 되며, 친러시아파의 지배 지역과 남은 우크라이나를 나누는 선이 NATO 가맹국과의 국경이 된다. 그렇게 될 경우 러시아는 사실상 NATO 측과 서부 국경에서 접하게 되어버린다.

NATO에 신규 가입을 하기 위해서는 그 자격 요건으로 이웃국가들과의 사이에 영토 분쟁이 존재 하지 않는 것이 요구된다. 러시아 편입을 요구하는 친러시아파를 달래고 우크라이나 국내에 머물게 하면서, 이 지역을 통해 우크라이나 중앙정부의 내정과 외교에 영향력을 행사하는 것과 함께, 분쟁의 불씨를 남겨두어 우크라이나의 NATO 가입을 저지하는 것이 러시아의 입장에서는 득책이 된다.

그러나 러시아는 크리미아를 편입했을 뿐만 아니라 우크라이나 동부의 친러시아파를 지원하여 사실상 내전에 휘말려들어 버렸다. 우크라이나의 정권 간부 등이 러시아를 '파시스트'라고 부르고 9000명 이상의 사망자를 낸 무력 분쟁을 경험한 이후, 일반 시민 사이에서도 '더 이상 러시아인과 함께 살 수 없다'라고 하는 기류가 확산되었다. 적어도 가까운 장래에는 우크라이나에 친러시아 성향의 정권이 생겨날 가능성은 작다. 동부의 분쟁이 어떠한 형태로 결말이 나든지 상관없이, 향후 우크라이나의 중앙정부는 필연적으로 '탈脫러시아와 유럽에의 통합'을 지향할 것으로 보인다. 우크라이나는 2014년 3월에 CIS를 탈퇴한다고 표명했고 2016년 1월에는 EU와의 FTA가 발표되었기 때문에, 푸틴이 지향해온 옛 소련 국가들의 경제 통합 '유라시아 경제동맹'에 우크라이나가 가입할 가능성도 거의 사라졌다. 크리미아를 편입시킴으로써 러시아는 전통적인 우호국, 동맹국으로서의 우크라이나를 상실하게 되었다고 해도 과언이 아니다.

군비 확장을 향하여

우크라이나 위기는 푸틴이 추진해온 '국방 제일' 노선을 더욱 뒷받침하게 되었다.

2014년 12월 19일 푸틴은 새롭게 완성한 '국가방위통제센터'에서 국방부 간부들과 회합을 하고 크리미아 편입, 미국의 MD 관련 시설의 건설과 동유럽에서 활발해지고 있는 NATO의 활동 등을 거론하며, "러시아를 둘러싼 환경은 가일층 복잡해지고 있다"고 지적하고, 러시아가 보유한 모든 전략 핵무기를 강화하며 2015년에 ICBM*을 50발 이상 배치하는 것은 물론, 미국의 MD에 대항할 수 있는 잠수함 발사 탄도미사일*SLBM* '불라바*Bulava*'의 탑재가 가능한 최신예 원자력 잠수함 블라디미르 모노마흐*Vladimir Monomakh*와 알렉산드르 네프스키*Alexander Nevsky*(일명 K-550)를 조기에 실전 배치하는 것**, 2021년까지 핵무기를 탑재 가능한 전략 폭격기 투폴레프*Tupolev* Tu-95MS 및 Tu-160을 현대화하는 방침을 밝혔다. Tu-160은 NATO 측에서는 '블랙잭*Blackjack*'으로 불리며 12발의 순항 미사일을 탑재할 수 있고 1만 km 이상의 항속 능력을 갖고 있다. 소련 붕괴로 생산이 중단되었지만 2015년에 생산 재개가 결정되었다.

키예프의 독립광장에서 포로셴코가 러시아와의 '독립 전쟁'을 끝까지 수행하겠다고 선언한 같은 2월 20일, 푸틴은 모스크바의 크렘린에서 열

• ———— 2018년 12월 푸틴 대통령은 'RS-28 사르마트*Sarmat*' ICBM의 시험 발사가 성공을 거두었다고 밝혔으며, 아울러 신형 극초음속 순항 미사일 '아반가르드*Avangard*'의 시험 발사를 직접 참관했다. _옮긴이 주

•• ———— 이 밖에 2013년 원자력 잠수함 '유리 돌고루키*Yuriy Dolgorukiy*'(일명 K-535)가 실전 배치되었다. 또한 2019년 4월 23일, 신형 원자력 잠수함 '벨고로드*Belgorod*'(일명 K-139)가 진수되어 1년 안에 실전 배치될 예정이며, 해당 원자력 잠수함은 수중 핵 드론underwater nuclear drones 무기인 '포세이돈 드론'을 장착하여 미국의 미사일 방어 체계를 무용지물로 만드는 것으로 알려져 있다["Putin views launch of new sub to carry nuclear drones capable of causing tsunami," *The Japan Times* (2019.4.24)]. _옮긴이 주

린 '조국 수호자의 날' 콘서트에서 인사말을 건네며, "오늘날 러시아군과 모든 치안기관에는 막중한 책임이 있다. 평화와 안보, 러시아의 안정된 발전에 기여한다고 하는 책임이다. 러시아에 대해서 군사적 우위에 서고자 한다든지 압력을 가하고자 하는 환상을 누구라도 품지 못하게 하지 않으면 안 된다. 그와 같은 모험적 시도에 대해서 우리는 반드시 상응하는 반응을 해야 할 것이다"라고 경고했다. 또한 푸틴은 "최근 수년 러시아군은 그 잠재적 능력을 충분히 강화했다. 그 어떤 상황에 있다고 하더라도 군사력 강화 계획은 완수된다고 하는 것을 강조해두고자 한다"고 하며, 구미의 대러 제재와 원유 가격의 급락에 의한 경제 위기에 처하더라도 군비 증강은 최우선으로 실행할 결의를 보였다.•

3월 26일의 FSB 간부회의 연설에서 푸틴은 전년의 우크라이나 위기에 대해 언급하며 "쿠데타는 내전을 발생시켰다. 러시아는 화해와 정상화를 위해 노력했지만 그와 같은 독자적 정책은 구미의 분개를 불러일으켰다. 러시아를 봉쇄하기 위해 정치적 고립으로부터 경제적 압력까지 모든 수단이 사용되고 있다. NATO는 군사 인프라를 러시아와의 국경 지역에서 강화하고 있다. 유럽과 아시아·태평양 지역에 MD 시스템을 설치하여 핵전력의 균형을 붕괴시키고자 하는 시도가 행해지고 있다"고 지적하

• ————— 푸틴 대통령은 2019년 5월 9일 모스크바에서 거행된 제2차 세계대전 승전 74주년 기념 행사에서 "우리 군의 높은 능력과 최신예의 국방력을 유지하기 위해, 이제까지 해왔던 것처럼 앞으로도 필요한 것은 모두 행할 것"이라고 선언했다. 이날 진행된 열병식에는 러시아의 최신 무기 '이스칸데르Iskander' 단거리 탄도미사일SRBM, 'RS-24 야르스Yars' ICBM, 'S-400 트리움프Triumf' 지대공 미사일 등이 등장했다. 한편 러시아는 2020년 개량형 'S-500 프로메테이Prometey' 지대공 미사일을 실전 배치할 계획이다. _옮긴이 주

고, "우리를 둘러싼 상황은 항상 변할 수 있다. 하지만 좋은 방향으로 변하는 것은 우리가 항상 양보하고 누군가에게 아첨하는 경우가 아니다. 상황이 좋은 방향으로 변하는 것은 우리가 더욱 강해질 때뿐인 것이다"라고 말했다.

푸틴은 '약한 자는 얻어맞게 된다', '강한 것이 국가의 안전을 보장한다'라고 하는 사고방식을 일관되게 견지하고 있다. 2012년 대통령 직위에 복귀하기 이전에 그가 발표한 정책 논문에서도 동일한 지론을 전개했다. 우크라이나 위기 이후 푸틴은 이러한 생각을 더욱 강화한 것처럼 보인다.

그러나 원유 가격의 급락으로 러시아 재정은 대단히 심각한 상황에 빠졌다. 2015년 4월의 예산 수정으로 국방비도 약간 삭감해야 하는 상황에 내몰리게 되었다. 그럼에도 2015년의 국방예산은 약 3조 1167억 루블로 2011년의 약 1조 5171억 루블에 비해 2배 증가했다. 이것은 연방예산 전체의 20.5%를 차지하며 GDP의 4.3%에 해당한다. 통화 약세에 의한 높은 인플레로 소비는 줄어들고, 2015년에는 6년 만에 마이너스 성장을 했다. 향후에도 구미의 경제 재제가 계속되고 원유 가격의 급격한 회복이 전망되지 않을 경우, 국방비 부담은 재정을 짓누르게 된다. 이러한 푸틴의 군비를 우선시하는 자세는 애국주의가 고조되고 있는 러시아 국내에서마저 '버터보다 대포(군국주의)' 노선으로 지적되고 있으며, 이 때문에 사회 복지가 후퇴한다면 국민의 불만이 높아질 것으로 예상된다.

우크라이나 위기를 둘러싼 푸틴의 강경 자세의 배후에는 군과 군수산업에 대한 '배려'와 같은 것이 보인다. 크리미아 편입 작전에 참가한 후에 우크라이나 동부로 이동하여 전화戰火를 확대하고 결과적으로 러시아군을 우크라이나 내전에 끌어들인 '도네츠크 인민공화국'의 스트렐코프 전 국방장관의 언동은, 군 최고사령관 푸틴에게마저 전선前線에서 싸우는 장 교와 사병들의 행동을 완전히 통제하는 것은 지난한 일이라는 것을 보여 주고 있다. 일단 불타오른 '애국심'은 간단히 진정되지 않는데, 작전 중간 에 현지에서 끌려나온 스트렐코프는 우크라이나 동부의 편입에 나서지 않았던 크렘린에 대해 '배신' 행위라고 비난하는 측으로 돌아섰다. 동부 로부터 완전히 손을 뗀다면 '구미의 제재에 지고 동포를 보고도 못 본 체 하는 것'이라는 비난 세례를 받게 되는 것은 필연적이며, 러시아는 물러 설래야 물러설 수 없는 상황이 되었다. 군사력의 강화와 대외 강경 자세 를 거듭 강조하는 푸틴의 대응과 관련하여, "군부에 대한 배려의 측면이 크다. 푸틴은 외견상 보여지는 것처럼 강한 리더가 아니다"라고 지적하 는 전문가도 있다.

고독의 그림자

"푸틴을 언급하지 않고 역사 교과서를 쓰는 것은 불가능하다"(페스코 프 대통령궁 대변인의 발언)라고 일컬어지며 압도적인 국민의 지지를 과시 하고 있는 푸틴이지만, 그 신변에는 고독의 그림자가 두드러지기 시작하 고 있다.

2013년 6월 6일 푸틴은 류드밀라 부인과 이혼을 발표했다. 크렘린의 가장 앞줄에서 발레 '에스메랄다Esmeralda'의 제1막을 감상한 이후 관객석 바깥으로 나온 푸틴과 류드밀라는 기다리고 있던 국영 TV의 인터뷰에 응 했다.

"이혼하신다는 말이 나오고 있습니다만"이라는 말을 듣고, 푸틴은 미소를 지으며 류드밀라의 얼굴을 바라보면서 한참 이후에 조용한 목소리로 "그렇다, 말한 그대로다. 우리 두 사람이 내린 결론이다. 대통령이라는 입장에는 완전히 사생활이 없다. 그럼에도 항상 사람에게 보여지는 생활을 좋아하지 않는 사람도 있다"고 답했다. 류드밀라도 온화한 표정으로 "블라디미르 블라디미로비치*Vladimir Vladimirovich*(푸틴에 대한 경칭)는 일에 몰두하고 있어서 만나는 일도 거의 없었기에, 실제로 우리 두 사람이 결정한 일이다. 남편에게 감사하고 있다. 이것은 문명적인 이혼이다"라고 하며, 대화에 의한 원만한 이별이라는 점을 강조했다.

푸틴과 류드밀라는 1983년 7월에 결혼했고 마리야*Mariya Putina*와 에카테리나*Yekaterina Putina* 2명의 딸을 낳았다. 하지만 푸틴이 2000년 대통령선거에 입후보할 때 출판된 『푸틴, 자신에 대해 말하다』(기자 3명과의 인터뷰 내용으로 구성됨)에서, 류드밀라는 남편이 상트페테르부르크 시 부시장, FSB 장관, 총리 등 태양이 떠오르는 기세로 출세를 이어가는 것에 놀라움과 망설임을 숨기지 않았고, 당시 옐친 대통령이 사임하고 푸틴을 대통령 대행(사실상 후계자)으로 지명했던 것을 친구로부터 전해 듣고, "하루 종일 울었다. 적어도 대통령선거까지 3개월간 심할 경우에는 4년간 사생활이 없어져 버린다는 것을 알았기 때문이다"라고 답했다.

결혼 이전에 항공회사의 객실 승무원이었던 류드밀라는 소극적인 성격으로 푸틴의 외유에 동행하는 일도, 러시아 국내 행사에 부부 동반으로 출석하는 일도 최근에는 극히 드물었다. 고르바초프의 부인 라이사 막시모브나*Raisa Maximovna Gorbacheva*가 퍼스트 레이디로서 남편의 국내 시찰과 외유에 동반했을 때 "주제넘는 사람"이라고 일컬어지고, 옐친의 부인 나이나 이오시포브나*Naina Iosifovna Yeltsina*가 세련된 패션 감각과 침착한 행동으로 러시아 여성들에게 강한 지지를 받았던 것과 달리, 류드밀라의 평판은 별로 좋지 않았다. 딸들의 사생활은 완전히 숨겨져 있다. '러시아의 수호자'라고까지 일컬어지는 푸틴은 2004년 아테나 올림픽 체조 금메달리스트이자 전 하원 의원인 알리나 카바예바와의 '애인설'이 여러 차례 회자되고 있다. 아마도 푸틴의 대통령 퇴임을 가장 환영했던 이는 류드밀라였겠지만, 푸틴은 '쌍두 체제'하에서 총리가 되었지만 그의 '일중독'은 변함이 없었다.

2012년 대통령에 복귀하기 전에 "(복귀를) 가족은 어떻게 생각하고 있습니까?"라는 질문에 대해, 푸틴은 "그것은 말하고 싶지 않다"고 드물게도 답변을 거부했다. 대통령 복귀 약 1년 후에 두 사람은 결국 이혼에 이르렀다. "조국에 봉사하는 데 인생의 의의를 느끼고 있다"고 공언하는 푸틴에게 있어서, 공인으로서의 생활을 기피하는 부인은 자신의 의지를 관철하는 데 유일하게 우려되는 바였음에 틀림없다. 60세가 되어 푸틴은 '가정'으로부터 해방되었다.

2013년 8월 7일, 유년 시절의 푸틴에게 고향 상트페테르부르크에서 유도를 가르쳐주었던 은사 아나톨리 라흘린*Anatoly Rakhlin**이 75세의 나이로 사망했다. 라흘린은 "나는 불량했다"고 술회한 격정적이며 호전적인 푸틴에게 자택 부근의 스포츠 클럽 '투르드*Trud*'에서 유도와 더불어 무도武道

● ──── 유태계 러시아인이다. _옮긴이 주_

의 예절을 가르쳤다. 그는 "나의 인생에 적지 않게 결정적인 영향을 미쳤다. 만약 내가 스포츠를 시작하지 않았다면 그 이후 어떻게 되었을지 알 수 없다. 아나톨리 세묘노비치*Anatoly Semyonovich*(라흘린의 경칭)가 나를 문자 그대로 뒤뜰로부터 끌어내주셨던 것이다"라고 푸틴이 언급했던 인물이다. "유도는 단순한 스포츠가 아니다. 철학이다"라고까지 하며 유도에 심취되어 있는 검은 띠의 푸틴이 이 트레이너를 얼마나 존경했는지 잘 알 수 있다.

8월 9일에 거행된 고별식에서 푸틴은 입술을 굳게 다문 채 라흘린의 영구에 화환을 바치고 고인의 얼굴을 지그시 들여다보았다. 바깥으로 나온 푸틴은 정면에 대기하고 있는 검정색 대통령 전용차에 탑승하지 않고 당황해서 쫓아오는 경호 요원들에게 물러서라고 손짓을 했다. 푸틴 홀로 상트페테르부르크의 시내를 걸어 나갔다. TV 카메라가 촬영한 푸틴의 모습은 무표정했고 앞쪽으로 곧장 향하여 네바 강 부근까지 몇 분가량 걸었다. 그가 최고 권력의 자리에 앉은 지 13여 년 동안 이런 일은 처음이었다.

2014년 말에는 푸틴이 귀여워했던 래브라도 종의 코니*Konni*가 죽었다. 이 검은색 개는 모스크바 교외 노보-오가료보*Novo-Ogaryovo*의 대통령 공저에서 사육되었는데, 아침에 트레이닝할 때도 그리고 외국 정상과 회담할 때도 언제나 푸틴의 곁에 있었다.

푸틴은 부인과 이별하고, 은사와는 사별했으며, 애견•도 사라졌다.

• ——— 푸틴의 애견으로는 코니 외에 버피Buffy, 유메Yume, 베르니Verni가 있다. _옮긴이 주

보이지 않는 미래상

크리미아를 '되찾고', '푸틴 없이 러시아도 없다'라고까지 칭송받게 된 이후 푸틴의 후계자는 누구인가 하는 화제는 거의 들리지 않았다. 2014년 11월 23일 극동 블라디보스토크에서 행해진 타스 통신과의 인터뷰에서 "대통령 자리에 영구히 있을 것인가?"라는 질문을 받고, 푸틴은 일언지하에 "그러한 일은 없다. 국가를 위해 그렇게 되어서는 안 된다. 나에게도 필요가 없다. 헌법은 나의 임기를 제한하고 있다"고 답했다. "2018년 입후보는 가능하지 않겠는가?"라는 질문에 대해, 푸틴은 "말 그대로이지만, 그러한 것은 내가 그렇게 결정했다는 의미가 아니다. 국내의 분위기와 나의 기분에 달려 있다"라고 하며, 차기 대통령선거가 실시되는 2018년 이래에도 계속 연임할 가능성을 배제하지 않았다.

한 차례 대통령을 역임하고 푸틴과는 다른 리버럴한 노선을 추구한 후에 총리로 전환한 메드베데프는 재선을 스스로 단념함으로써 국민의 지지를 완전히 상실했다. 대통령 제3기째의 푸틴을 밑받침하는 대통령궁 장관으로 KGB 시대의 동료인 이바노프는 대통령과 견해를 공유하는 '대변자'의 느낌이 들기는 하지만, 푸틴과 동갑으로 차기 대통령으로서는 나이가 너무 많다. 두 사람에게 후계의 가능성이 있다고 하더라도 그다지 크지는 않을 것이다.

그러한 한편으로 2012년 대통령 복귀 이후 푸틴에게 건강 문제가 회자되었던 것도 사실이다.

같은 해 9월에 블라디보스토크에서 개최된 APEC 정상회담 전에 푸틴은 등이 아팠다. 블라디보스토크에서는 발을 조금 질질 끌며 걷는 모습이나, 같은 회의에 맞추어 개최된 양국 간 회담 중에 소파의 팔걸이에 앉아 얼굴을 찡그리는 모습이 목격되었으며, 10월 중순의 터키 방문이나 11월 초의 인도 방문은 연기되었다. 푸틴은 9월 5일 북극 부근의 야말 반도Yamal Peninsula에서 인공 사육한 '학'을 야생으로 돌려 보내는 환경 보호 사업을 시찰했을 때, 하얀 행글라이더에 탑승하여 '어미 새' 역할을 연출함으로써 어린 학이 날아가도록 재촉했다. 같은 해 11월 1일 자 러시아 신문 《베도모스티Vedomosti》는 이때 푸틴의 옛 상처가 재발했는데, 척추에 악영향을 미치지 않기 위해서 비행기 탑승을 삼가는 것이 좋다고 의사로부터 권고를 받았다고 보도했다. 11월 6일 페스코프 대변인은 푸틴이 자신보다 체중이 무거운 상대와 유도 훈련을 하여 부상을 입었지만, "지금은 이미 문제가 없다"고 발언했다.

그 이후 한동안 푸틴의 건강 문제가 크게 다루어지는 일은 없었지만, 2015년에는 3월 6일부터 15일까지 공적인 장소에 모습을 보이지 않았고 12일부터 예정되었던 카자흐스탄 방문도 취소되었기 때문에, '병'을 앓고 있다는 견해나 사망설까지 유포되는 소란이 일어났다. 호주 신문 《쿠리어The Courier》는 16일 푸틴의 등에 문제가 있으며 러시아에서 호주의 정형외과 의사에게 치료를 받고 있을 가능성이 있다고 보도했다. 스위스의 대중지는 애인으로 소문나 있는 카바예바가 바로 이 무렵 부유한 러시아인 사이에서 인기가 있는 스위스의 산부인과 병원에서 세 번째 아들을 출산했으며, 푸틴은 이를 위해 동행했다고 전했다.

결국 푸틴은 16일에 상트페테르부르크에서 키르기스스탄Kyrgyzstan의 알마즈베크 아탐바예프Almazbek Atambayev• 대통령과 회담했을 때, 회담의 서두를 보도진에게 공개했고, 이로써 소란은 수습되었다. 푸틴은 이때 기자단을 향해 "가십이라도 없으면 재미가 없겠지요"라고 농담을 날렸다.

그러나 이 소란은 푸틴이 단지 10일간 정도 모습을 보이지 않는 것만으로도 동요하는 러시아의 모습을 보여주었다. '푸틴이 없다면 러시아도 없다'라고 하는 최고의 찬사에 해당하는 일이지만, 뒤집어 말하자면 푸틴을 대신하여 일할 인재가 없다고 하는 것이기도 하다.

푸틴은 2015년 10월 7일에 63세가 되었다. 만약 2018년 대통령선거에서 재선되어 6년 임기를 모두 채운다면 임기 만료 시 71세가 된다.•• 그리고 그때 본인이 만약 건강하다고 하더라도 다른 인물이 대통령이 되는 것을 러시아 국민이 받아들일 것인지, 혹은 상황이 허락될 것인지는 알 수 없다.

크리미아 편입 이후 애국주의적 분위기가 정점에 이른 러시아에서는 정권에 이의를 제기하는 인물을 배제하는 경향이 갈수록 강해지고 있다. 경제는 국제적인 원유 가격이 다시 상승하지 않는 한 회복이 어렵다. 구미의 대러 제재는 푸틴이 "크리미아의 반환은 있을 수 없다"고 말하고 있는 이상, 일방적으로 해제될 전망은 없다. 푸틴이 강조하고 있는 '경제 구조의 다각화'와 국내 산업의 육성은 이미 제2기 푸틴 정권부터 필요성이 지적되었지만 실현되지 않고 있는 과제이며, 단기간에 해결되기란 거의 불가능하다. 그 사이 국민과 관료들은 푸틴의 건강한 모습과 "모든 일이 잘 되어가고 있다"는 말에 안도하고, 그의 구미에 대한 준엄한 비판에 계속 가슴속이 후련해지게 될 것이다. 하지만 개혁이 실제로 잘 되어갈 것인가? 우크라이나 위기로 인해 결정적으로 악화된 구미와의 관계가 수복될 수 있을 것인가? 그리고 푸틴의 뒤를 계승하여 '대국' 러시아를 통솔할 수 있는 인물이 나타날 것인가? 러시아의 미래상은 확실하지 않다.

시리아에 대한 공중폭격에 나서다

러시아는 2015년 9월 30일 내전이 계속되는 시리아에 대해 과격파 조직 'IS'를 표적으로 삼는 공중폭격을 개시했다. 푸틴은 유엔 창설 70주년에 맞추어 10년 만에 유엔 총회에 출석하여 일반 토론 연설에서, "구미의 지원을 받고 있는, 이른바 온건한 반체제파가 IS에 병력을 보충시켜주는 원천이다. 지금 아사드 정권의 군과 쿠르드족 의용병 부대 외에 IS와 싸우는 세력은 존재하지 않는다. 시리아의 정권과 협력하지 않는 것은 커다란 과오다"라고 지적하며, 70년 전에 각국이 반反히틀러의 입장에서 단결하여 유엔을 창설했던 사례를 본따 바로 지금 광범위한 국제적 반反테러 연합을 결성해야 한다고 호소했던 때로부터 겨우 이틀 후의 일이었다.

28일에 유엔 총회에서 푸틴보다 먼저 연설했던 오바마는 러시아의 크리미아 편입을 재차 비난하는 것과 함께, 시리아의 아사드 대통령에 대해 "억울한 아이들의 머리 위로 폭탄을 투하하는 폭군"이라고 단정하고, 아사드의 퇴진과 관련해서 양보할 수 없다는 입장을 보였다. 두 사람은 연설 종료 직후에 우크라이나 위기 발생 이후 처음으로 본격적인 정상회담에 임했지만, 아사드 정권을 포함한 반테러 연합을 호소한 푸틴에게 오바마는 아사드 정권이 존속한다면 시리아의 안정은 없다고 주장하여, 결국 논의는 평행선을 달리는 상태로 끝났다. 이 자리에서 푸틴은 러시아가 IS에 대한 공중폭격에 참가할 가능성이 있다고 오바마에게 직접 전했고, 뉴욕에서 러시아로 귀국하자마자 안전보장회의를 소집하여 러시아군의 해외 군사 행동에 필요한 허가를 승인해줄 것을 상원에 요구했다. 시리아 서부 라타키아*Lattakia*의 공군 기지에 이미 배치되어 있던 수호이-25 등의 러시아 공군 전투기 약 50대가 하마*Hama*, 홈스*Homs* 등의 군사 거점을 집중적으로 공격했던 것은 그로부터 수시간 이후였다.

　푸틴의 '반反IS 대연합' 제안에 구미와 러시아의 이해가 일치한 데는 '국제 테러와의 전쟁'에서 협력하는 것으로 우크라이나 위기에서 생겨난 균열을 수복하려는 의도가 있었다. 하지만 오바마가 제안에 편승하지 않는 것을 감안하여 푸틴은 즉시 공중폭격에 나섰다. 러시아는 미국의 동의가 없더라도 행동한다고 하는 명확한 의사 표시였다. 아사드 정권에 적대하는 '뜻을 함께하는 연합'으로 IS의 거점을 공중폭격하는 한편, 지상전은 하지 않고 시리아 반체제파에 군사 훈련을 제공하여 IS와 전투하도록 한다는 어중간한 미국의 시리아 정책이 잘 진행되지 않고, 시리아 난민의 대량 유입으로 몹시 고통을 겪고 있는 유럽 등의 불만이 높아지고 있는 '국제 여론'을 배경으로 한, 계산된 타이밍이기도 했다.

　러시아는 10월 7일에 순항 미사일 26발을 시리아 영내의 IS 거점에 발사하여 모두 명중시켰다고 발표했다. 러시아가 순항 미사일을 실전에 사용한 것은 처음 있는 일이었다. 시리아로부터 1500km 떨어진 카스피 해

해상의 순양함 4척에서 미사일을 발사한 것은 러시아도 미국과 마찬가지로 정밀 유도 무기를 보유하고 있다는 것을 NATO 측에 선보인 의도로 받아들여지고 있다. 푸틴은 10월 20일 모스크바를 예고 없이 방문한 아사드와 회담하고, 아사드를 지원하는 자세를 선명히 하는 것과 함께 시리아 정세의 정상화를 향한 러시아의 영향력을 과시했다. 공중폭격 이후 러시아의 여론조사에서는 푸틴의 지지율이 역대 최고치인 89.9%에 달했다.

≪세계 정치 속의 러시아≫ 편집장 루키야노프는 러시아의 시리아 공중폭격은 1989년 소련군의 아프가니스탄 철수 이래 거의 사반세기 만에 옛 소련의 영향권 외에서 행해진 전략적인 군사 행동이며, 이로써 러시아는 해외 파병에 신중한 '아프간 증후군'을 극복했다고 지적했다. 루키야노프는 행동 무대를 '유럽의 변경' 우크라이나로부터 국제적 관심을 모으고 있는 중동으로 옮겨서 "자신이 타국에 따르는 것이 아니라 타국을 자신의 이니셔티브에 따르게 하는" 가능성이 있다고 본 푸틴의 '정치적 감각'이 움직였다고 분석했다. 그러나 한편으로 루키야노프는 "현대의 전쟁은 시작하는 것은 쉽지만 끝마치는 것은 어렵다"라고 하며, 정세를 안정시키기 위한 외교 노력을 병행하고 시리아에서의 전쟁으로부터 조기에 손을 떼지 못한다면 결국 국내의 '열광'은 차가워지고 푸틴 정권은 안팎으로부터 심각한 문제에 직면하게 될 것이라고 경고했다. IS는 공중폭격 이전부터 '푸틴 타도'를 호소했기에, 군사 개입으로 인한 이슬람교 수니파에 의한 보복 테러의 발생이 우려되었다.

실제로 2015년 10월 31일에는 이집트의 시나이 반도Sinai Peninsula에서 상트페테르부르크로 향하던 러시아 여객기가 추락하여 러시아인 관광객 등 탑승객 224명 전원이 사망한 가운데, IS는 이 여객기 추락이 시리아 공중폭격에 대한 보복이라고 '범행 성명'을 공표했다.

같은 해 11월 24일에는 NATO 가입국 터키가 시리아 공중폭격 중에 자국 영공을 침범한 러시아 공군의 수호이-24 폭격기를 격추시켜, 탑승했던 파일럿 등 두 사람이 사망했다. 푸틴은 터키를 '테러리스트의 공범자'라고 비난하며, 터키 국민에 대한 비자 면제 중단과 러시아에서의 터키 기업의 활동 제한 등의 제재를 발동했다. 또한 시리아의 러시아 군사 거점에 최신예 지대공 미사일 시스템 S-400•을 배치하고 시리아의 제공권을 장악하겠다는 의도를 보였다. 사건은 시리아를 발판으로 중동에서의 영향력 확대를 노리는 러시아의 야심과 함께, 러시아가 해외에서 군사 개입을 계속한다면 우크라이나 위기 이후 대러 경계를 강화하고 있는 NATO 측과 우발적으로 충돌할 위험이 항상 존재하는 현실을 노정했다.

옛 소련권의 지각 변동

러시아가 소련 붕괴 이후에도 '맹주'로서 행동해온 옛 소련권에서 지정학적 지각 변동이 일어나고 있다. 크리미아가 편입되고 동부에서 친러시아 경향의 분리 독립파와 싸우고 있는 우크라이나는 '탈러시아'를 가속화했다. 러시아가 우크라이나 동부를 침략하고 있다고 호소하는 포로셴

•————— 공식 명칭은 'S-400 Triumf'이며, 2018년 중국에서 1차 배치가 완료되어 중국인민해방군에 의한 운용 테스트가 완료되었고, 2019년 7월 추가로 2차 배치가 진행될 예정이다. "Источник: Россия отправила в Китай новые ракеты к С-400 взамен поврежденных в 2017 году", ТАСС (2019.4.30), https://tass.ru/armiya-i-opk/6390802 _옮긴이 주

코 대통령은 2015년 9월 유엔 총회 연설에서, 러시아가 안보리의 거부권을 "범죄에 면죄부를 주기 위해 사용하고 있다"라고까지 비난하여 '러시아로부터의 이탈' 흐름을 드러냈다.

티모셴코는 변함없이 기개가 드높았다. 같은 해 10월의 지방선거에서는 "우크라이나에는 다당제가 필요하다"고 호소했고, 일부 지방에서는 선전했다. 하지만 같은 달, 대통령부의 웹사이트에는 티모셴코를 중미 온두라스의 대사로 임명하여 사실상 우크라이나 정계로부터 배제하도록 요구하는 청원에 2만 5000명이 서명을 했다.

한편 러시아에 망명한 야누코비치에게 비극이 닥쳐 왔다. 위명 여권으로 러시아에 체류했던 차남 빅토르 야누코비치가 2015년 3월 자동차에 탑승하여 결빙된 시베리아의 바이칼 호수 위를 달리던 중에 수중 침몰하여 33세의 젊은 나이에 사망했다. 그의 시신은 고향 우크라이나가 아니라 러시아가 편입한 크리미아 반도의 세바스토폴에 매장되었다. 조용히 행해진 장례식에는 야누코비치도 입회했는데, 아들의 죽음에 관한 그의 발언 내용은 전해지지 않았다.

중앙아시아 5개국에서는 특히 경제 분야에서 중국의 영향력 확대가 현저하다. 우즈베키스탄, 카자흐스탄에서는 소련 시대 말기부터 권위주의적 통치를 계속하고 있는 고령의 이슬람 카리모프*Islam Karimov* 대통령과 나자르바예프** 대통령이 모두 후계자 관련 문제를 안고 있으며, 최고

● ─── 2016년 9월 2일 사망했으며, 현재 샤브카트 미르지요예프ıShavkat Mirziyoyev가 대통령을 맡고 있다. _옮긴이 주
●● ─── 2019년 3월 20일 나자르바예프 대통령의 퇴임 이후, 현재 카심조마르트 토카예프Kassym-Jomart

지도자의 건강이 정치적 불안정으로 직결될 우려가 있다. 옛 소련 지역에서 IS에 가담하기 위해 시리아, 이라크로 도항한 사람은 4000명 이상에 달하며, 이슬람교 신자가 다수인 중앙아시아에서 세속적 권력이 흔들릴 경우 종교적 과격파가 급속하게 대두할 위험이 있다.

국제 사회 속의 러시아

마지막으로 우크라이나 위기 이후 러시아와 국제 사회의 관계에 대해서 중동 전문 저널리스트 출신으로 외교장관 등의 요직을 역임했으며, 2015년 6월 향년 85세로 사망한 러시아 정계의 중진 예브게니 프리마코프*Yevgeny Primakov* 전 총리의 의견을 소개해보도록 하겠다.

프리마코프는 2015년 1월 13일 강연에서, 1개월 전인 2014년 12월 대규모 기자회견 당시 "최악이라고 해도 2년 안에 위기를 벗어날 수 있다"고 했던 푸틴의 발언에 대해, "다시 말해 2년 안에 경제 다각화에 집중적으로 나서는 것, 환언하자면 자원 의존 체질로부터 첨단 기술 산업으로의 전환이 필요하다. 우리는 약 25년 동안이나 시간을 허비하며 보내버렸다"라고 지적하고, 바로 지금 이 과제에 진지하게 대처하지 않으면 안 된다고 호소했다.

우크라이나 위기에 대해서 프리마코프는 독립 경향을 강화하고 있는 친러시아파가 지배하는 동부를 우크라이나의 일부로서 남겨두는 것이 "러시아에게 필요하다. 이 조건에서만 위기를 해결할 수 있다"고 분명히

Tokayev가 대통령을 맡고 있다. _옮긴이 주

말하고, '민스크 합의'의 불이행을 이유로 동부에 러시아 정규군을 투입하는 것은 "절대로 해서는 안 된다. 미국이 유럽 전체를 지배하에 두기 위해서 그것을 구실로 삼아 이용하게 될 것이다. 미국을 이롭게 할 뿐이다"라고 단언했다.

프리마코프는 우크라이나 위기 이후에 흔히 들려오는 러시아의 '아시아 중시'에 대해서 "경제적으로 발전을 이루고 있는 지역을 무시하는 것은 현명하지 않은 것"이라고 하면서도, 러시아의 견지에서는 역시 미국, 유럽과의 관계 정상화가 우선 중요하다고 지적했다. 또한 그는 "인류에게 진정한 위협인 테러와 마약 밀수, 분쟁 방지 등의 분야에서 미국과 NATO 국가들과의 협력에 문을 열어둘 필요가 있다. 그렇게 하지 않으면 러시아는 대국으로서의 지위를 상실하게 될 것이다"라고 강조했다.

제2차 세계대전 이후의 소련·러시아를 밑받침해왔던 기본은 '유엔 중시', '에너지 자원', '핵무기'의 3가지 기둥이었다고 할 수 있다. 소련이 나치 독일과 정면에서 충돌하고 수도 모스크바 근교와 남부 스탈린그라드까지 침공당하여 막대한 희생을 내면서도 최후에는 침략군을 물리치고 나치를 괴멸시킨 사실은, 소련과 그 '계승 국가'인 러시아에 유엔 안보리의 상임이사국이라는 특별한 지위를 부여했기에, 유엔 가맹국이 유엔의 틀과 국제법을 준수해야 한다는 측면에서 러시아가 반대하는 '주권국가에 대한 무력 행사'는 불가능할 것임에 틀림없었다. 하지만 냉전 종식과 소련 붕괴에 의한 러시아의 국력 저하에 따라 미국이 '일방적 행동주의'에 나서게 되고, 구미에 의한 유엔 안보리 결의가 없는 상태에서의 무력 행사와 체제 전복을 수차례나 목격하게 된 러시아는 '거부권을 행사한다면 러시아가 반대하는 무력 행사는 불가능하다'라고 하는, 승전국 측 대국으로서의 특권적 지위를 상실하고 있다.

'핵무기'가 전후 70년간 소련과 러시아의 안전보장을 밑받침해온 핵심이었던 것은 말할 필요도 없다. 하지만 러시아의 관점에서 보면, 이란과 북한의 미사일 위협을 이유로 미국이 동유럽 국가들을 비롯해 일본, 한국 등과 협력하여 구축을 추진하고자 하는 'MD 구상'은 러시아의 국경 부근에 요격 미사일과 레이더, 또한 요격 미사일을 탑재한 '이지스함'을 배치함으로써 러시아의 핵전력을 무력화하고, 격렬한 냉전의 와중에서도 미소 또는 미러 간의 전쟁을 억지해왔던 핵전력의 균형 상태를 붕괴시키려는 의도라고밖에는 달리 볼 수 없다.

또한 소련 붕괴 이후에 밑바닥으로 추락한 러시아의 경제를 재건하고 국민 생활의 향상과 군 현대화를 가능케 했던 '자원' 수출의 분야도 원유 가격의 갑작스러운 급락에 직면하여, 집권 제1, 2기에 고도 성장을 성취했던 '푸틴의 신화'는 과거의 것이 되고 있다. 가령 2014년 가을에 일어난 원유 가격의 급락이 없었다고 하더라도 미국의 '셰일가스 혁명'과 셰일오일의 증산에 의해 원유 생산량(2013년)에서 사우디아라비아 다음가는 세계 제2위, 천연가스 확인 매장량(2013년)에서도 이란 다음가는 세계 제2위, 에너지 자원 대국으로서 러시아의 지위는 위협받기 시작했다. 게다가 우크라이나 위기에 따라 러시아산 천연가스에 대한 의존으로부터 벗어나고자 하는 유럽 선진국의 결심이 결정적으로 작용해, 유럽에서 더 이상의 시장 확대는 어려워졌다. 러시아에서 국가를 밑받침해왔던 3가지 기둥이 무너지고 있는 것이다. 러시아의 정권 중추에서 이것을 누구보다도 두려

위하고 있는 이가 바로 푸틴일 것이다.

크리미아 편입 이후 핵무기에 관한 푸틴의 발언이 두드러지고 있는 이유도 여기에 있다고 할 수 있다. 우크라이나 정변 시 핵무기를 사용할 준비가 이루어졌다고 하는 발언에 이어, 푸틴은 2015년 4월 16일의 'TV 국민 대화'에서 "러시아는 거대한 잠재력과 자원을 지니고 있으며 위대한 핵 보유국이다. …… 우리는 국제 사회의 그 누구도 적으로 간주하고 있지 않으며, 우리를 적으로 보는 것은 그 누구에게도 권고하지 않는다"라고 언급했다.

푸틴으로 하여금 미국의 유엔 경시와 MD 추진을 거듭 비난하게 만들고 '러시아는 핵 대국이다'라고 견제하는 말을 하게끔 하는 것은, 이 상태가 계속되면 자신의 정권이 회복하고 있는 '대국'의 지위를 결국 다시 상실할 수밖에 없다고 하는 강한 위기감이다. 유엔 안보리에서의 거부권 및 원유 가격과 달리, 핵무기는 지금 푸틴의 수중에 있는 최후의 카드라고 할 수 있다. 푸틴은 향후에도 예산이 허락하는 한, 현존하는 핵전력의 유지와 증강을 도모하고, 일이 있을 때마다 '러시아에는 핵무기가 있다'고 계속 말할 것임에 틀림없다. 현대 지도자의 첫째가는 '영향력'으로 경제력을 드는 푸틴에게 있어서 핵무기에 돈을 투입하는 것은 결코 본의가 아니겠지만, 그가 가장 중시하는 국가의 안전보장이 위협받고 있다는 인식을 갖고 있는 이상, 이것은 '어쩔 수 없는 선택'이며, 그렇게 하도록 만드는 것은 다름 아닌 NATO 측인 것이다. 러시아가 '내몰리고 있다'고 느끼는 상황을 바꾸지 않는 한, 구미와 러시아 간의 쓸데없는 대립은 계속된다. 관계 정상화의 책임은 물론 크리미아 편입을 강행한 러시아 측에도 있지만, 냉전 종식 이후에 '수차례나 속아왔다'라고 하는 실망과 강한 불신감을 러시아에 주었던 구미 측에도 일정한 책임이 있는 것으로 보인다.

프리마코프가 지적하고 있는 바와 같이, 구미와 러시아가 협력하여 해결하지 않으면 안 되는 '진정한 위협'이 세계에 존재한다. 그것은 IS와 같은 광신적인 테러 조직의 확대이고, 갈수록 심각해지고 있는 지구 온난화 문제이며, 국제적으로 확대되고 있는 경제 격차 및 불공정의 문제다. 경제 세계화에 의해 이러한 문제는 이전처럼 특정 지역에 한정되는 것이 아니라, 문자 그대로 글로벌 차원에서 대처하지 않으면 해결할 수 없는 과제가 되고 있다. 구미와 러시아가 대립을 계속하고 국제적인 협력이 불가능한 가운데 이러한 '병'은 심각해져 간다. 우크라이나의 주권 침해는 방치할 수 없는 문제이지만, 미국과 러시아가 1년 이상이나 사실상 '대리 전쟁'을 계속하고 민간인을 포함해 9000명 이상의 사망자가 나와버린 이상, 우선 전투를 완전히 종료시킨 후 시간이 걸리더라도 분쟁의 정치적 해결을 지향하는 것 외에 다른 방도가 없다. 그 사이 이해가 서로 일치하는 문제에 공동으로 대처하는 작업에 나서지 않는다면, 단순히 상대를 비난하고 제재에 응수하더라도 일은 앞을 향해 나아가지 않게 된다.

미국에서 새로운 정권•이 탄생하는 2017년까지 오바마 정권의 러시아 정책이 전환되기 어려울 경우, '민스크 II' 합의에 가까스로 도달했던 독일과 프랑스 측에 러시아와의 중재 역할을 기대할 수밖에 없다. 2016

•─────── 2016년 11월 8일 실시된 제45대 미국 대통령선거를 거쳐 2017년 1월 20일 도널드 트럼프Donald Trump 신임 대통령이 취임했다. _옮긴이 주

년 5월에 G7 '이세시마伊勢志摩 서미트'를 개최하고 G7의 일원으로서 대러 제재에 가담하면서도 동시에 푸틴의 방일을 모색하고 있는 일본은 앞으로 외교 시험대에 오르게 될 것이다.*

• ─────── 2016년 12월, 푸틴 러시아 대통령은 방일하여 일본의 아베 총리와 정상회담을 했다. 원래 해당 러일 정상회담은 2014년에 예정되어 있었으나, '우크라이나 위기'로 인해 연기되었다. _옮긴이 주

맺음말

　필자가 러시아 제2의 도시 상트페테르부르크의 세라피모프스코에 묘지*Serafimovskoe Cemetery*를 방문한 것은 2012년 12월 눈이 내리는 날이었다. 넓은 묘지의 깊숙한 곳에 "주여, 그 뜻이 이루어진 바와 같이"라고 새겨진 일반인 키 높이 정도의 검은색 십자가가 세워져 있었다. 그곳은 푸틴 대통령의 양친이 잠들어 있는 묘지였다.

　푸틴의 모친 마리아*Maria*•는 1998년 7월에, 부친 블라디미르*Vladimir*••는 그 이듬해인 1999년 8월에 사망했다. 푸틴은 이 부모 사이에서 유일하게 성인이 된 자식이었다.••• 이 부부는 제2차 세계대전에서 간신히 살아남았고 전후에 세 번째 아들을 낳았는데, 그들의 아들이 나중에 대통령이 되는 것을 모른 채 타계했다.

　부친이 사망했을 때, 당시 옐친 대통령으로부터 총리에 임명된 지 얼

• ──────── 마리아 이바노브나 푸티나Maria Ivanovna Putina를 지칭한다. _옮긴이 주
•• ──────── 블라디미르 스피리도노비치 푸틴Vladimir Spiridonovich Putin을 지칭한다. _옮긴이 주
••• ──────── 푸틴의 형으로 알베르트Albert와 빅토르Victor가 있었으나 유년 시절에 사망했다. _옮긴이 주

상트페테르부르크에 있는 푸틴 양친의 묘.
자료: 지은이 촬영.

마 지나지 않아, 푸틴은 부친의 묘 앞에서 '소련의 부활'을 맹세했다고 한다. 묘비에 새겨진 기도 내용은, 열성적인 공산당원이었던 부친에게는 숨기면서 어린 자식에게 세례를 받게 했던 모친으로부터 물려받은 신앙심의 표출이라고 할 수 있다. 소련 붕괴를 초래한 공산당의 이데올로기를 기피하고 혐오하며 미국과 대치했던 '초강대국' 소련에 향수를 느끼는 한편, 소련 시대에는 부정되었던 기독교 신앙을 숨기려고 하지 않는다. 양친의 묘는 푸틴이라는 인물의 복잡한 내면을 보여주는 듯하다.

푸틴은 나치 독일과의 사투에서 승리한 것을 축하하는 전승 70주년 기념 식전이 행해진 2015년 5월 9일, 크렘린 옆 '붉은 광장'에서 항례의 군사 퍼레이드 이후 행해진 시민 대행진에 수병水兵 제복을 착용한 부친의 사진을 지니고 참가했다.

크리미아 편입으로 국제적 비난을 받고 있던 중에 맞이한, 제2차 세계대전의 승리 70주년을 기념하는 특별한 날에, 세계대전에 참가했던 친족의 사진을 내세우며 붉은 광장을 행진하는 '불멸의 연대'라는 이름의 이벤트에는 당국의 예상을 훨씬 상회하는 약 50만 명의 시민이 참가했고,

지하철 벨로루스카야 역*Belorusskaya Station*과 광장을 연결하는 트베르스카야 거리*Tverskaya Street* 약 4km는 수시간 동안 강물처럼 흘러들어 오는 인파로 가득 찼다. 신사복 차림으로 행진의 선두에 섰던 푸틴은 TV 취재에 "전쟁에 참가했던 사람들은 모두 복귀하여 붉은 광장을 걷는 것을 꿈꾸었지만 실현되지 못했다. 오늘은 부친의 사진과 함께 행진할 수 있어서 행복하다"라고 말했다.

중상을 입으면서도 생존했던 푸틴의 부친과 달리, 행진에 참가했던 사람들이 사진을 내세웠던 병사의 태반은 갑자기 침공해온 독일군으로부터 조국을 지키기 위해 전쟁터로 나간 이후 다시 돌아오지 못했다. 수도에서의 이례적인 대행진은 국민의 단결을 노린 관제 시위라고 볼 수도 있지만, 당국의 동원만으로는 이처럼 많은 인원이 참가할 수 없었을 것이다. 당시의 소련인 7명 중 1명이 희생되었다고 하는 세계대전의 참화는 러시아 사람들의 마음속에 결코 잊혀질 수 없는 '민족의 기억'으로 깊게 새겨져 있다.

이렇게 대중 속에 있을 때, 푸틴은 보통 때보다 생생한 것처럼 보인다. 90%에 가까운 경이적인 지지율의 배경에는 정치적 안정과 경제 성장 등의 실적 외에도, 푸틴이 '국민과의 대화'에 수완이 있으며 사람들이 무엇을 원하고 있는지 민감하게 감지하고 있다는 점을 들 수 있다. 러시아의 정재계를 장악하고 있던 신흥 재벌의 배제, 철저한 테러 대책, 러시아 애국주의의 고무, 민주주의 및 인권 문제에서 대러 비판을 반복하는 미국에 대한 준엄함 대응 등이 그러하다. 크리미아 편입도 그중 하나라고 할 수 있다. 구미의 비난과 무거운 경제적 비용을 각오하며, 푸틴은 비밀리에 러시아군 부대를 파견하여 실효 지배를 굳히고 러시아인이 '조상 전래 傳來의 토지'라고 생각하고 있는 크리미아 반도를 되찾았다. 가령 커다란 어려움이 있다고 해도 러시아 국민은 푸틴의 이 결단을 지지해줄 것이라고 하는 확신이 있었기 때문이다.

그러한 의미에서 푸틴은 이른바 '독재자'는 아니다. 내정·외교의 결정에서 지도자 자신의 변덕이나 푸틴의 개인적 이익을 우선시하는 것은 찾아볼 수 없으며, 항상 국민의 눈과 여론조사의 지지율에 주의를 기울이면서 신중하게 정책 판단을 행하고 있다.

한편 러시아를 둘러싼 국제 환경은 매년 갈수록 더욱 심각해지고 있다. NATO는 동쪽으로 계속 확대되고 있으며, 옛 소련 권역의 조지아와 우크라이나의 장래 가맹도 배제할 수 없는 상황이다. 크리미아 편입으로 러시아는 경제 재제를 부과받았고 군사적 위협은 증대되고 있는데, 주요 수출품인 원유의 국제 가격 하락 때문에 경제 성장은 전망할 수 없게 되어 군비 증강에 투입할 수 있는 예산이 제한되고 있다. 재정 적자를 보전하기 위해 연금 지급 연령의 인상이 의논되고 있는데, 생활에 직결되는 인기 없는 결정을 국민이 받아들일 것인지 여부는 알 수 없다.

러시아는 우크라이나 위기와 시리아 공중폭격으로, 소련 붕괴의 일종의 시발점이 되었다고 일컬어지는 아프가니스탄 침공의 실패 이래 봉인되어온 국외에서의 군사 작전을 '해금解禁'했다. 시리아에 대한 공중폭격 개시 후인 2015년 10월 22일, 푸틴은 항례의 '발다이 회의' 연설에서 톨스토이의 장편소설 『전쟁과 평화』의 일부 내용을 인용하면서, "평화는 인류의 이상이기는 하지만, 축적되고 축적된 대립의 해소는 자주 전쟁을 통해서 추구되었다. 전쟁은 새로운 전후 질서를 구축했다", "현실을 응시하지 않으려는가? 군사력은 향후에도 장기간 국제 정치의 도구로서 계속 사용될 것이다"라고 언급했다. 우크라이나 위기 이후, 푸틴은 국익을 지키기 위해서는 해외 파병과 무력 행사도 불사한다는 자세를 확실히 보이기 시작했다.

한편 러시아는 아프가니스탄, 이라크에서의 전쟁으로부터 좀처럼 손을 떼지 못하고 고뇌했던 미국과 마찬가지로, 출구 전략의 책정에 내몰리는 입장이 되었다. 특히 우크라이나 동부 분쟁에 대한 관여를 어떻게 종결시키고 우크라이나와 정상적인 관계를 되찾을 것인가 하는 문제는, 우크라이나가 러시아와 거의 일체라고 할 수 있을 정도의 깊은 역사적·경제적·민족적 유대 관계를 지닌 국가인 만큼, 향후 러시아의 운명을 좌우할 수 있는 중대한 사안이다. 또한 세계 최대의 군사대국인 미국과의 조기 관계 정상화 내지 러시아의 안보 확보가 어렵다는 것은 말할 필요도 없지만, 당분간은 그렇게 될 것으로 전망되지 않는다.

유학 시절을 포함해 통산 8년에 달하는 모스크바 생활에서 필자는, 러시아인은 '변화를 두려워하는 국민'이라는 인상을 받았다. 생활 습관, 언어, 일에 대한 태도 등 러시아인은 전통적인 것, 오래된 스타일을 소중히 한다. 결정된 규칙을 좀처럼 바꾸지 않는다. 외국으로부터의 침략, 전쟁, 사회주의 혁명 등 동란의 역사를 경험했던 탓인지, 특히 정치에 관해서 변화는 '지금보다 좋게 된다'라고 하는 것이 아니라, '더욱 나쁘게 된다'라고 하는 것이 러시아인 일반의 파악 방식인 듯하다. 4~8년에 한 차례 대통령이 바뀔 때마다 정권과 부처의 간부가 대폭 교체되는 미국 등과 달리, 평온한 생활이 유지된다면 소련 아래에서든지 푸틴 아래에서든지 관계가 없다고 하는 초안정 상태를 지향하는 경향이 러시아인에게 존재한다. 변혁을 요구하는 야당은 항상 소수파이다.

그러나 2000년 47세의 젊은 나이로 러시아 대통령에 취임한 푸틴도, 2016년 기준으로 차기 대통령선거가 행해지는 2018년에는 60대 중반을 맞이하는데, 그때까지의 통치를 합산하면 모두 18년에 달하게 된다. 그렇다면 '푸틴은 언제까지 러시아 국민의 지지를 유지할 수 있을까'가 아니라, '러시아 국민은 언제까지 푸틴에게 계속 의지할 수 있을까'가 문제가 될 것으로 보인다. 국가의 리더를 국민의 투표로 선출하는 민주주의라는 제도는 단기적으로 본다면 비효율적일지도 모르지만, 후보자가 정책을 놓고 경합하는 진정한 정치적 경쟁 없이 정권을 계속 유지한다면 언젠가 도래할 지도자의 교체를 원활하게 평화적으로 실현하는 것이 어려워진다. 정권이 대형 미디어를 사실상 지배하에 두고 정권 비판을 억누르고 있다면 건전한 야당은 육성되지 못하며, 푸틴 외의 선택지는 언제까지라도 출현하지 않는다. 러시아 국민은 조만간 그것이 국가에 진정한 이익인가를 스스로 묻지 않으면 안 되는 상황에 직면하게 될 것이다.

푸틴의 감각은 일반 러시아인과는 다소 차이가 있다. 2010년 9월 푸틴은 시찰 장소인 극동·연해沿海 지방에서 파도가 높고 비도 내리는 가운데 작은 고무 보트를 타고 고래를 추격했다. 당시 기자단으로부터 "위험하다고 생각하지 않았습니까?"라는 질문을 받고, 푸틴은 "인생에는 위험이 뒤따르는 것이다"라고 답했다. 정치적으로는 보수적이지만, 행글라이딩을 하거나 세계에서 가장 깊은 바이칼 호수의 잠수정에 탑승하는 등,

무릇 대국의 대통령이라면 주위에서 허락하지 않는 일을 하려는 푸틴에게는 자신이 열중할 수 있는 것이라면 리스크를 고려하지 않고 도전하는 경향이 있다. 우크라이나 위기에서도 그 이외의 러시아 대통령이라면 절대 피했을 크리미아 편입이라는 다리를 과감히 건넜다. 미국이라는 최강의 상대에 대항하는 푸틴은 앞으로도 국제 정치의 무대에서 눈을 뗄 수 없는 존재로 존속할 것임에 틀림없다.

우크라이나 위기는 러시아와 미국뿐만 아니라 일본에도 다양한 과제를 제기하고 있다. 그중 한 가지가 '국가의 독립이란 무엇인가?'라는 질문이다. 소련 붕괴라는 혼란 속에서 우크라이나가 '기다리며 횡재하는' 식으로 수중에 넣은 독립은 진정한 독립이 아니라 에너지 자원과 안보를 러시아에 계속 의존하는, 형식뿐인 독립이었다. 우크라이나 국내에서는 친구미파와 친러시아파로 분열하여 대립을 계속하고, 키예프의 유혈 정변을 계기로 러시아가 개입하게 되었다. 러시아의 군사 기지가 존재했던 크리미아 반도는 간단히 러시아에 편입되었고, 우크라이나 동부에서는 독립을 요구하는 친러시아파와 정부군 간의 분쟁이 계속되고 있다.

러시아와의 사이에 북방 영토 문제를 안고 있는 일본의 아베 정권은 대러 관계를 악화시키려 하지 않으면서도, 구미와 보조를 맞추어 대러 제재에 참가하여 러시아의 반발을 초래했다. 유엔 안보리 상임이사국 진입을 비원悲願으로 삼아왔던 일본의 자세에 대해 '유엔 안보리를 확대할 경우 상임이사국 후보 국가는 타국에 의존하는 국가가 아니라 독립된 국가여야만 한다'는 러시아 측의 지적은 중대한 의미를 갖고 있다. 일본에서는 어쨌든 미일 관계를 우선시하는 것이 당연한 것으로 간주되기 일쑤이지만, '미국을 추종하는 일본은 진정한 독립국이라고 할 수 있는가?', '무엇이 일본에게 국익인가?'라는 질문은 미국의 압도적인 지위가 저하되고 중국이 부상하는 등 국제 질서가 크게 변화하는 가운데 재고할 만한 가치가 있다.

필자는 『푸틴의 사고』(2012)에서 푸틴은 어떤 인물인가, 무엇을 지향하는가에 대해 고찰했다. 이 책은 그 이후에 일어난 러시아의 전격적인 크리미아 반도 편입을 축으로 '전후 70년'을 맞이한 세계의 커다란 변동과, 그중에서 '푸틴의 러시아'가 수행한 역할을 정리한 것이다. 그러한 의미에서 이 책은 『푸틴의 사고』의 속편에 해당하므로, 함께 읽는다면 푸틴과 현대 러시아에 대한 이해가 더욱 깊어질 것으로 생각한다.

이 책을 출판하는 데 이와나미서점岩波書店의 오노다 고메이小田野耕明 씨와 가키하라 히로시柿原寬 씨, 그리고 이와나미서점 신서편집부의 야스다 마모루安田衛 씨에게 큰 신세를 졌다. 깊은 감사의 말씀을 전해드리고자 한다.

도쿄에서

사토 지카마사

옮긴이 후기

현대 러시아에서 가장 우려되고 예측 불가능한 요인, 그것은 블라디미르 블라디미로비치 푸틴이다. "В современнойРоссии самыйтревожнйи непредсказуемыйэлемент — это Владимир Владимирович Путин." _Александр Немиров, *Путин и Трамп* (2017)

러시아 속담에 "가을이 되어야 병아리를 센다цыплят осенью считают"는 말이 있습니다. 모든 일을 속단하지 말고 사물과 현상을 여유 있게 관찰하며 그 발전 방향 및 파급 효과를 침착하게 추계하는 것의 중요성을 일깨워주는 격언입니다. 이것은 러시아를 관찰할 때도 적용될 수 있는 것으로, 막강한 군사력•을 갖춘 글로벌 강대국 러시아의 움직임, 특히 그중에서도 러시아의 국가 정책과 외교 방침은 비단 미러 관계뿐만 아니라, 동북아시아 및 한반도의 평화와 발전에 지대한 영향을 미칠 수밖에 없는 중요한 변수로 떠오르고 있습니다. 또한 러시아의 '최고 지도자' 푸틴 대

•———— 최근 러시아는 최신형 '전자기 펄스Electromagnetic Pulse: EMP' 폭탄의 개발에 성공한 것으로 알려지고 있으며, 이는 미국을 위협하는 군사 요인으로 부각되고 있다. David Stuckenberg, R. James Woolsey and Douglas Demaio, *Electromagnetic Defense Task Force(EDTF) 2018 Report*, LeMay Paper, No.2 (Air University Press, Curtis E. Lemay Center for Doctrine Development and Education, 2018). _옮긴이 주

통령은 세계 정치 및 경제의 향배에 직접적인 영향을 미치는, 일종의 쉽게 '예측하기 어려운 요인'이라고 할 수 있습니다.

2018년 3월 18일 실시된 러시아 대통령선거에서 푸틴은 득표율 76%로 사선四選에 성공했고, 같은 해 5월 7일 푸틴 제4기 정권(2024년 임기 만료)이 성립됩니다. 그 직후 푸틴은 러시아 본토와 크리미아 반도를 잇는 대교를 건설했고, 6월 8일 미국의 트럼프 대통령은 러시아에 대한 G8 재진입 허용 가능성을 제기했으나, 그 이튿날 러시아 외교장관은 G8 재진입과 관련하여 러시아 정부가 미국 측에 요청한 바 없다고 일축해버립니다. 7월 16일에 헬싱키에서 개최된 트럼프와 푸틴 간의 미러 정상회담에서 우크라이나 문제 등이 일부 논의되기도 했으나 접점을 찾지 못한 채 끝나버렸고, 10월 20일에 트럼프 대통령은 미러 간의 '중거리 핵전략 조약INF'에서 탈퇴하겠다는 의사를 일방적으로 밝혀, 미러 양국 간의 군사적 불확실성이 더욱 증가하게 됩니다.

그 이후 러시아의 적극적이며 공세적인 대외 정책은 미국 및 EU와 여러 영역에서 충돌적인 국면을 노정하고 있어 그 귀추가 주목됩니다. 특히 2018년 11월 25일에 러시아 해안 경비대가 케르치 해협을 항행하던 우크라이나 해군 함정 3척을 나포하는 사건이 발생하자, 그다음 날 우크라이나 대통령이 러시아의 군사적 움직임에 대항하며 30일 동안 계엄령을 선포하여 기존의 러시아-우크라이나 분쟁이 더욱 격화되고 급기야 일촉즉발의 사태로까지 비화될 수 있는 위태로운 상황에 빠지게 됩니다. 아울러 12월 15일에는 통합 '우크라이나 정교회'가 독자적으로 성립되어 러시아 모스크바로부터의 영향권에서 이탈하는 움직임을 보이게 됩니다.

한편 2019년 1월 6일에는 콘스탄티노폴리스 세계 총대주교청이 '우크라이나 정교회'의 독립을 정식으로 승인함으로써 러시아와 우크라이나 양국 간의 분쟁은 이제 종교적인 갈등으로까지 비화될 소지를 갖게 되었습니다. 3월 15일에는 러시아의 크리미아 병합 5주년 즈음하여, 크리미아 수도 등에서 러시아계 주민들이 기념 행진을 했고, 같은 날 미국, 캐나다, EU가 러시아에 대한 추가 제재를 연합하여 공표합니다. 그 이튿날 러시아 외교부 대변인은 미국과 EU 등의 러시아에 대한 추가 제재에 대항하겠다는 의사를 강력하게 표명했고, 3월 18일 푸틴 대통령은 러시아의 크리미아 병합 5주년을 맞이하여 크리미아를 전격 방문합니다. 같은 날, NATO는 크리미아에서 계속되는 군비 증강과 관련하여 러시아를 비판하면서 크리미아를 우크라이나 측에 되돌려줄 것을 요구합니다.

　이러한 와중에 3월 31일 우크라이나에서 대통령선거가 실시되어 희극인 출신의 볼로디미르 젤렌스키*Volodymyr Zelensky*(41세)가 1위를 차지했으나 과반수 미달로 다시 결선투표가 4월 21일 실시되었고, 결국 젤렌스키가 73%의 압도적인 득표율 속에 차기 대통령으로 당선됩니다. 4월 26일에 푸틴은 베이징을 방문하여 중국의 시진핑 국가주석과 만나 중러 양국 간의 정상회담을 개최했고, 아울러 푸틴 대통령이 중국 칭화대학淸華大學의 명예박사 학위를 수여받게 됨으로써 중러 양국의 '최고 지도자'는 막역한 교우 관계를 형성하게 되었습니다.

　5월 7일에 러시아의 푸틴 제4기 정권은 1주년을 맞이하게 되었고, 5월 20일에는 우크라이나의 젤렌스키 대통령이 공식적으로 취임하면서 "첫 번째 과제는 돈바스 지방의 정전"을 실현하는 것이라고 밝혔습니다.

같은 날, 러시아의 대통령 대변인은 푸틴 대통령이 젤렌스키의 취임을 축복하는 것은 "러시아와 우크라이나의 관계가 정상화된 이후"에나 가능할 것이라고 단언했습니다.

5월 21일에는 우크라이나 젤렌스키 대통령이 의회에 해당하는 최고회의를 해산하는 대통령 명령에 서명하면서 10월에 실시될 예정이었던 의회선거를 7월 21일로 앞당긴다고 선언했고, 같은 날 미국 알래스카 주 서쪽 앞바다의 공해 상공에 설정되어 있는 방공식별구역ADIZ 안쪽으로 러시아 공군의 전략 폭격기 Tu-95MS 4대가 진입함에 따라, 미국 공군의 전투기 F-22 여러 대가 급발진하여 추격전을 벌이는 심각한 사태가 발생하기도 했습니다. 이와 같이 향후 우크라이나 정세를 둘러싼 러시아와 우크라이나 양국 관계의 불확실성은 물론, 상호 비난전 속에 지속적으로 악화되고 있는 미러 관계의 향배에 국제 사회의 커다란 관심이 모이고 있습니다.

이러한 맥락에서 이 책은 교도통신 모스크바 지국 특파원 및 지국장을 역임한 일본의 저명한 언론인 출신 러시아 전문가가 과거 소련 시대를 포함하는 러시아 현대사를 장기적인 시각으로 다루면서, 러시아의 최근 정치, 경제, 외교, 군사 등 각 분야의 발전 방향을 유기적으로 설명하고 있습니다. 특히 2014년 심화된 러시아-우크라이나 분쟁의 다양한 측면을 구체적으로 설명하면서 우크라이나의 역사와 현재를 심도 있게 다루고 있는데, 이는 러시아의 향후 대외 정책을 분석하는 데 있어서 깊은 역사적 통찰과 비교의 시각에서 많은 도움이 되고 있습니다. 아울러 러시아의 '최고 지도자' 푸틴 대통령에 대한 분석은 현재는 물론 미래의 러시아를 이해하는 데 필수적인 조감도를 제공하고 있습니다.

이번에 이 책을 옮기면서 두 가지 측면을 중시했습니다. 우선 첫째, 일반 독자들이 쉽게 이해할 수 있도록 생소한 용어와 인물에 대해서는 원문에 영어 표기를 부기했고, 좀 더 설명이 필요할 경우 옮긴이 주를 넣어 부연 설명을 했습니다. 그리고 둘째, 이 책이 푸틴 제4기 정권이 성립되기 이전에 출간되었다는 점을 감안해서 등장하는 주요 인물들의 현재 직책을 참고할 수 있도록 병기했습니다.

어려운 여건에도 이 책이 세상에 나올 수 있도록 물심양면으로 지원해주신 한울엠플러스(주)의 김종수 사장님, 그리고 신속한 출간을 위한 제반 작업에 모든 노력을 다해주신 기획실과 편집부의 모든 분들에게 진심으로 감사의 말씀을 전하고 싶습니다. 모쪼록 이 책을 통해 독자 분들께서 변화하는 러시아의 국가 정책과 외교 방침을 이해하고, 미래의 역동적인 '한반도 시대'를 거시적으로 조망하고 적극적으로 대비하는 데 조금이라도 도움이 될 수 있기를 진심으로 바랍니다.

2019년 5월
푸틴 제4기 정권 1주년을 맞이하여
이용빈

주요 참고문헌

■ 일본어

N·ゲヴォルクヤン 外 著. 2000.『プーチン、自らを語る』. 高橋則明 譯. 扶桑社.

黑川祐次. 2002.『物語 ウクライナの歴史』. 中公新書.

オーランドー·ファイジズ 著. 2015.『クリミア戰爭』(上下). 染谷徹 譯. 白水社.

川端香男里 外 監修. 2004.『(新版)ロシアを知る事典』. 平凡社.

東鄕正延 外 編. 1978.『ロシア·ソビエトハンドブック』. 三省堂.

エヴゲニー·プリマコフ 著. 2002.『クレムリンの5000日』. 鈴木康雄 譯. NTT出版.

下斗米伸夫. 2014.『プーチンはアジアをめざす』. NHK出版新書.

共同通信社. 各年度版.『世界年鑑』.

■ 러시아어

Н. Геворкян, А. Колесников, Н. Тимаков. 2000. *От первого лица. Разговоры с В ладимиром Путиным.* ВАГРИУС.

И. А. Ильин. 2005. *О сопротивлении злу силою.* Айрис пресс.

А. Колесников. 2005. *Первыйукраинский.* ВАГРИУС.

Д. Попов, И. Мильштейн. 2006. *Оранжевая принцесса.* Издательство Ольги Мо розовой.

부록: 러시아 및 푸틴 정권 관련 약연표

1991. 8. ─────── • 소련공산당 보수파의 쿠데타 미수 사건 발생
       8.24. ───── • 우크라이나, 소련으로부터 독립을 선언
       12. ─────── • 고르바초프 대통령이 사임, 소련 소멸

1993. 10. ─────── • 옐친 대통령이 반대파의 아성이었던 최고회의를 무력 제
                     압하고 폐지
       12. ─────── • 대통령 권한을 강화하는 신헌법 채택

1994. 7. ─────── • 나폴리에서 열린 선진국 정상회담(G7 정상회담)의 정치
                    토의에 러시아가 참가

1996. 7.3. ───── • 옐친 대통령 재선再選

1997. 6. ─────── • 미국에서 덴버 정상회담, 러시아가 주요국(G8) 정상회담
                    의 정식 멤버가 됨

1998. 8. ─────── • 러시아 금융위기 발생

1999. 8. ─────── • 옐친 대통령이 FSB 국장인 푸틴을 총리에 임명
       9. ─────── • 모스크바에서 폭탄 테러가 연이어 발생해 사상자가 속출,
                    러시아군이 체첸공화국에 진격하여 본격적인 무장 세력
                    토벌 작전을 개시
       12.31. ──── • 옐친 대통령이 전격 사임, 푸틴 총리가 대통령 대행 겸임

2000. 3.26. ──── • 푸틴 대통령 초선初選
       5.7. ───── • 푸틴 대통령 취임

2002.	10.	• 모스크바 극장 점거 사건 발생, 약 130명이 희생

2002. 10. ———— • 모스크바 극장 점거 사건 발생, 약 130명이 희생

2004. 3.14. ———— • 푸틴 대통령 재선
　　　9. ———— • 러시아·북北오세티아공화국 베슬란에서 학교 인질 사건
　　　　　　　　발생, 약 330명이 희생
　　　11~12. ———— • 우크라이나에서 '오렌지 혁명'으로 친親서방 정권의 탄생
　　　　　　　　이 확정

2006. 7. ———— • 러시아가 상트페테르부르크에서 G8 정상회담 개최

2007. 12. ———— • 푸틴 대통령이 메드베데프 제1부총리를 후계자로 지명

2008. 3.2. ———— • 메드베데프 대통령 당선
　　　5. ———— • 메드베데프 대통령 취임, 푸틴이 총리에 임명됨
　　　8. ———— • 남南오세티아를 둘러싸고 러시아와 조지아가 군사 충돌

2011. 9. ———— • 메드베데프 대통령이 재선 포기를 표명

2012. 3.4. ———— • 푸틴 대통령 삼선三選

2014. 2. ———— • 남부 소치에서 러시아 최초의 동계 올림픽 개최
　　　2.18.~20. ———— • 우크라이나 키예프 독립광장에서 시위대와 경찰 부대가
　　　　　　　　대규모 충돌하여 3일간 100명 이상이 사망
　　　3. ———— • 러시아가 우크라이나의 크리미아 반도를 편입, G7이 러
　　　　　　　　시아를 G8 회의에서 배제하기로 결정
　　　4. ———— • 우크라이나 동부의 친러시아파가 '도네츠크 인민공화국',
　　　　　　　　'루간스크 인민공화국' 수립을 선언하여 우크라이나 정부
　　　　　　　　군과 전투가 발생
　　　7.17. ———— • 우크라이나 동부의 친러시아파 지배 지역에서 말레이시
　　　　　　　　아 항공기가 격추
　　　9.5. ———— • 러시아, 우크라이나, 독일, 프랑스 정상이 벨라루시의 민
　　　　　　　　스크에서 우크라이나 평화를 협의, '민스크 합의' 채택

2015. 2.12 ———— • 민스크에서 4개국 정상이 재차 회담, '민스크 합의'의 이
　　　　　　　　행에 대해 의견 일치
　　　9.28 ———— • 푸틴 대통령이 유엔 총회에서 '반IS 대연합'을 제창
　　　9.30 ———— • 러시아가 시리아에서 공중폭격 개시
　　　10.31 ———— • 이집트의 시나이 반도에서 러시아 여객기가 IS의 폭탄 테
　　　　　　　　러에 의해 추락하여 224명이 사망

지은이 사토 지카마사 佐藤親賢

• 사이타마 현埼玉縣 출생(1964)
• 도쿄도립대학東京都立大學 법학부 졸업
• 교도통신사共同通信社 입사(1987)
• 러시아 국립 모스크바대학МГУ 유학(1996~1997)
• 교도통신 외신부外信部를 거쳐 프놈펜 지국장(2002~2003),
  모스크바 지국 특파원(2003~2007), 모스크바 지국장(2008~2012) 역임
• 현재 교도통신 편집국 외신부 차장
• 저서: 『푸틴의 사고プーチンの思考』(2012)

옮긴이 이용빈

• 인도 국방연구원IDSA 객원연구원 역임
• 이스라엘 크네세트, 미국 국무부, 일본 게이오대학 초청 방문
• 러시아 모스크바 국립 국제관계대학МГИМО 학술 방문
• 중국 '시진핑 모델習近平模式' 전문가위원회 위원(2014.11~)
• 홍콩국제문제연구소 연구원
• 저서: 『중양中洋국제관계East by Mid-East』(공저, 2013) 외
• 역서: 『러시아의 논리: 부활하는 강대국의 국가 전략』(2013) 외

푸틴과 G8의 종언

지은이 l 사토 지카마사
옮긴이 l 이용빈
펴낸이 l 김종수
펴낸곳 l 한울엠플러스(주)
편집 l 배유진

초판 1쇄 인쇄 l 2019년 6월 14일
초판 1쇄 발행 l 2019년 6월 28일

주소 l 10881 경기도 파주시 광인사길 153 한울시소빌딩 3층
전화 l 031-955-0655
팩스 l 031-955-0656
홈페이지 l www.hanulmplus.kr
등록 l 제406-2015-000143호

Printed in Korea.
ISBN 978-89-460-6655-7 03340

* 책값은 겉표지에 표시되어 있습니다.